팀 하포드의
세상을 바꾼 51가지 물건

팀 하포드 지음 · 김태훈 옮김

팀 하포드의
세상을 바꾼
51가지 물건

새로운 것들은 어떻게 세계 경제를 변화시켰을까

프랜에게 이 책을 바칩니다

CONTENTS

CHAPTER 5

비밀과 거짓말

CHAPTER 6

힘을 모으다

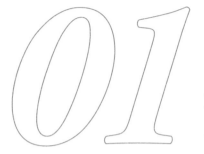

#연필

19세기 미국의 위대한 작가 헨리 데이비드 소로 Henry David Thoreau는 캠핑에 필요한 물건을 포괄적으로 정리한 목록을 작성하면서 텐트와 성냥, 여분의 노끈, 신문지, 줄자, 돋보기 같은 필수품을 명시했다. 또 기록한 다음 편지를 보내기 위한 종이와 우표도 포함시켰다. 그런데 이상하게도 소지품 목록을 작성할 때 필요한 연필은 언급하지 않았다.[1] 소로와 그의 아버지가 고급 연필을 만들어 돈을 벌었다는 점을 감안하면 이 사실은 더욱 이상해 보인다.[2]

이처럼 연필은 간과될 운명인 듯하다. 그래서 '광산에서 나왔고, 나무 상자에 갇힌 뒤 영영 풀려나지 못하는 것. 거의 모든 사람이 사용하는 것'이라는 영국의 오랜 수수께끼의 대상이 되기도 했다. 누구도 '연필은 칼보다 강하다'고 단언하지 않는다. 지우개가 존재하는 한.

하지만 나는 바로 그렇게 간과된 것들을 좋아한다. 대개 우리가 인식하지 못하고 지나치는 것들에 감탄한다. 벽돌부터 '좋아요' 버튼까지, 휴대전화부터 생리대까지, 이 책에 나오는 발명품은 종종 당연시되는 것들이다. 그것들의 이야기는 거의 언급되지 않고, 그것들이 지닌 교훈은 거의 전해지지 않는다. 따라서 이제부터 하려는 이야기가 증기 엔진이나 컴퓨터처럼 새로운 돌파구를 연 더 확실한 물건에 대한 이야기보다 더 많은 것을 가르쳐주기를 바란다.

이 책에 나오는 51가지 물건을 선택할 때 나의 목표는 흥미로운 결과를 가져온 아이디어로 당신을 놀라게 만들 이야기를 들려주는 것이었다. 세상을 바꾼 발명품을 다루는 책은 많다. 그러나 이 책은 당신이 세상을 보는 방식을 바꾼 발명품들에 대한 것이다.

그래서 항상 무시당하는 불쌍한 연필만큼 좋은 출발점은 없다. 우리는 연필을 그럴듯한 이름으로 부르는 예의조차 차리지 않는다. '펜슬pencil'은 '페니스penis'라는 라틴어에서 나왔다. 그 뜻은 '꼬리'다. 로마 시대에는 동물의 꼬리에서 뽑아낸 털 뭉치로 필기용 붓을 만들었기 때문이다.

'납연필lead pencil'은 잉크 없이도, 혹은 납 없이도 같은 효과를 낸다. 연필심은 사실 흑연으로 만들기 때문이다. 흑연을 나뭇조각에 붙인다는 아이디어는 약 450년 전에 나왔다. 하지만 그로부터 2세기가 지난 뒤에도 『브리태니커 백과사전』은 '연필'을 여전히 키케로Cicero나 세네카Seneca가 썼을 법한 붓brush으로 정의했다.[3]

하지만 연필을 찬양하는 사람도 있었다. 연필의 역사를 연구한 헨리 페트로스키^{Henry Petroski}는 지울 수 있다는 특성 때문에 연필이 디자이너와 엔지니어에게 필수적인 물건이 되었다는 점을 지적한다. 그의 말에 따르면 "잉크는 아이디어가 세상에 나갈 때 바르는 화장품"이며, "흑연은 그 아이디어들의 지저분한 진실"이다.[4]

또한 미국의 경제학자로서 작은 정부와 자유시장경제의 원칙을 옹호한 레너드 리드^{Leonard Read}는 1958년에 연필의 시점으로 쓴 「나 , 연필 I, Pencil」이라는 에세이를 발표했다. 영국의 수수께끼에 나오는 연필은 무명의 삶을 받아들였지만, 리드의 에세이에 나오는 연필은 신파적인 어조로 자유주의를 설파한다. 가령 "연필인 내가 상징하는 '기적'을 알아챈다면, 당신들 인류가 너무나 불행하게도 잃어가고 있는 자유를 좀더 쉽게 되찾을 텐데"라고 말한다.[5]

리드의 연필은 언뜻 보기에 자신이 눈길을 끌지 못한 사실을 잘 안다. "나를 들고 살펴보라. 무엇이 보이는가? 눈에 들어오는 것이 그다지 많지 않다. 약간의 나무와 광택제, 인쇄된 라벨, 흑연 심, 소량의 금속, 지우개뿐이다."

그래도 연필은 연이어 설명한다. 삼나무를 모으려면 톱, 도끼, 모터, 밧줄, 화물열차가 필요하다. 흑연은 실론(현재의 스리랑카)에서 채취되어 미시시피의 진흙, 황산, 동물성 지방 그리고 수많은 다른 재료와 혼합된다. 여섯 번 코팅되는 광택제나 금속 페룰* 혹은 지우개에 대한 설명은 시작 자체를 하지 않는 편이 낫다. 굳이 말하자면 지우개는 고무로 만드는 게

---

* 연필과 지우개를 잇는 금속 이음새 - 옮긴이.

아니라 염화황을 유채유와 반응시키고, 이탈리아산 부석으로 연마성을 부여하며, 황화카드뮴으로 핑크색을 입혀 만든다.[6]

그렇다면 흑연을 나뭇조각 안에 넣는 오랜 문제에 대한 창의적인 해법은 무엇일까? 바로 가마에서 건조한 삼나무를 얇게 자르고 상단 표면에 홈을 파는 것이다. 원래는 손으로 자르기 쉽도록 정사각형 홈을 팠지만 지금은 정밀 가공 기술이 발달해 홈의 단면이 반원형이다.[7] 원통형 흑연을 홈에 넣고 그 위에 하단 표면에 홈이 파인 다른 나뭇조각을 접착시킨 다음, 이 커다란 '흑연 샌드위치'를 흑연 심과 평행하게 잘라 막대기로 만든다. 아직 형태가 잡히지 않은 그 막대기를 대패질하고 니스 칠하면 작업이 끝난다.[8]

이 모든 과정을 거쳐 생산된 연필은 푼돈으로도 살 수 있다. 150개들이 한 박스의 소매가는 14.99파운드에 불과하다. 사람들은 대부분 이런 연필을 잠시도 거들떠보지 않는다.

하지만 리드의 용기 있는 연필은 주눅 들지 않는다. 오히려 국제적인 공급사슬과 정밀한 제조법을 기반으로 이렇게 도발적인 결론을 내린다.

"모든 창의적 에너지를 억누르지 마라. (…) 자유로운 남성과 여성들이 보이지 않는 손에 반응할 것이라는 믿음을 가져라. 이 믿음은 옳은 것으로 드러날 것이다."[9]

리드의 이 글은 자유시장 옹호자이자 경제사상을 전달하는 유능한 커뮤니케이터이며 노벨상을 받은 경제학자 밀턴 프리드먼Milton Friedman이 1980년에 〈선택의 자유Free to Choose〉라는 방송에서 언급하면서 유명해졌다. 프리드먼은 소박한 연필이 지닌 엄청나게 복잡한 기원에서 같은 교훈을 뽑아낸다. 즉, 연필은 누구도 전반적인 책임을 지지 않는 가운데 수많은 사람을 조율하는 시장의 힘을 말해주는 놀라운 증거물이다.

"중앙 사무국에서 명령을 내보내는 인민 위원은 없었다. 그것은 가격 시스템의 마법이었다."[10]

시간을 500여 년 거슬러 올라가면 가격 시스템의 마법이 이뤄지는 현장을 볼 수 있다. 흑연은 영국의 레이크 디스트릭트에서 처음 발견되었다. 전해지는 이야기에 따르면 거센 폭풍이 보로데일의 한적한 계곡에 있던 나무들을 뽑아버렸다. 그 뿌리 밑에는 낯설고 빛나는 검은 물질이 있었다. 이 물질은 처음에 '흑납black lead'으로 불렸다.[11] 흑연을 캐내는 데 투자를 할 만큼 이것을 사용할 만한 곳이 있었을까? 있었다. 흑연은 즉시 땅의 경계를 알려주는 '표시석marking stone'으로 활용되었다. 3세기 전에 런던 거리의 한 행상은 이렇게 외쳤다.

> 표시석을 사세요.
> 표시석은 아주 쓸모가 많아요.
> 품질 좋은 빨간색 표시석도 있고, 흑연도 있어요.[12]

흑연은 무르지만 내열성이 있어 포탄을 주조하는 데도 쓰였다. 그래서 곧 귀중한 자원이 되었다. 그렇다고 똑같은 탄소 기반 물질로, 사촌 격인 다이아몬드만큼 비싼 것은 아니었다. 하지만 광부들이 교대 근무가 끝나고 옷을 갈아입을 때 무장 경비가 감시할 만큼의 가치는 있었다.[13]

1700년대 말, 프랑스의 연필 제조 업체들은 품질 좋은 보로데일 흑연을 수입하기 위해 기꺼이 비용을 지불했다.
그러다가 전쟁이 일어났고, 영국 정부는 프
랑스가 포탄을 쉽게 주조하지 못하게 만드
는 합당한 결정을 내렸다. 그러자 프랑스
의 육군 장교이자 열기구 조종사이며 모험
가이고 연필 엔지니어인 니콜라자크 콩테
Nicholas-Jacques Conté가 등장했다. 콩테는 접토와 저급한 대륙산 흑연 분말
을 섞어 연필심을 만드는 방법을 힘들게 개발했다. 프랑스 정부는 그의 노
력을 인정해 특허권을 부여했다.

  사실 레너드 리드의 이 대단한 연필이 지닌 배경담은 연필이 스스로 인
정하는 것보다 훨씬 복잡하다. 하지만 여기서 리드의 연필이 자유시장의
혈통을 그토록 자랑스러워할 자격이 있는지 의문을 갖게 만든다. 정부가
특허권을 보장해주지 않았다면 콩테가 그렇게 열심히 노력했을까? 경제
학자인 존 퀴긴John Quiggin은 다른 반론을 제시한다. 리드의 연필은 삼림과
화물열차를 거치는 자신의 역사를 강조하지만, 삼림과 철도는 정부가 보
유하고 운영하는 경우가 많다.[14]

  또한 '연필 차르*Pencil Tsar'가 없다는 프리드먼의 말은 맞지만, 자유시장
경제에도 위계는 존재한다. 이는 또 다른 노벨상 수상자이자 프리드먼의
동료인 로널드 코스Ronald Coase가 탐구한 통찰이다. 레너드 리드의 이 말

---

* '차르'는 원래 황제라는 뜻이지만 해당 정책을 조율하는 특별
   고문, 조정관을 이르는 말로 쓰인다 - 옮긴이.

많은 도구는 현재 대형 제조유통사인 뉴얼 러버메이드Newell Rubbermaid에 속한 에버하르트 파버Eberhard Faber사가 만들었으며, 모든 대기업의 경우와 마찬가지로, 직원들은 시장 가격이 아닌 상사의 지시에 반응한다.

그러므로 현실적으로 연필은 정부가 나름의 역할을 하고 기업의 위계가 프리드먼의 '가격 시스템의 마법'으로부터 많은 노동자를 격리하는 난잡한 경제 시스템의 산물이다. 순수한 자유시장이 더 나을 것이라는 레너드 리드의 말이 옳을지도 모르지만, 그의 연필은 그 사실을 증명하지 못한다.

다만 리드의 연필은 우리가 종종 그 가치를 간과하는 일상적인 물건들을 생산하는 과정이 얼마나 복잡한지 상기시킨다. 우리를 위해 저렴하고 안정적으로 연필을 만들어내는 경제라는 것은 실로 놀랍다. 경제는 이해를 거부한다. 그럼에도 하나의 출발점으로서 신용 카드, 맥도날드 햄버거, 콩 통조림 혹은 티셔츠에 붙은 RFID 칩 같은 일상적인 물건을 살펴보는 것도 나쁘지 않다. 모든 물건에서 예기치 못한 연관성과 흥미로운 결과가 담긴 이야기가 시작된다.

요컨대 우리가 현대 경제를 이해하길 원하면 리드의 연필이 그 길을 가르쳐줄 것이다.

언뜻 보기엔 단순한 물건들

#벽돌

"나는 로마를 벽돌의 도시로 세웠고, 대리석의 도시로 남겼다." 이는 로마의 초대 황제 아우구스투스Augustus가 했던 자랑으로 알려져 있다. 만약 그렇다면 그의 말은 과장된 것이다.[1] 고대 로마는 벽돌의 도시다. 그렇다고 해서 덜 화려하다는 말은 아니다.

또한 아우구스투스의 말은 가장 오래되고 요긴한 건축자재를 무시하고 간과하는 긴 전통에 합류하는 것이었다. 로마의 뛰어난 건축 저술가 비트루비우스Vitruvius는 벽돌을 살짝 언급했을 뿐이다.[2] 드니 디드로Denis Diderot의 과학, 예술, 공예에 대한 체계적인 사전인 『백과전서』는 1751년에 발간되었으며, 핀 공장에 대한 애덤 스미스Adam Smith의 유명한 서술에 영감을 주었다.[3] 디드로는 이 책에 벽돌 제조 과정의 이미지를 포함시키는

수고를 전혀 들이지 않았다.[4]

　그 이유는 벽돌이 너무나 직관적인 물건이기 때문이었다. 사람들은 수천 년 동안 벽돌로 간단하고 거대한 구조물 만드는 법을 스스로 익혔다. 바빌론의 공중정원은 벽돌로 만들어졌다. 성서에 나오는 바벨탑도 마찬가지다. 「창세기」 11장 3절에는 "어서 벽돌을 빚어 불에 단단히 구워내자.' 이리하여 사람들은 돌 대신에 벽돌"을 썼다고 나와 있다.[5] 5절에서는 여호와가 현장에 내려와 그 모든 오만을 언짢게 여긴다. 그래서 벽돌을 사랑하는 바벨 주민들은 앞날이 어두워진다.

　제임스 캠벨James Campbell과 윌 프라이스Will Pryce가 벽돌의 역사를 다룬 무게 있는 책인 『벽돌의 역사Brick: A World History』에서 지적한 대로, 이 소박한 직육면체의 물건은 어디에나 있다.[6] 사람이 만든 가장 큰 건축물인 만리장성은 주로 벽돌로 지어졌다. 미얀마 바간에 있는 놀라운 사원들, 폴란드의 거대한 말보르크성, 이탈리아 시에나의 팔라초와 피렌체의 두오모 성당, 이란 에스파한의 다리들, 영국 웨스트런던의 햄프턴코트 궁전은 모두 벽돌로 되어 있다. 아름답기로 유명한 이스탄불의 아야소피아 대성당과 최고의 마천루인 미국 맨해튼의 크라이슬러 빌딩도 마찬가지다. 심지어 인도의 타지마할도 그렇다. 온통 벽돌, 벽돌, 벽돌이다. 구겐하임 미술관을 설계한 건축가 프랭크 로이드 라이트Frank Lloyd Wright는 벽돌이 같은 무게의 황금만큼 높은 가치를 지니게 만들 수 있다고 자랑했다.[7]

　이 모든 것은 오래전에 시작되었다. 벽돌은 문명이 동틀 때부터 우리와 함께 있었던 것처럼 보인다. 가장 오래된 벽돌은 1952년에 고고학자 캐슬린 케년Kathleen Kenyon이 요르단의 예리코에서 발견한 것이다. 이 벽돌들은 1만 300년에서 9,600년 전에 만들어졌으며, 단순히 진흙을 뭉쳐서 햇빛에 말린 다음 쌓아올려 다시 진흙으로 붙인 것이었다.[8]

그다음 단계의 중대한 진전은 단순한 벽돌 틀이었다. 이 역시 적어도 7,000년 전에 메소포타미아에서 기원했으며, 이집트 테베의 무덤 벽화에 자세히 그려져 있다. 벽돌 틀은 나무로 된 직육면체이며, 측면의 4면만 있을 뿐 뚜껑이나 바닥이 없다. 여기에 진흙과 짚을 채워 넣으면 더 빠르고 정확하게 벽돌을 만들 수 있다. 금속을 활용하기 전에 만들어졌으니 벽돌 틀을 만들기가 쉽지 않았을 것이다. 하지만 일단 만들기만 하면 벽돌을 훨씬 싸고 좋게 찍어낼 수 있었다.[9]

건조한 기후에서도 햇빛에 말린 진흙 벽돌은 대개 오래가지 않았으나 불에 구운 벽돌은 훨씬 내구성이 좋았다. 더 단단하고 방수성도 있었다. 점토와 모래를 약 1,000도 이상의 온도에서 구워 벽돌을 만드는 일은 수천 년 전부터 가능했다. 다만 비용이 많이 들었다. 약 4,000년 전인 우르 제3왕조 시대 기록에 따르면 은화 1개로 진흙 벽돌은 1만 4,400개를 살 수 있었으나 내화 점토 벽돌은 504개밖에 사지 못했다. 교환 비율이 내화 점토 벽돌 하나당 진흙 벽돌 29개 정도였던 것이다. 그로부터 약 1,500년이 지난 바빌론 시대에 가마 기술이 개선되면서 내화 점토 벽돌 가격은 진흙 벽돌 2개에서 5개 사이로 떨어졌다.[10]

그래도 많은 사람에게는 여전히 너무 비쌌다. 그래서 저렴하고 쉽게 만들 수 있는 진흙 벽돌이 집을 지을 때 전 세계적으로 가장 많이 쓰였다.[11]

하지만 노벨 경제학상 수상자인 아브히지트 바네르지Abhijit Banerjee와 에스테르 뒤플로Esther Duflo가 분석한 바에 따르면 빈곤층 가정이 비용을 아끼는 데는 내화 벽돌이 효과적일 수 있었다. 돈이 조금 생길 때마다 내화 벽돌을 하나둘 사 모으면 아주 더디기는 하지만 더 나은 집을 가질 수 있었다.[12]

벽돌은 바퀴나 종이처럼 근본적으로 개선하기 힘든 오랜 기술 중 하나다. 에드워드 돕슨Edward Dobson은 『벽돌 및 타일 제조에 관한 기본론 Rudimentary Treatise on the Manufacture of Bricks and Tiles』 14판에서 "벽돌의 형태와 크기는 어느 지역이든 크게 다르지 않다"고 했다.[13] 크기가 일정한 이유는 단순하다. 사람의 손에 맞아야 하기 때문이다. 형태에 있어서는 폭이 길이의 반이면 집을 짓기가 훨씬 수월해진다.

그래서 우즈베키스탄에 있는 칼란 모스크의 첨탑이나 영국에 있는 허스트먼슈성 혹은 중국 쑤저우蘇州에 있는 쌍탑 등 문화권에 따라 확연히 다르게 보이는 건축물을 자세히 들여다보면 벽돌이 대체로 같다는 사실을 알 수 있다. 바로 이런 획일성이 벽돌의 활용성을 크게 높여준다. 이는 아이들이 레고를 갖고 놀기 시작할 때 모든 세대의 부모가 새롭게 발견하는 교훈이다.

참고로 레고는 자사의 플라스틱 블록을 재활용할 필요가 없다고 말한다. 거의 무한정 재사용할 수 있기 때문이다. 장난감 블록에 해당하는 사실은 실제 벽돌에 더 잘 적용된다. 서로 맞물리는 레고의 블록은 고도의 정확성을 요구한다. 레고의 불량률은 100만 개당 18개에 불과하다.[14] 반면 시멘트 반죽으로 결합되는 벽돌은 오차 허용도가 더 높다. 영국의 세인트알반스 성당을 비롯한 여러 중세 건축물은 로마 시대의 벽돌을 그냥 재사용해 지어졌다. 그렇게 하지 못할 이유가 있을까?

"벽돌은 시간을 아름답게 관리한다. 벽돌은 거의 영원히 지속된다. 벽돌의 거친 표면은 수 세기에 걸쳐 계속 멋진 고색古色을 더한다."[15] 스튜어트 브랜드Stewart Brand가 자신의 책과 텔레비전 프로그램 〈건물은 어떻게 배우는가How Buildings Learn〉에서 한 말이다. 19세기 중반에 지은 벽돌 건물인 우리 집은 현재 뒤쪽에 커다란 유리문이 있다. 우리는 유리를 넣을 구멍을 만들기 위해 벽돌을 몇 개 빼냈다. 그런 다음 비슷한 재사용 벽돌과 같이 다른 곳에서 집을 늘리는 데 그 벽돌을 썼다.

벽돌은 전 세계 많은 지역에서 여전히 전통적인 방식으로 제조된다. 가령 인도에서는 손으로 만든 벽돌을 종종 불스 트렌치Bull's Trench 라는 가마에서 굽는다. 긴 도랑 모양의 이 가마에서는 거의 모든 연료를 태울 수 있고, 하루에 3만 개의 벽돌을 만들 수 있다. 이 방식은 연료가 많이 들고 환경을 오염시키기는 하지만 지역 노동자와 자재를 활용한다.[16]

그러나 벽돌 제조도 대부분의 공정에서 자동화가 점차 늘어나고 있다. 굴착기가 점토를 파내고, 느린 컨베이어 벨트가 긴 터널형 가마를 통해 벽돌을 옮기며, 지게차가 벽돌이 차곡차곡 쌓인 팔레트를 나른다. 이 모든 것이 벽돌 가격을 더 저렴하게 만든다.[17]

건축 현장은 자동화에 저항해왔다. 날씨와 현장의 고유한 요구사항은 잘 훈련된 노동자를 필요로 한다. 벽돌공은 숙련된 육체노동이 지닌 정직한 위엄의 상징으로 오랫동안 그려졌다. 벽돌을 쌓는 연장은 17세기 이후 거의 변하지 않았다. 그러나 다른 많은 직업과 마찬가지로 로봇이 벽돌 쌓기에도 진출할지 모른다는 징조가 있다. 사람은 하루에 300개에서 600개의 벽돌을 쌓을 수 있는 반면, 벽돌공 로봇으로 설계된 '반자동 메이슨Semi-Automated Mason', SAM의 설계자들은 로봇을 쓰면 3,000개도 쌓을 수 있다고 주장한다.[18] 벽돌 자체는 어떻게 될까? 레고처럼 서로 맞물리는 다양한 형태의 벽돌이 개발도상국에서 인기를 끌고 있다. 그 결과물은 벽돌과 시멘트 반죽조합보다 덜 견고하고 방수성이 약하지만, 더 빠르고 비용이 적게 든다.[19] 그리고 로봇이 벽돌을 쌓는다면 더 큰 벽돌을 만들도록 더 큰 팔을 달지 못할 이유가 있을까? 자동화 로봇인 하드리안 엑스Hadrian X는 로봇 팔을 활용해 사람이 다룰 수 없는 거대한 벽돌을 쌓는다.

하지만 너무 흥분할 필요는 없다. 반자동 메이슨에 앞서 벽돌 쌓는 기계인 '모터 메이슨Motor Mason'도 1967년에 비슷한 주장을 했다.[20] 어쩌면 벽돌공은 아직 조금 더 오래 머물 것이다. 벽돌은 분명히 그럴 것이다.

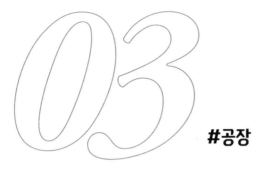

#공장

이탈리아 북서부의 피에몬테 지역은 바롤로 와인 등 좋은 와인으로 유명하다. 하지만 젊은 영국인 존 롬John Lombe은 18세기 초 이 지역을 여행할 때 바롤로 와인을 즐길 생각이 없었다. 그의 목적은 산업기밀을 염탐하는 것이었다. 롬은 피에몬테 사람들이 견사絹絲에서 튼튼한 명주실을 뽑아내는 방법을 알고 싶었다. 그 비법을 유출하는 것은 불법이었다. 그래서 롬은 밤에 작업장에 잠입해 촛불을 켜고 방적기의 모양을 그대로 따라 그렸다. 그는 1717년에 이 스케치를 영국 중심부에 있는 더비로 가져갔다.[1]

그 지역에서 전해지는 이야기에 따르면 이탈리아 사람들은 롬에게 끔찍한 복수를 가하기 위해 여성을 보내 그를 암살하려 했다. 진실이 무엇이든 롬은 이탈리아에 모험을 다녀온 지 몇 년 만인 스물아홉 살 나이로 갑자기 죽었다.

롬이 이탈리아의 기밀을 베꼈을지는 모르지만, 그와 이복형 토머스Thomas가 그 기밀을 활용한 방식은 완전히 독창적이었다. 롬 형제는 직물 거래상이었으며, 오간진organzine이라 부르는 튼튼한 명주실의 공급이 부족한 것을 보고 일을 크게 벌이기로 결정했다.

롬 형제는 더원트강의 급류가 옆으로 흐르는 더비 중심부에 전 세계에서 모방할 구조물을 지었다. 바로 일련의 창문이 달린 밋밋한 벽돌 벽을 가진 길고 폭이 좁은 5층짜리 건물이었다. 이 건물에는 7미터 높이의 수차가 돌리는 커다란 기계가 30여 대나 들어섰다. 역사학자 조슈아 프리먼Joshua Freeman은 그것이 규모 면에서 획기적인 변화였다고 말한다. 그렇게 대규모 공장의 시대가 요란하게 시작되었다.[2]

더비의 방직 공장이 일요일과 더원트강의 물살이 느려지고 수위가 낮아지는 가뭄기만 빼고 169년 동안이나 가동되었다는 사실은 그 실용적인 성공을 말해준다. 이 기간에 세계 경제 규모는 5배 이상 커졌으며,[3] 공장들은 성장의 주요 역군이었다.

지식인들도 공장에 주목했다. 『로빈슨 크루소』의 저자인 대니얼 디포Daniel Defoe는 더비로 가서 방직 공장을 경이롭게 바라보았다. 1776년에 발간된 애덤 스미스의 『국부론The Wealth of Nations』은 핀 공장에 대한 묘사로 시작된다.[4] 그로부터 30년 후 윌리엄 블레이크William Blake는 자신의 시 「밀턴」에서 "어둡고 악마적인 공장들"을 묘사했다.[5]

이후 공장의 노동환경에 대한 우려가 계속 제기되었다. 1811년에 더비

방직 공장에서 멀지 않은 곳에 지어진 '라운드 밀Round Mill'은 제러미 벤담 Jeremy Bentham의 유명한 '팬옵티콘Panopticon' 감옥을 본떴다. 그래서 노동 자들은 자신이 감시당하는지 알 길이 없었다. 원형 설계는 널리 파급되지 않았지만 노동자들에 대한 끈질긴 감시는 달랐다.[6]

비판론자들은 공장에서 벌어지는 착취가 노예제도만큼이나 사악하다 고 주장했다. 이런 주장은 그때나 지금이나 충격적인 주장이었다. 소설가 프랜시스 트롤럽Frances Trollope은 1832년 영국 맨체스터에 있는 방직 공장 들을 방문한 뒤 1840년에 쓴 소설인 『소년 직공 마이클 암스트롱의 삶과 모험The Life and Adventures of Michael Armstrong the Factory Boy』에서 노동환경이 노 예 농장보다 "비교할 수 없을 정도로 더 가혹하다"고 썼다.[7] 실제로 1850 년대 미국 매사추세츠의 농촌지역을 돌며 '홍안의 처녀들'을 꼬드겨 도 시의 방직 공장으로 실어 나르던 마차는 '노예선'으로 불렸다.[8]

아버지가 맨체스터의 공장주였던 프리드리히 엥겔스Friedrich Engels는 열 악한 노동환경을 강력하게 고발해 친구인 카를 마르크스Karl Marx에게 영 향을 끼쳤다.[9] 그러나 뒤이어 마르크스는 수많은 노동자가 한곳에 밀집 되어 있다는 사실에서 희망을 보았다. 노동자들은 노조나 정당을 조직할 수 있었고, 심지어 혁명을 일으킬 수도 있었다. 노조와 정당에 대한 그의 예측은 맞았지만, 혁명에 대한 예측은 틀렸다. 혁명은 산업사회가 아니라 농업사회에서 일어났다.

러시아 혁명가들은 공장을 받아들이는 것을 주저하지 않았다. 레닌은 1913년에 초시계를 동원하는 꼼꼼한 관리방식에 대한 프레더릭 테일러 Frederick Taylor의 연구[10]를 "피땀을 쥐어짜는 방식의 진전"이라고 비판했다. 그러나 혁명 이후 초시계에 대한 인식이 달라졌다. 레닌은 "러시아에서 테일러 시스템을 조직적으로 연구하고 교육해야 한다"고 주장했다.[11]

선진국에서는 어둡고 낙후된 공장들이 점차 더 깨끗하고 선진화된 공장들에 자리를 내주었다.[12] 현재 이목을 끄는 것은 개발도상국 공장의 노동환경이다. 경제학자들은 착취형 공장에서 일하는 것이 농촌지역에서 더 극심한 빈곤에 시달리는 것보다 나으며, 그런 노동환경이 빠르게 성장하는 도시로 노동자들을 끌어들이기에 충분하다고 믿는 경향이 있었다. 제조업은 오랫동안 경제개발을 가속화하는 엔진으로 간주되었다.[13]

그렇다면 공장의 앞날은 어떨까? 역사는 몇 가지 교훈을 제공한다.

공장은 점차 커지고 있다. 18세기 더비의 방직 공장은 300명의 노동자를 고용했다. 기계를 쓰는 노동조차 집이나 소형 공방에서 이뤄지던 당시로서는 획기적인 변화였다. 엥겔스가 끔찍하다고 여겼던 19세기 맨체스터의 공장들은 여성과 아동을 포함해 1,000여 명을 고용할 수 있었다.[14] 선진국의 현대적인 공장은 그보다 규모가 훨씬 크다. 독일 볼프스부르크에 있는 폭스바겐의 주공장은 6만여 명의 노동자를 고용한다. 이는 해당 도시 인구의 절반에 해당한다.[15]

그리고 '폭스콘 시티Foxconn City'로 알려진 중국 선전深圳의 룽화龍華과학기술 단지에서는 적어도 23만 명, 일부 추정치로는 45만 명의 노동자를 고용해 애플Apple의 아이폰을 비롯한 많은 제품을 만든다.[16] 한곳에 고용된 인원이라는 점을 감안하면 어마어마한 수치다. 맥도날드McDonald's의 전 세계 가맹점에 고용된 인원은 200만 명이 채 되지 않는다.[17]

폭스콘 시티는 규모의 증가라는 측면에서만 역사의 흐름을 이어가는 것이 아니다. 1830년대와 마찬가지로 노동자의 복지에 대한 우려가 여전히 존재한다. 선전의 경우 공장 지붕에서 뛰어내려 자살하는 것을 방지하기 위해 그물망을 설치해놓았다.[18]

하지만 중국의 여러 공장 노동자를 인터뷰한 레슬리 창Leslie Chang은 그들이 자신의 처지를 알고 있으며, 서구 소비자들이 죄책감을 느끼기를 원치 않는다고 말한다. 그중 한 사람인 루칭민Lu Qingmin은 공장에서 경력을 쌓고 남편을 만나 가정을 꾸렸으며, 돈을 모아 중고 뷰익 자동차를 샀다. 그녀는 "사람은 젊을 때 야심을 가져야 한다"고 주장했다.[19]

마르크스가 예측한 대로 중국에서는 대규모 파업이 흔히 일어난다.[20] 커다란 역사의 아이러니 중 하나로, 중국 정부는 노동자들의 노조 결성을 돕는 젊은 마르크스주의자들을 단속하고 있다.[21]

그리고 수십 년 전 서구에서 그랬던 것처럼 진전도 이뤄지고 있다. 200개의 중국 공장을 방문한 미국의 저널리스트 제임스 팰로스James Fallows는 그동안 노동환경이 크게 개선되었다고 말한다.[22]

'산업기밀'은 최초의 공장을 만들었으며, 이후로도 공장의 운영에 영향을 미쳤다. 롬 형제의 명주 방직 공장을 본떠 면화 방직 공장을 만든 리처드 아크라이트Richard Arkwright는 "앞으로 누구도 작업 과정을 들여다보지 못하게 만들겠다"고 다짐했다.[23] 중국의 공장들은 여전히 비밀스럽다. 팰로스는 폭스콘 공장에 들어가도록 허가받았을 때 깜짝 놀랐다. 대신 생산 라인에서 나오는 제품의 브랜드나 이름을 보여주거나 언급하지 말라는 말을 들었다.[24]

과거와 확연히 달라진 부분도 있다. 과거 공장들은 생산 공정을 중앙화하는 경향이 있었다. 즉, 원자재를 들여와 완제품을 내보냈다. 부품은 자체 공장 내지 인근 납품 업체에서 만들었다. 빅토리아 시대의 공장 애호가이자 컴퓨터의 원형을 설계한 찰스 배비지Charles Babbage는 중앙화 방식이 제조 공정 안에서 무겁거나 부서지기 쉬운 물건을 운송하는 번거로움을 덜어준다고 지적했다.[25]

하지만 오늘날에는 제조 공정 자체가 글로벌하다. 물리적으로 가까이 있지 않아도 제조 단계를 조정하고 모니터할 수 있다. 또한 컨테이너와 바코드는 물류 단계를 원활하게 만든다. 현대에는 폭스콘 시티 같은 대형 공장조차 널리 분산된 제조 사슬의 한 단계에 불과하다. 부품은 다양한 조립 상태로 국경을 이리저리 넘나든다.[26]

가령 중국의 폭스콘 시티에서는 아이폰을 만들지 않는다. 한국, 일본, 대만, 심지어 미국에서 온 유리와 전자부품을 모아서 조립만 할 뿐이다.[27] 대형 공장은 오랫동안 세계에 물자를 공급했다. 이제는 세계 자체가 공장이 되었다.

#우표

"세부적인 내용에 실무적으로 숙달된 사람들에 의해 중요한 개혁이 이루어지는 경우는 거의 없다는 사실을 명심해야 한다. 흠집과 결함을 발견하는 사람은 오랫동안 그것들을 접했으나 둔감해지지 않은 사람들이다.[1]

이 글은 1837년에 쓰였다. 초기에 경영 컨설턴트를 꿈꾼 사람이 한 홍보일까? 아니다. 참고로 경영 컨설턴트라는 직업은 거의 1세기가 지날 때까지 생기지 않는다. 하지만 롤런드 힐Rowland Hill은 영국 우편국을 위해 경영 컨설팅을 사실상 자임한 셈이었다.

전직 교사였던 힐은 우편국과 관련된 경험이라고는 이용하면서 서비스에 불만을 품은 것이 전부였다. 누구도 우편국을 전면적으로 개혁하기 위한 자세한 제안을 마련해달라고 요청하지 않았다. 그는 여유 시간에 우편

서비스를 연구했고, 분석한 내용을 기록했다. 그리고 "나의 계획을 제대로 이해하기만 한다면 받아들여줄 것"이라고 순진하게 믿으며 재무부 장관에게 개인적으로 제안서를 보냈다.[2]

그는 곧 인간의 본성에 대한 교훈을 얻을 수 있었다. 시스템에 의존해서 경력을 쌓은 사람들은 그 문제점이 아무리 비효율적이라도 그것을 자세히 분석하고 개선안을 제시하는 외부인이 나타나면 별로 반기지 않는 법이다. 우편국장인 메이벌리 대령Colonel Maberly은 "확실히 틀렸고 (…) 완전히 터무니없다"며 분개했다. 체신부 장관인 리치필드 백작Earl of Lichfield도 "엉뚱하고 (…) 별나다"는 말을 보탰다.[3]

재무부 장관에게 무시당하자 힐은 방향을 바꾸었다. 그는 「우편국 개혁: 그 중요성과 실행 가능성Post Office Reform: Its Importance and Practicability」이라는 제안서를 출간해 유통시켰다.[4] 그는 우편국에서 일한 경험이 없기에 오히려 그 '흠집과 결함'을 발견할 수 있다고 설명하는 서문을 추가했다. 우편 시스템에 불만을 품은 것은 힐뿐만이 아니었다. 그의 선언문을 읽은 (그리고 우편국에서 일하지 않는) 모든 사람은 그 내용이 합당하다는 데 동의했다. 영국의 주간지 『스펙테이터Spectator』는 힐의 개혁안을 지지했다.[5] 청원도 이뤄졌다. 유용한 지식 보급협회Society for the Diffusion of Useful Knowledge는 진정서를 냈다.[6] 결국 3년이 채 지나지 않아 정부는 국민의 압박에 굴복했으며, 롤런드 힐을 우편국 최고 책임자로 임명했다.[7]

힐이 파악한 문제점들은 무엇이었을까? 당시에는 편지를 보낼 때 요금을 내지 않고 받을 때 요금을 냈다. 요금 산정 방식이 복잡했으며, 대개 상당히 비쌌다. 가령 런던에서 온 3쪽짜리 편지를 배달하는 버밍엄의 우체부는 2실링 3펜스를 내야만 수신자가 편지를 읽을 수 있게 해주었다.[8] 이는 1일 평균 임금보다 약간 적은 금액이었다.[9] '편지의 무게가 7그램이 채 되지 않는데도' 말이다.[10]

사람들은 편법을 찾아냈다. 의원들은 무료로 편지를 보낼 수 있었다. 그래서 아는 의원이 있으면 그의 호의에 기대어 편지를 '무료 송달'할 수 있었다. 이런 특혜는 폭넓게 남용되었다. 1830년대에 의원들은 1년에 무려 700만 통의 편지를 보낸 것으로 보인다.[11] 또 다른 흔한 수법은 주소를 약간 변형시켜 암호화된 메시지를 보내는 것이었다. 가령 당신이 주소란에 '팀 하포드'라고 쓰면 잘 지낸다는 뜻이라고 나와 미리 정해둘 수 있다. 혹은 'T. 하포드 씨'라고 쓰면 도움이 필요하다는 뜻일 수 있다. 이렇게 해두면 나는 우체부가 왔을 때 봉투만 살펴보고 수신을 거부할 수 있다.

힐의 해법은 과감한 2단계 개혁이었다. 첫째, 수신자가 아니라 발신자가 비용을 지불해야 했다. 요금은 무게 14그램까지 거리와 무관하게 1페니로 저렴하게 책정했다. 힐은 적자가 나도 우편 체계를 운영할 가치가 있다고 생각했다. "서신과 다른 문서를 저렴하게 배송할 수 있으면 (…) 국가의 생산력이 크게 진작될 것"이기 때문이었다.[12] 다만 그는 향후 수익성이 실제로는 개선될 것이라는 설득력 있는 근거를 제시했다. 편지를 보내는 비용이 저렴해지면 사람들이 더 많이 보낼 것이기 때문이었다.[13]

아마 경제학자들이라면 힐이 말하고자 했던 것이 어떤 질문에 대한 답인지를 알 것이다. 수요곡선은 얼마나 가파를까? 가격을 낮추면 수요가 얼마나 늘어날까? 당시 힐은 수요곡선을 몰랐다. 수요곡선이 처음 소개된 것은 힐의 제안서가 발간되고 1년이 지난 1838년이기 때문이다.[14] 그러나 그는 개별 사례들을 정리하는 법을 알았다. 런던에서 서쪽으로 40킬로미터 떨어진 레딩에 사는 오빠와 런던 동부에 있는 햄프스테드에 사는 여동생은 64킬로미터나 떨어져 30년 동안 소식을 주고받지 않다가 한 인정많은 의원이 무료 송달을 해주자 자주 연락을 나눴다.[15] 비용이 두 사람 사이를 가로막았던 것이다.

몇 년 전 인도 태생의 경제학자 C. K. 프라할라드Prahalad는 '피라미드의 바닥', 즉 개발도상국 빈곤층과 하위 중산층의 수요를 충족하면 큰돈을 벌 수 있다고 주장했다. 그들이 개별적으로 가진 돈은 많지 않지만 모두 합하면 많았다. 롤런드 힐은 1세기 반 이상 시대를 앞서갔다. 그는 정부가 수많은 빈곤층으로부터 소액을 거둬 거액의 세수를 확보하는 사례를 지적했다. '(분명히 빈곤층이 주로 소비하는) 몰트 및 독주'에 물리는 세금에서 나오는 세수는 '(부자들의 음료인) 와인'에 물리는 세금에서 나오는 세수보다 훨씬 많았다. 힐은 약간 비꼬는 투로 다음과 같이 결론을 내렸다.

친구와 연락을 나누고자 하는 바람은 숙성된 술에 대한 욕구
만큼 강하거나 보편적이지 않을 수도 있다. 그러나 내가 알게
된 바에 따르면 높은 우편요금만 아니면 편지를 많이 쓰게 될
것이고, 많은 사람의 가슴이 기쁨에 찰 것이다. 하지만 지금은
수익도 우정도 모두 상처를 입는다.[16]

우편요금을 1페니로 낮춘 첫해인 1840년에는 우편 발송 횟수가 두 배
이상 늘었다. 그리고 10년도 안 되어 다시 두 배로 늘었다.[17] 힐은 처음에
우편요금이 붙은 봉투가 우표보다 인기를 끌 것이라고 예측했다. 그러나
우표가 붙은 '페니 멀레디Penny Mulready' 봉투는 점차 사라진 반면, '페니
블랙Penny Black' 우표는 전 세계에 영감을 주었다. 우표가 스위스와 브라질
에 도입되는 데는 3년밖에 걸리지 않았다. 미국의 경우는 그보다 약간 더
걸렸다. 1860년이 되자 우표를 도입한 국가가 90개국에 이르렀다.[18] 힐은
피라미드 바닥에 있는 노다지를 캐내기만 하면 된다는 사실을 보여주
었다.

저렴한 우편요금은 정크 메일, 사기 우편물, 즉각적인 회신에 대한 요구
증가 등 우리에게 익숙한 현대적인 문제들을 불러왔다. 힐의 1페니 우편
이 도입된 지 반세기가 지난 뒤 런던의 우편 배달은 매시간으로 잦아졌으
며, 회신은 '수신 즉시' 이뤄질 것으로 기대되었다.[19]

다른 한편으로, 1페니 우편은 유용한 지식을 보급하고 생산성을 진작
시켰을까? 근래에 『국가는 왜 실패했는가』로 유명한 경제학자 대런 애
쓰모글루Daron Acemoğlu, 제이컵 모스코나Jacob Moscona, 제임스 로빈슨James

Robinson은 미국에서 이 점을 검증하는 독창적인 방법을 고안했다. 그들은 19세기 미국 각지에 설치된 우체국의 분포와 특허 신청 수에 대한 데이터를 수집했다. 그 결과 힐이 예측한 것처럼 우체국이 생기고 나서 실제로 특허 신청 수가 늘어났다는 것을 알 수 있었다.[20]

요즘에는 소위 '재래식 우편snail mail'이 거의 쇠퇴한 것처럼 보인다. 이제는 친구들의 가슴에 기쁨을 안겨다 줄 다른 수단들이 너무나 많다. 각종 양식과 은행 계좌내역서 등이 온라인으로 옮겨간다. 인터넷으로 스팸 메일을 뿌리는 것이 더 효율적이기 때문에 정크 메일조차 감소하고 있다. 또한 선진국 전체에 걸쳐 발송되는 편지의 수가 해마다 몇 퍼센트씩 줄어들고 있다.[21] 한편 사무직 노동자들은 평균적으로 하루에 100통이 훌쩍 넘는 이메일을 받는다.[22] 우리는 더 이상 유용한 지식의 보급을 촉진하는 사회가 필요하지 않다. 오히려 지식을 걸러내는 더 나은 방법이 필요하다.

하지만 애쓰모글루와 동료 학자들은 19세기의 우편 서비스가 오늘날 우리에게 교훈을 준다고 생각한다. 그 교훈은 "정부의 정책과 제도적 설계가 기술의 진전을 뒷받침하는 힘을 지닌다"는 것이다.[23] 우리의 해당 영역에 현재 존재하는 흠집과 결함 중에서 무엇이 진전을 가로막고 있을까? 우리에게는 그 점을 말해줄 롤런드 힐의 후예가 필요하다.

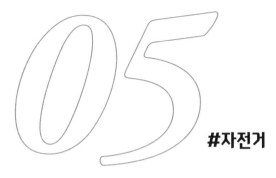

#자전거

1865년 어느 가을날, 두 남자가 미국 코네티컷주 앤소니아에 있는 한 술집에 앉아 독한 술 몇 잔으로 놀란 가슴을 진정시키고 있었다. 그들이 마차를 몰고 근처 언덕길을 내려오고 있을 때 뒤에서 피를 얼어붙게 만드는 비명 소리가 들렸다. 사람 머리에 낯선 괴물의 몸을 가진 악마가 낮게 지면을 스치며 그들을 향해 날아오고 있었다. 그들이 말을 채찍질해 도망치는 동안 악마는 길에서 벗어나 물이 불어난 도랑에 빠졌다.

두 사람의 이야기를 들은 흑발의 사내가 술집을 가로질러 걸어왔을 때 그들이 느낀 공포와 충격은 분명 더욱 심해졌을 것이다. 흑발의 프랑스인 사내는 피를 흘리고 흠뻑 젖어 있었다. 그는 자신이 바로 그 악마라고 소개했다.

악마의 실제 이름은 피에르 랄르망Pierre Lallemento이었다. 그 젊은 기계공은 프랑스에서 자신이 고안한 기계를 가지고 두어 달 전에 미국에 왔다. 그는 페달로 크랭크를 돌려서 두 개의 바퀴를 굴리는 이 기계를 '벨로시페드velocipede'라고 불렀다. 그것은 바로 우리가 자전거라고 부르는 것이다.

랄르망은 곧 자신의 발명품에 대한 특허를 신청했다. 그의 발명품에는 현대식 자전거가 갖추고 있는 기어와 체인 구동 장치는 물론, 브레이크도 달려 있지 않았다. 그 때문에 그가 마차꾼들을 향해 무시무시한 속도로 언덕길을 달려내려간 것이었다.[1]

그로부터 반세기에 이르는 정지 상태를 거친 뒤 극적인 재탄생이 이뤄졌다. 두 바퀴에 안장만 달리고 페달은 없는 '장난감 목마hobby horses' 같은 자전거가 1819년 여름에 아주 잠깐 인기를 끌다가 바보 같은 장난감으로 치부되어 버려졌다. 하지만 제대로 된 페달이 달린 자전거는 어떨까? 이런 자전거는 세계의 사회적, 기술적, 심지어 유전적 양상에 극적인 변화를 초래할 참이었다.[2]

랄르망의 투박한 자전거는 곧 '페니파싱penny-farthing'으로 대체되었다. 페니파싱은 우리가 흐릿한 향수에 젖어 상상하는 품위 있는 탈것이 아니었다. 거대한 앞바퀴를 단 페니파싱은 벨로시페드보다 두 배 빠른 경주용 기계였다. 그래서 거의 겁 없는 젊은이들만 탔다. 그들은 1.5미터 높이의 바퀴 위에서 조종했기 때문에 작은 장애물에 걸려도 앞으로 날아가기 일쑤였다. 이 점에 대해 한 운전자는 이렇게 설명했다. "다리를 묶어두기 위해 멋지고 곧은 강철 손잡이가 허리를 감싸고 있어 얼굴이 가차없이 지면에 가장 먼저 닿도록 한다."[3]

그다음에 기술적 진전이 이루어져 탄생한 '안전 자전거safety bicycle'는 훨씬 폭넓은 인기를 누렸다. 랄르망이 악마처럼 언덕길을 달려 내려간 지 20년 후에 소개된 이 자전거는 체인 구동 장치, 같은 크기의 바퀴, 다이아몬드 모양의 몸체를 갖춰 현대식 자전거와 훨씬 비슷했다. 따라서 거대한 바퀴가 아니라 기어를 통해 속도를 냈다.[4]

안전 자전거는 가로대만 조금 바꾸면 드레스 차림으로도 탈 수 있었다. 앤절린 앨런Angeline Allen은 거기에 구애받지 않았다. 그녀는 1893년에 드레스를 입지 않고 뉴욕시 외곽의 뉴어크를 돌아다녀 동요를 일으켰다. 자극적인 인기 남성 잡지는 "그녀는 바지 차림이었다!"고 호들갑을 떨면서 그녀가 젊고 예쁜 이혼녀라고 덧붙였다.[5]

자전거는 여성들을 해방시켜주는 도구였다. 여성들은 앨런처럼 진청색 코듀로이 반바지를 입지는 않더라도 고래뼈 거들과 고리로 받친 치마를 벗고 더 단순하고 편한 복장을 입어야 했다. 또한 자전거를 탈 때는 보호자도 따라붙지 않았다.[6]

보수주의자들은 이런 점에 경악하면서 '방정하지 못한 자전거 타기'가 자위, 심지어 매춘으로 이어질 수 있다고 호들갑을 떨었다. 그러나 이런 반발은 곧 웃음거리가 되었다.

자전거 역사학자 마거릿 구로프Margaret Guroff는 앤절린 앨런이 한 일을 누구도 우려하지 않았다고 지적했다. 사람들은 그녀가 한 일이 아니라 입은 옷만 신경 썼을 뿐이다. 여성이 혼자 안전 자전거를 타고 밖에 나가는 것은 전혀 논란거리가 아니었다.[7]

그로부터 3년 후 19세기 내내 여성인권운동을 한 노년의 수전 앤서니

Susan B. Anthony는 자전거가 "세상의 다른 어떤 물건보다 여성을 해방시키는 데 더 많은 일을 했다"고 주장했다.[8]

자전거는 지금도 젊은 여성들에게 힘을 부여한다. 2006년에 인도 비하르주 정부는 10대 여학생들이 중학교에 다니기 위해 구매하는 자전거에 많은 보조금을 주기 시작했다. 자전거가 있으면 먼 거리도 통학할 수 있기 때문이었다. 이 정책이 효과를 거둔 덕분에 여학생들이 중학교를 계속 다닐 확률이 크게 늘었다.[9]

미국에서도 자전거는 지평을 넓히는 저렴한 수단이었다. 프로농구 슈퍼스타인 르브론 제임스LeBron James는 학교를 설립하고 전교생에게 자전거를 지급했다. 그는 어린 시절 친구들과 함께 자전거를 타면 자유로웠다며 이렇게 말한다. "세상의 꼭대기에 있는 기분이었어요."[10]

그렇다. 자전거는 오랫동안 경제적으로 짓밟힌 사람들을 해방시키는 수단이었다. 보급 초기에 말보다 훨씬 저렴하면서도 같은 이동 거리와 자유를 제공했다. 유전학자인 스티브 존스Steve Jones는 자전거의 발명이 근래 인류의 진화에서 가장 중요한 사건이었다고 주장했다. 인접 지역 밖에 사는 사람을 만나고, 결혼하고, 사귀는 일이 마침내 쉬워졌기 때문이다.[11]

자전거는 사회적 혁명을 일으켰을 뿐 아니라 제조업 부문의 혁명도 초래했다. 19세기 전반기에 상당한 비용을 들여 정밀 가공한 대체 가능 부품들이 미 육군의 군용 화기를 만드는 데 사용되었다. 초기에 민간 기업들은 이런 대체성을 완전히 모방하느라 비용을 너무 많이 들여야 했다. 고정밀 군수품 제조와 복잡한 부품의 폭넓은 대량생산 사이에 다리를 놓은 것이 바로 자전거였다. 자전거 제조 업체는 품질을 희생시키지 않고 비용을 낮추기 위해 냉간 강판을 새로운 형태로 찍어내는 것과 같이 간단하면서 쉽게 반복할 수 있는 기술을 개발했다.[12] 그들은 또한 볼베어링, 공기 타이어, 디퍼렌셜 기어, 브레이크도 개발했다.[13]

헨리 포드Henry Ford 같은 자동차 생산자들은 이런 제조 기술과 혁신적인 부품들을 자연스럽게 받아들였다. 최초의 안전 자전거는 1885년에 영국 코번트리에 있는 로버Rover 공장에서 만들어졌다. 이후 로버가 자동차 업계에서 주요 업체가 된 것은 우연이 아니었다. 자전거 제작에서 자동차 제작으로 나아가는 것은 당연한 일이었다.[14]

자전거는 일본의 산업을 현대화하는 데도 초석을 제공했다. 첫 단계는 1890년 무렵 서구의 자전거를 도쿄로 수입하는 것이었다. 뒤이어 자전거 수리소를 세우는 것이 유용해졌다. 다음 단계는 현지에서 부품을 제작하기 시작하는 것이었다. 숙련된 기계공들에게는 그다지 어렵지 않은 일이었다.[15] 곧 1900년 무렵 도쿄에서 직접 자전거를 제작하는 데 필요한 모든 부품이 마련되었다.[16] 제2차 세계 대전이 발발할 당시 일본은 새로운 기업가 집단의 주도하에 연간 100만 대가 넘는 자전거를 생산했다.[17]

자전거는 한물간 물건으로 보기 쉽다. 자전거는 더 나은 도로에 대한 수요를 만들었고, 제조 업체들이 기술을 향상시키도록 해주었으며, 뒤이어 자동차에 길을 내주었다. 정말 그렇다. 그러나 데이터는 다른 사실을 보여준다. 반세기 전에는 전 세계적으로 자전거와 자동차의 생산량이 연간 2,000만 대로 거의 비슷했다. 이후 자동차 생산량은 3배 늘었지만 자전거 생산량은 그보다 2배 더 늘어나 연간 1억 2,000만 대에 이르렀다.[18]

또한 자전거가 다시 우리의 앞길을 가리키고 있다고 말해도 이상하지 않다. 자율주행차의 시대가 임박한 듯 보이는 지금, 많은 사람이 미래의 탈것은 보유하는 것이 아니라 스마트폰 앱을 클릭해서 빌리게 될 것이라고 예상한다. 그렇다면 미래의 탈것은 이미 우리 곁에 있다. 전 세계적으로 1,000개 이상의 자전거 공유 사업과 거치대 없이 쉽게 빌릴 수 있는 수천만 대의 자전거가 현재 유통되고 있으며, 그 수는 빠르게 늘어나고 있다.[19]

자전거는 교통정체가 심한 많은 도시에서 여전히 가장 빠른 이동수단이다. 많은 사람들이 자전거를 타지 못하게 막을 만한 이유는 없다. 오직 디젤 매연과 피에르 랄르망 같은 사고에 대한 우려 정도만 있을 뿐이다. 하지만 차세대 자동차가 조심스럽고 사려 깊은 로봇이 운전하는 친환경 전기 모델이라면 자전거의 재유행은 곧 속도를 내어 찾아올 것이다. 그것이 미국에서 처음 극적으로 등장했을 때처럼.

#안경

우주선 제작은 성급하게 할 수 있는 일이 아니다. 가령 미국의 항공우주·방산업체인 록히드마틴Lockheed Martin의 경우 한 명의 기술자가 하나의 유선형 패널에 고정장치를 달기 위해 이틀 동안 309개의 지점을 공들여 측정했다. 록히드마틴의 신기술 책임자인 셸리 피터슨Shelley Peterson은 지금은 같은 일을 하는 데 두 시간이 채 걸리지 않는다고 말한다.[1]

무엇이 바뀌었을까? 담당 기술자는 작업을 시작할 때 마이크로소프트Microsoft가 만든 홀로렌즈Hololens 안경부터 쓴다. 커다란 보안경처럼 생긴 이 안경은 실제 세계에 디지털 정보를 덧입힌 것이다. 이 사례의 경우 유선형 패널을 스캔해 계산한 후 각 고정장치가 들어갈 정확한 위치를 보여준다.

생산성 전문가들은 홀로렌즈와 구글 글라스^{Google Glass} 같은 증강현실 기기에 열광한다.[2] 구글이 2012년에 이 스마트 안경을 처음 선보일 당시에는 용도에 대한 전망이 상당히 달랐다.[3] 처음에는 귀찮게 휴대전화를 꺼내지 않아도 인스타그램을 확인하고 동영상을 찍을 수 있도록 해주는 소비자 기기처럼 보였다. 그러나 대중적인 인기를 끌지는 못했다. 구글 글라스를 쓰고 과감하게 공공장소에 나간 소수의 사람은 '글라스홀glasshole'*이라는 멸칭을 얻었다.[4]

구글은 곧 실수를 깨달았다. 그 실수는 목표 시장을 잘못 파악한 것이었다. 그래서 작업용으로 스마트 안경을 다시 발명했다. 실제로 많은 작업은 다음 단계를 알려주는 스크린을 확인하기 위해 자주 멈춰야 한다. 스마트 안경이 있으면 일하는 도중에 지시사항을 확인할 수 있다. 그러면 정보를 인터넷에서 두뇌로 옮기는 데 소요되는 귀중한 몇 초의 시간을 아낄 수 있다.

1,000년 전에는 정보가 훨씬 느리게 이동했다. 1010년대 이집트의 카이로에서 바스라 태생의 박식한 과학자 알하산 이븐 알하이삼al-Hasan Ibn al-Haytham은 역저 『광학서Book of Optics』를 집필했다.[5] 그의 통찰이 아랍어가 아닌 다른 말로 번역되는 데 2세기가 걸렸다.[6] 이븐 알하이삼은 이전의 어느 누구보다 시각을 잘 이해했다. 가령 이전의 일부 학자들은 보는 행위가 눈에서 일종의 광선이 나가는 과정을 수반한다고 주장했으나 이븐 알하이삼은 신중한 실험을 통해 그들이 틀렸음을 증명했다. 눈에서 빛이

* 안경(glass)과 불쾌한 놈(asshole)을 결합한 신조어 - 옮긴이.

44

나가는 것이 아니라 눈으로 빛이 들어온다는 것이었다.

이른 알하이삼 시대 이전의 광학 기구는 거추장스러웠다. 고대 로마의 철학자인 세네카는 물이 담긴 투명한 유리그릇을 활용해 문자를 확대시켰다.[7] 그러나 지식이 점차 전파되면서 새로운 아이디어들이 촉진되었다.[8] 1200년대 말에 세계 최초로 독서용 안경이 등장했다. 제작자의 이름은 역사 속으로 사라졌지만, 아마도 이탈리아 북부에 살았을 것이다. 특히 베네치아는 당시 유리 제작의 중심지였다. 그러나 문제가 있었다. 베네치아의 건물들은 목재였고, 유리공방의 용해로에서는 계속 화재가 발생했다. 결국 1291년에 시 당국은 유리공방을 전부 이웃 섬인 무라노로 이전시켰다.[9]

1301년 무렵에는 '독서용 안경'이 이탈리아의 베네치아 유리노동자길드Guild of Venetian Crystal Workers의 지침서에 나올 정도로 보편화되었다. 그러나 역사학자들은 안경의 기원에 대한 최대 단서를 1306년 피사의 조르다노Giordano da Pisa 수사가 한 설교에서 찾는다. 그는 피렌체의 신도들에게 발명된 지 20년된 안경에 대해 이렇게 말했다.[10] "안경은 세상에서 가장 유용한 기구 중 하나입니다."[11]

그의 말은 옳았다. 독서는 여건이 좋을 때도 눈을 피로하게 만들었다. 게다가 중세 건물은 유리창이 크지 않았으며, 인공조명은 흐릿하고 비용이 많이 들었다.[12] 나이가 들수록 가까운 물체에 초점을 맞추기가 어려워진다. 중년의 수도사와 학자, 공증인과 상인들은 별다른 방법이 없었다. 조르다노 수사는 쉰 살이었다.[13] 그가 안경을 너무나 소중하게 여긴 이유를 쉽게 알 수 있다.

하지만 안경은 책을 읽을 수 있는 소수에게만 유용했다. 인쇄기가 등장하면서 안경은 더 큰 시장에 도달했다. 1466년 독일 슈트라스부르크에 최초로 전문 안경점이 문을 열었다.[14] 제작자들은 가까운 물체를 보는 데 도움을 주는 볼록 렌즈에서부터 품목을 늘렸다. 그런 다음 멀리 있는 물체에 초점을 맞추도록 도와주는 오목 렌즈를 연마하는 법을 익혔다.[15]

볼록 렌즈와 오목 렌즈를 합치면 현미경이나 망원경을 만들기 위한 기본 요소들을 갖추게 된다. 1600년경 네덜란드의 안경점에서 등장한 두 발명품은 과학 연구의 신세계를 열었다.[16]

요즘 우리는 안경의 존재를 당연하게 생각한다. 적어도 선진국에서는 그렇다. 영국에서 실시한 설문조사에 따르면 응답자 중 약 3분의 1이 안경 혹은 콘택트렌즈를 끼거나 시력교정수술을 받았다.[17] 미국과 일본의 상황도 비슷하다.[18]

그러나 선진국이 아닌 국가에서는 상황이 많이 다르다. 우리는 근래에 서야 이에 대해 더 명확한 시야를 얻게 되었다. 역사적으로 세계보건기구WHO는 심각한 시각 장애를 가진 사람들의 수에 대한 데이터만 수집했다.[19] 그보다 훨씬 많은 수의 사람이 일상생활에는 지장이 없지만 여전히 안경의 도움이 필요한 시력을 가지고 있다. 그렇다면 그 수가 얼마나 될까? 세계를 선도하는 프랑스의 렌즈 제조사 에실로Essilor는 명백히 전적으로 이타적인 목적에 따라 그 수를 파악해보기로 했다. 2012년에 그 답이 나왔다. 전 세계적으로 25억 명이 안경이 필요하지만 갖지 못하고 있다.[20] 놀라운 수치다. 하지만 이 문제에 진지하게 접근하는 사람들은 신빙성이 있다고 생각한다.[21]

이 25억 명 중 다수는 안경을 쓰면 도움이 된다는 사실을 모를 수도 있다. 2017년에 연구자들은 인도의 아삼에 있는 대규모 차농장에 가서 40세 이상 수백 명에 이르는 찻잎 추수꾼의 시력을 측정한 뒤 필요한 사람 중 절반에게 10달러짜리 단순한 안경을 주었다. 그리고 안경을 쓴 집단과 쓰지 않은 집단의 수확량을 비교했다.

그 결과 안경을 쓴 집단이 평균적으로 20퍼센트 더 많은 찻잎을 수확했다. 나이가 많을수록 수확량이 개선되었다. 찻잎 추수꾼들은 수확량에 따라 보수를 받는다. 이 연구가 진행되기 전에는 누구도 안경을 갖고 있지 않았으나 연구가 끝난 뒤에는 그 누구도 안경을 돌려주고 싶어 하지 않았다.[22]

이 연구 결과를 얼마나 폭넓게 적용할 수 있을지는 말하기 어렵다. 찻잎 추수는 다른 작업보다 시력 개선에 대한 보상을 많이 받을지도 모른다.[23] 하지만 부실한 시력에 따른 경제적 손실은 적게 잡아도 수천억 달러에 이른다. 게다가 여기에는 사람들이 누리는 삶의 질이나 아동들이 학교에서 겪는 고생은 포함되지도 않았다.[24] 한 무작위 실험의 결과에 따르면 시력이 낮은 아동에게 안경을 제공하면 반년 동안 추가로 학습한 것과 동일한 효과를 낸다.[25]

안경에 대한 수요는 계속 늘어나고 있다. 나이가 들면 노안에 따른 원시가 생긴다. 하지만 지금은 전 세계적으로 아동들 사이에 근시가 만연해 있다. 연구자들도 그 이유를 확실히는 모르지만 야외에서 보내는 시간이 줄어든 것과 연관이 있을지도 모른다.[26]

나빠진 세상의 시력을 교정하려면 무엇이 필요할까? 물론 안과 의사가 늘어나면 도움이 될 것이다. 안과 의사의 수는 국가에 따라 크게 다르다. 가령 그리스는 5,000명당 1명, 인도는 7만 명당 1명, 일부 아프리카 국가들은 100만 명당 1명꼴이다.[27]

그러나 심각한 안과 질환에는 숙련된 전문가가 필요하지만, 쉽게 고칠 수 있는 문제를 가진 사람들은 굳이 의사가 아니라도 도와줄 수 있다. 르완다의 경우 한 자선단체에서 간호사들을 교육해 시력검사를 실행했다. 조사 결과 검사를 제대로 한 비율이 90퍼센트를 훌쩍 넘겼다.[28]

교사들은 어떨까? 나는 초등학교 때부터 안경을 썼다. 당시 선생님은 내가 눈을 찡그리며 칠판을 보자 엄마에게 안과에 데려가보라고 말했다. 또 다른 연구도 교사들을 활용할 수 있다는 생각을 뒷받침한다. 중국 농촌 지역 교사들은 두어 시간만 교육받은 뒤 안경이 필요한 학생과 그렇지 않은 학생을 대부분 가려낼 수 있었다.[29]

13세기 기술을 전파하는 일이 그렇게 어려울 이유는 없다. 증강현실을 활용해 우주선을 만들면서도 실제 현실을 흐릿하게 봐야 하는 수십억의 사람을 도와주지 않는 세상을 조르다노 수사는 어떻게 볼지 궁금하다. 그는 아마 우리가 어디에 초점을 맞춰야 할지 말해줄 것이다.

07

#캔 식품

'실리콘밸리'라는 단어를 가지고 연상 게임을 하면 '캔 식품'을 떠올릴 가능성은 높지 않다. 실리콘밸리는 첨단 기술, 세상을 바꾼 과감한 아이디어를 대표한다. 반면 캔 식품은 더없이 평범하다. 당신은 요리를 하기에 너무 피곤하거나 돈이 없을 때 캔 식품을 찾는다. 누구도 캔이 첨단cutting-edge 기술이라고 말하지 않는다. 단어의 뜻에 집착하는 사람들은 캔 따개가 거기에 해당한다고 말할지도 모르지만 말이다.*

그러나 한창때 캔 식품은 지금 샌프란시스코 베이 지역의 스타트업 기

---

* 깡통의 모서리(edge)를 잘라내기(cut) 때문이다 - 옮긴이.

업들이 선전하는 그 어떤 것보다 혁신적이었다. 또한 캔 식품의 이야기는 혁신을 둘러싼 놀랍도록 사소하고 약간은 깊은 딜레마가 지난 200여 년을 어떻게 바꾸었는지 말해준다.

먼저 좋은 아이디어에 주는 인센티브에서 시작해보자. 물론 특허 혹은 선도자의 이점이라는 매력적인 요소가 있다. 그러나 정말로 신선한 사고를 촉진하고 싶다면 상을 줘야 한다. 자율주행차가 현재의 사례다. 2004년에 국방고등연구계획국Defense Advanced Research Projects Agency, 일명 다르파DARPA는 자율주행차량 모하비 사막 횡단 대회를 열고 1등 상금으로 100만 달러를 내걸었다.[1] 결과는 순전히 난장판 경주였다. 출전 차량들은 불에 타거나, 뒤집히거나, 차단벽에 부딪히거나, 회전초 같은 잡초 때문에 멈춰 섰다.[2] 그러나 채 10년이 지나지 않아 자율주행차는 일반 도로에 풀어놓을 수 있을 만큼 안정성이 높아졌다.[3] 현재 자율주행 기술은 애플부터 구글, 우버Uber 같은 실리콘밸리 대기업들의 최우선 개발 대상이다.

그러나 신기술 개발에 상금을 내건 것은 다르파가 처음이 아니었다. 1795년에 프랑스 정부는 식품 보존 수단을 발명하는 대가로 1만 2,000프랑의 상금을 내걸었다. 니콜라 아페르Nicolas Appert라는 사람이 이 상금을 받았다. 파리에서 식료품과 제과류를 파는 가게를 운영하던 그는 부용 퀴브bouillon cube**와, 신빙성은 덜하지만 치킨 키에프Chicken Kiev***를 개발한

** 육류, 가금류, 채소류 등을 우려낸 육수를 굳혀서 정사각형으로 자른 것 - 옮긴이.

*** 뼈를 발라낸 닭가슴살에 허브가 들어간 버터를 넣고 튀긴 요리 - 옮긴이.

것으로 알려져 있다. 아페르는 시행착오를 거친 후 조리한 식품을 유리병에 넣고, 그 유리병을 끓는 물에 넣은 다음 왁스로 봉하면 안에 든 식품이 상하지 않는다는 사실을 알게 되었다.[4] 이 방법이 통하는 이유는 알지 못했다. 루이 파스퇴르Louis Pasteur가 등장해 열이 박테리아를 죽인다는 사실을 설명하기 수십 년 전이었다. 그래도 어쨌든 효과는 있었다. 덕분에 아페르는 '통조림의 아버지'로 불리게 되었다.[5]

프랑스 정부는 왜 식품 보존에 관심을 가졌을까? 그 이유는 다르파가 알아서 사막을 가로질러 갈 수 있는 차량에 관심을 가졌던 이유와 같았다. 바로 전쟁에서 이기기 위해서였다. 식품 보존 수단에 대한 상금을 발표했을 때 나폴레옹은 야심 찬 장군이었다. 이후 상금이 주어졌을 때 그는 프랑스의 황제가 되어 재난으로 끝날 러시아 침공을 시작하려던 참이었다. 나폴레옹이 "군대는 배stomach로 행군한다"는 말을 했을 수도 있고 아닐 수도 있다.[6] 그러나 그는 분명히 전투식량을 훈연육과 염장육 외에 다른 것으로 더 늘리고 싶어 했다.[7]

아페르의 실험실은 우리가 이 책에서 자주 접하게 될 생각, 즉 군사적 필요가 경제를 바꿀 혁신을 촉진한다는 생각을 뒷받침하는 초기 사례였다. GPS부터 인터넷의 효시인 아파넷ARPARNET까지, 실리콘밸리는 미국 국방부가 먼저 자금을 제공한 기술을 토대로 세워졌다.

그러나 공공부문에서 어떤 아이디어가 나왔다고 해도 그 가능성을 탐구하기 위해서는 기업가정신을 장려하는 문화가 필요하다. 아페르는 실험 과정을 글로 기록했다. 그가 쓴 책은 나중에 영국에서 『모든 종류의 동물성 물질 및 식물성 물질을 다년간 보존하는 기술The Art of Preserving All

Kinds of Animal and Vegetable Substances for Several Years』이라는 제목으로 발간되었다. 이 책의 챕터들은 '갓 낳은 달걀'부터 '모든 종류의 배pears'까지, 온갖 식품에 대한 유용한 목록으로 이루어져 있었다.[8] 한편 또 다른 프랑스인 필리프 드 지라르Philippe de Girard는 아페르의 식품보존법을 유리통이 아닌 캔에 적용했다. 그는 이 아이디어를 상용화하고 싶어 영국 해협을 건너기로 결심했다.[9]

그 이유는 무엇일까? 레딩 대학교의 노먼 코웰Norman Cowell은 프랑스는 관료주의가 너무 심했기 때문이라고 말한다. "영국식 사고방식은 창업을 장려했으며 창업 자본을 대주는 곳도 있었다. 사람들은 위험을 감수할 준비가 되어 있었다." 지라르는 영국의 무역상을 고용해 자신의 아이디어에 대한 특허를 대신 출원하게 했다. 당시 영국이 나폴레옹과 전쟁 중이었기 때문에 속임수가 필요했다. 이후 연쇄적으로 창업을 해오던 엔지니어 브라이언 돈킨Bryan Donkin이 1,000파운드라는 헐값에 특허를 사들였다. 돈킨이 버몬지에 세운 공장은 곧 극지 탐험가부터 켄트 공작까지 다양한 사람에게 통조림을 공급했다.[10]

창업 자본을 구할 곳을 찾고, 위험을 감수할 준비가 된 현대의 지라르라면 분명히 실리콘밸리로 갔을 것이다. 수십 년 동안 여러 도시가 아이디어를 창출하고 기업을 키우는 실리콘밸리의 능력을 모방해 현대식 용어로 '혁신 생태계'를 만들려고 시도했다.[11] 영국의 경우 런던에는 실리콘 라운드어바웃Silicon Roundabout이 있고, 더블린에는 실리콘 독스Silicon Docks가 있다. 카메룬은 실리콘 마운틴Silicon Mountain을 자랑하고, 필리핀은 실리콘 걸프Silicon Gulf를 자랑한다. 벵갈루루Bengaluru는 상상력이 다소 부족하

게 인도의 실리콘밸리로 불린다.[12] 그러나 어느 곳도 아직
은 적절한 요건을 갖추지 못했다.[13] 경제학자들은 회사를
쉽게 만들 수 있도록 하고, 학계의 연구와 연계하도록 권
장하는 등 혁신 생태계에 필요한 요소들을 자신 있게 말
할 수 있다. 그러나 누구도 완벽한 설계도를 제시하지는
못했다.

　뜨거운 논쟁의 대상이 된 한 가지 요소는 최선의 규제 방식이다. 관료
주의가 약한 점은 지라르를 영국으로 끌어들이는 데 도움이 되었다. 그러
나 캔 식품은 머지않아 규정과 검사가 필요한 이유를 증명할 참이었다.
돈킨의 특허가 만료된 1845년 무렵 영국 해군은 경비를 절감할 방법을 찾
고 있었다. 그래서 스티븐 골드너Stephen Goldner에게서 캔 식품을 구매하기
시작했다. 그의 통조림 공장이 있는 현재의 루마니아는 인건비가 낮아서
가격이 쌌다. 그러나 해군 병사들이 통조림에 대한 불만을 제기했다. 검
사관들이 조사한 결과, 한 사례에서는 306개의 캔에서 먹을 수 있는 것이
42개뿐이었다. 나머지는 썩은 콩팥, 질병에 걸린 장기, 개 혀 같은 것들이
들어 있었다.[14]

　이 사건은 좋지 않은 시기에 신문 지면에 실렸다. 그때는 1851년에 열린
만국박람회를 통해 여태껏 고급 식품점에만 진열되어 있던 캔 식품이 일
반 런던 사람들에게 막 소개된 참이었다. 정어리, 트러플, 아티초크, 거북
수프를 캔 식품으로 선보이고 있었다. 썩은 콩팥은 이 이야기에 끼어들면
안 되는 것이었다. 품질이 개선되고 가격이 내려가면서 캔 음식은 대중시
장으로 나아갈 준비가 된 듯 보였다. 그러나 대중의 신뢰를 다시 얻기까

지 몇 년이 걸렸다.[15]

대중시장은 자명하게 바람직해 보였다. 아직 냉장고가 발명되기 전이어서 안전한 캔 식품은 사람들의 식단을 넓히고 영양 상태를 개선할 것이었다.[16] 신기술이 어떻게 전개될지 항상 명확하게 예상할 수 있는 것은 아니다. 규제 당국이 그 속도를 높여야 할지 아니면 늦춰야 할지, 혹은 방향을 조절해야 할지 아니면 그냥 놔둬야 할지 여부도 마찬가지다. 소셜 미디어의 사례를 보자. 소셜 미디어가 아랍의 봄에 도움을 주었다며 쏟아진 찬양은 5년이 채 되지 않아 소셜 미디어가 도널드 트럼프의 당선에 도움을 주었다는 불만으로 바뀌었다.[17]

혹은 자율주행차의 사례를 보자. 자율주행차가 안겨줄 편의성을 기대해야 할까, 아니면 그로 인해 사라질 일자리를 걱정해야 할까? 인공지능은 불평등을 크게 확대시킬까? 정부가 개입해야 할까? 개입한다면 어떻게 해야 할까? 이런 문제들은 논쟁의 여지가 있다. 그러나 일부 실리콘밸리 인사들은 혁신이 우리를 어디로 데려갈지 우려한 나머지 말세론적 시나리오를 진지하게 상상한다. 한 페이스북Facebook 전직 경영자는 『뉴요커』와 가진 인터뷰에서 한 섬의 땅을 사서 탄약을 저장하는 이유를 설명하면서 "지금 우리는 실로 얇은 문화적 얼음 위에서 스케이트를 타고 있다"고 말했다. 다른 사람들은 사회가 붕괴할 경우에 대비해 지하 벙커를 사들이거나 비행기를 상시 대기시켜둔다. 한 추정치에 따르면 실리콘밸리의 억만장자 중 최소 절반 정도는 이런 '대비자prepper'다.[18]

진전은 위태로울 수 있다. 니콜라 아페르는 이 사실을 알게 되었다. 그는 통조림 사업을 확장하는 데 1만 2,000프랑을 투자했다. 그러나 나폴레옹의 통치 체제가 무너지면서 프로이센과 오스트리아가 침공하는 바람에 공장이 파괴되고 말았다.[19] 현재는 세계가 그때보다 안정되어 보이며, 실리콘밸리의 대비자들이 어쩌면 지나친 걱정을 하고 있는 것일지도 모른다. 그러나 그들이 가장 두려워하는 일이 일어난다면 세상에서 가장 귀중한 생필품은 그래도 캔 식품이 될 것이다.

08

#경매

기원전 211년, 로마와 카르타고는 고대 지중해의 패권을 좌우할 기나긴 전쟁을 벌이고 있었다. 북아프리카 카르타고의 장군 한니발Hannibal은 로마 군단을 마음대로 격파했다. 그는 로마군이 재결집해 반격을 시작하자 과감한 기만전술을 펼쳤다. 바로 로마를 향해 직접 진군한 것이다. 그는 로마의 방어진을 깨뜨릴 수 있다는 희망을 전혀 품고 있지 않았다. 다만 로마인들이 당황해서 군을 소환하기를 바랐을 뿐이다. 역사학자 에드워드 기번Edward Gibbon은 이후에 일어난 일을 이렇게 전한다.

그는 로마에서 약 5킬로미터 떨어진 아니오강의 기슭에 야영지를 차렸다. 곧 그는 자신이 텐트를 펼친 그 자리가 공개 경매

에서 적절한 가격에 팔렸다는 말을 들었다.[1]

로마인들이 그의 속임수를 간파했던 것이다. 그들이 한니발의 군대가 들어선 땅을 제값에 거래한다는 것은 한니발이 거기에 오래 머물 거라고 예상하지 않는다는 뜻이었다. 실제로도 그랬다. 한니발은 즉시 철군했다.

이 경매는 적군의 사기를 떨어뜨린 유일한 사례일지도 모르지만, 역사에 기록된 최초의 사례는 아니었다. 가령 그로부터 300년 전에 고대 그리스의 역사가 헤로도토스Herodotos는 남자들이 바빌론에서 가장 매력적인 아내를 얻으려고 경매를 벌이는 양상을 이렇게 묘사했다.

> 아내를 원하는 부유한 남성들은 예쁜 소녀를 두고 경매를 벌여 서로 경쟁한 반면, 아내의 아름다운 용모가 별 쓸모없는 소박한 남성들은 사실상 돈을 받고 못난 소녀를 취했다.[2]

물론 이는 잘못된 것이지만 사실 창의적이었다. 이 경매는 높은 호가를 부르는 사람들에게서 돈을 모아 가난한 남자들에게 보상하는 공동체 사업이기도 했다.

경매는 시장 자체만큼이나 보편적이었던 것으로 보인다. 상상해보면 경매라는 개념을 전 세계에서 거듭 재발견할 수 있다. 가령 한 무역상이 올리브 오일을 싣고 오면 한 단지당 은화 세 닢을 지불하겠다고 제안했을 때, 그 옆에 있던 사람은 "수락하지 마시오. 내가 네 닢을 지불하겠소"라고 말하는 식이다.

이처럼 단순한 거래에서 소위 공개호가 경매라는 연극적인 이벤트로 진화했다. 이 이벤트에는 경매장을 가득 채운 미술품상이나 골동품상, 전화로 호가를 제시하는 백만장자 후원자, 그리고 전체 과정을 주도하는 경매사 들이 참여한다. 경매사들은 외친다. 하나, 둘, 낙찰!

이런 경매는 다른 사람들이 얼마를 지불할 의사가 있는지 명확하게 보여준다. 그래서 부정한 사람들이 순진한 사람들을 속여먹기 힘들게 만든다. 19세기 초, 영국 무역상들은 경매를 활용해 저렴한 영국 제품을 미국에 대규모로 팔아넘겼다. 이에 미국 소비자들은 기뻐했지만 상인들은 분개했다.[3] 그중 한 명인 헨리 나일스Henry Niles는 1828년에 이렇게 불만을 토로했다.

> (경매는) 영국의 중개인들이 미국의 판매자 및 제조자의 사업에 필요한 모든 규칙성을 일거에 파괴하는 거대한 장치다.[4]

반경매위원회는 의회에 로비를 펼치면서 다음과 같이 주장했다.

> 경매는 독점체제다. 그리고 모든 독점체제와 마찬가지로 상업계에 두루 분배되어야 할 이익을 소수에게 몰아주기 때문에 부당하다.[5]

'상업계'가 그저 자신들의 이윤을 보존하고 싶다고 말하는 이 내용은 사실 아전인수에 불과했다. 그러나 이 탄원서에는 중요한 진실이 담겨 있다. 모든 경매에서 판매자는 구매자가 있는 곳에 있고자 하며, 구매자는 판매자가 있는 곳에 있고자 한다. 그래서 경매 사업은 자연스레 독점체제가 된다. 즉, 대규모 경매장이 시장지배력을 남용할 위험이 항상 존재한다.

공개호가 경매가 가장 유명하긴 하지만 경매를 설계하는 방식에는 다른 것도 많다. 17세기 저술가 새뮤얼 피프스Samuel Pepys는 양초 토막의 불꽃이 꺼지면 마감되는 '1인치 양초' 경매를 묘사했다. 이 순간의 예측 불가능성은 사람들이 마지막 순간에 호가를 제시하는 평판 나쁜 전술을 쓰지 못하도록 막는다.[6]

양초를 쓰지 않는다면, 시계를 활용하는 경매는 어떨까? '네덜란드식 시계 경매'가 네덜란드 서부에 있는 알스메이르Aalsmeer의 방대한 화훼 시장에서 사용되었다. 이 경매에 사용되는 시계는 시간이 아니라 가격을 보여준다. 누군가가 버튼을 눌러 시곗바늘을 멈출 때까지 가격은 오르내린다. 시계를 멈추게 한 사람은 누구든 해당 가격에 꽃을 산다. 언뜻 보면 이 방식은 공개호가 경매와 크게 다르다. 그러나 근본적인 측면은 크게 다르지 않다. 또한 진행 속도가 빨라 즉시 판매되고 운송되지 않으면 시들어버리는 상품에 적합하다.[7]

그리고 부동산 중개인들에게 사랑받는 '밀봉 입찰식 경매'가 있다. 입찰자는 입찰가를 적어 봉투에 넣은 다음 밀봉한다. 이렇게 입찰한 사람 중에서 가장 높은 입찰가를 적은 사람이 낙찰받는다. 두 경매 방식에는 흥미로운 점이 있다. 이면을 살펴보면 밀봉 입찰식 경매는 네덜란드식 시계 경매와 동일하다. 입찰자는 단지 입찰가를 정하기만 하면 된다. 공개

호가 경매와 달리 마감 전까지 다른 사람의 입찰가를 참고할 여지가 없다.

노벨 경제학상 수상자인 윌리엄 비크리William Vickrey는 이상적인 조건에서 모든 경매는 동일한 매출액을 올릴 것임을 증명하는 유명한 정리를 만들었다.[8] 그러나 다른 경제학 정리와 마찬가지로 그의 정리는 문제를 지나치게 단순화한다. 경매에서는 세부적인 내용이 큰 의미를 지닌다. 그래서 속임수를 쓸 수 있는 허점이 있거나 입찰자들이 나서기를 주저하게 만드는 요소가 있으면 크게 실패할 수 있다.[9]

어떤 경우에는 경매가 활용되는 반면 다른 경우에는 판매자가 그냥 원하는 가격을 제시하는 이유가 궁금할 수 있다. 가령 동네 슈퍼마켓에서는 배추를 경매에 부치지 않는다.

그 답은 경매란 판매되는 물건의 가치를 누구도 확실히 모를 때 효력을 발휘한다는 것이다. 이베이eBay에서 팔리는 중고 제품이 명확한 사례다. 하지만 미탐사지의 석유 시추권, 다빈치의 그림, 이동통신 주파수 대역 사용권 등 다른 사례도 많다. 과거에는 주파수 대역 같은 공유자원을 미미한 금액으로 특혜 기업에 넘겼으나 지금은 정부가 경매에 부쳐 수십억 달러를 챙긴다.[10]

이런 각 사례에서 진정한 가치는 알려져 있지 않다. 그래도 각각의 입찰자는 나름의 정보를 갖고 있을 것이다. 경매는 이 모든 정보를 취합해 가격으로 바꾼다. 이는 상당히 교묘한 방식이다. 로마인들은 경매의 교묘함을 이해했다. 그래서 자신들이 겁먹지 않았음을 알리기 위해 한니발의 귀에 들어가도록 경매 결과를 흘렸다.

경매는 분명 구식으로 보이지만 현대 디지털 경제의 첨단을 차지하고 있다. 당신이 구글에 검색어를 입력하면 어떤 일이 생기는지 생각해보라. 검색 결과와 함께 광고가 뜬다. 이 광고들은 클릭당 입찰가와 구글 알고리즘의 적합도 평가에 따라 더 혹은 덜 두드러지는 자리에 배정되는 복잡한 경매에서 낙찰되었기에 뜨는 것이다.[11]

가령 그림 판매상은 '피카소'에 대한 검색 결과 옆에 자신의 광고가 뜨도록 높은 광고비를 지불할지도 모른다. 그러나 피카소의 포스터를 판매하는 광고주는 훨씬 많은 클릭을 기대할 수 있기에 더 낮은 클릭당 입찰가로도 제일 좋은 자리를 차지할 수 있다.

이런 경매는 누군가가 구글에 검색어를 입력할 때마다 이뤄지며, 그 규모는 무시무시하다. 구글의 모회사인 알파벳Alphabet은 매달 20억 달러 이상의 수익을 낸다.[12] 그중 대부분이 광고에서 나오며, 대부분의 광고는 경매 방식으로 판매된다. 구글은 2019년에 최대 경쟁사인 페이스북과 알리바바Alibaba를 합친 것보다 더 많은 광고 수익을 올릴 것으로 예상된다.[13]

우리는 구글이 자사 제품을 광고하는 것을 자주 접한다. 구글이 자신의 경매에 참여하는 것이 문제가 될까? 확실히 판단하기는 어렵다. 어떤 회사든 경쟁사가 어떤 전략으로 광고 공간을 위한 경매에 참여하는지 잘 알면 상당히 유리하다. 다만 구글은 자사의 지배적인 시장 지위를 이용해 부당한 이득을 취하지 않는다고 주장한다.[14]

반경매 활동가인 헨리 나일스는 분명 이 문제에 대해 할 말이 있을 것이다.

CHAPTER
2

꿈을 팔다

#튤립

1637년 초, 어느 추운 겨울날 아침에 한 선원이 부유한 네덜란드 무역상의 회계 사무실에 들렀다가 신선한 청어로 만든 푸짐한 아침밥을 제공받았다. 그는 카운터에 놓인 양파 같은 것을 발견했다. 그로부터 2세기 후 스코틀랜드의 저널리스트 찰스 매카이Charles Mackay는 뒤이어 일어난 일을 이렇게 기록했다.

"비단과 벨벳 사이에 양파가 있는 것이 분명 엉뚱하다고 생각한 그는 청어 요리에 맛을 더하려고 기회를 틈타 호주머니에 몰래 넣었다. 그러고는 밖으로 빠져나와 아침을 먹기 위해 부두로 향했다."

매카이의 글은 계속 이어진다. "아뿔싸, 그가 등을 돌리자마자 무역상은 3,000플로린, 즉 영국 돈 약 280파운드의 가치를 지닌 귀중한 셈페르

아우구스투스Semper Augustus종 튤립 구근을 잃어버리고 말았다.")

당시 임금 기준으로 비교하면 그 가치는 현재의 100만 달러를 훌쩍 넘는다. 그 선원은 청어에 풍미를 내려고 뜻하지 않게 양파가 아니라 귀한 셈페르 아우구스투스 튤립 구근을 훔치고 말았다. 1637년 초에 튤립 구근의 가격은 실로 엄청난 수준이었다.

그러다가 너무나 갑작스럽게 상황이 끝나버렸다. 2월에 구근 도매업자들이 암스테르담에서 서쪽으로 하루 정도 걸으면 나오는 하를렘에 모였지만 누구도 구근을 매입하려 하지 않는다는 사실을 알게 되었다. 그로부터 며칠 만에 네덜란드의 튤립 가격은 10분의 1로 하락했다.[2]

튤립 광풍은 종종 금융 버블의 전형적인 사례로 언급된다. 어떤 것의 가격이 내재적 가치 때문이 아니라 구매자가 이득을 보고 다시 팔 수 있을 것이라고 기대하기 때문에 계속 오를 때 버블이 발생한다. 튤립 구근에 100만 달러를 지불하는 것은 바보 같아 보인다. 그러나 더 큰 바보에게 200만 달러에 팔고자 한다면 여전히 합리적인 투자가 될 수 있다. 이는

'더 큰 바보greater fool' 이론으로 불린다.

그러나 이 이론이 튤립 광풍을 설명하는지 여부는 민감한 문제다.

찰스 매카이가 1841년에 쓴 글은 오래도록 우리의 상상력을 자극했다. 그의 책, 『대중의 미망과 광기Extraordinary Popular Delusions and the Madness of Crowds』는 네덜란드 국민 전체가 투기에 휩싸이는 양상을 생생하게 보여주는 이야기로 가득하다. 그러나 방금 소개한 배고픈 선원의 이야기를 비롯해 이 특별한 이야기들은 아마 허위일 것이다.

튤립은 16세기에 감자, 고추, 피망, 토마토, 예루살렘 아티초크, 강낭콩, 깍지콩 등 유럽에 들어온 새로운 식물 중 하나였다. 처음에 튤립 구근은 너무나 낯설어 채소로 오인되었다. 그래서 식용유와 식초를 같이 넣고 구운 경우도 최소한 한 번은 있었다. 이 사례는 찰스 매카이의 과장된 이야기에 담긴 약간의 진실이다.[3]

그러나 튤립으로 무엇을 해야 하는지 분명해진 이후에는 곧 모두가 그 아름다움을 찬양했다. 바이러스에 감염된 일부 튤립의 꽃잎은 선명한 단색에서 아름답고 다양한 패턴으로 바뀌었다. 오늘날의 슈퍼 리치들이 엄청난 고가에 아름다운 그림을 수집하듯이, 신흥 부자로 떠오른 네덜란드의 상인 계급은 희귀 튤립을 수집하고 전시하기 시작했다.

그 과정이 항상 정직한 것은 아니었다. 유명한 식물학자 카롤루스 클루시우스Carolus Clusius는 친구와 동료들에게 튤립을 관대하게 나눠주었는데도 희귀 튤립을 많이 도난당했다. 그의 보물들은 정원에 그냥 심어져 있었기 때문이다. 한번은 특이한 튤립을 몇 개 도난당했는데, 빈의 한 귀족의 정원에서 발견되기도 했다. 물론 그녀는 전혀 몰랐다고 발뺌했다.[4]

철학자 유스투스 립시우스Justus Lipsius는 튤립 수집가들을 못마땅하게 여겼다. 그는 이렇게 말했다. "이를 유쾌한 광기라는 표현 말고 달리 무엇으로 부를 수 있을까? 그들은 허영심에 사로잡혀 기이한 허브와 꽃들을 찾아다니며, 그것들을 손에 넣은 뒤에는 엄마가 자식에게 하는 것보다 더 세심하게 보살피고 돌본다."[5]

그러나 1600년대 초에 튤립의 가격은 계속 올랐다. 엄청난 부자인 데다 당시 네덜란드 총리와 가장 가까운 인물이었던 아드리안 파우Adriaan Pauw는 수많은 거울을 설치한 정원을 만들었다. 정원의 중앙에는 희귀 튤립이 두어 송이 있었다. 거울들은 튤립이 더 많은 것처럼 보이게 만들었다. 이는 파우조차 희귀 튤립으로 정원을 가득 채울 수 없음을 보여주는 것이었다.[6]

우리가 충분히 증거를 확인할 수 있는 튤립 구근의 최고가는 한 뿌리당 5,200길더이고, 1637년 겨울에 거래되었다. 이는 고작 5년 후 하르먼스 렘브란트Harmensz Rembrandt의 그림 〈야경The Night Watch〉에 붙인 가격의 3배 이상, 목수와 같은 숙련공이 버는 연간 수입의 20배에 해당하는 금액이었다. 가난한 선원이 100만 달러짜리 튤립 구근을 청어와 같이 먹는다는 생각은 허황된 반면, 희귀 튤립 구근이 100만 달러짜리 보물이 될 수 있다는 생각은 거의 맞다.[7]

튤립 구근이 정말로 100만 달러의 가치를 지닐 수 있을까? 이 문제는 보기만큼 그렇게 이상하지 않다. 튤립 구근은 튤립만 피우는 것이 아니라 자구offset라는 구근을 추가로 만든다. 아름다운 패턴을 지닌 튤립은 자구도 비슷한 패턴을 지닐 가능성이 높다. 희귀한 구근을 소유하는 것은 우승 경주마를 보유하는 것과 약간
비슷하다. 즉, 그 자체로도 가치를 지니
지만 자손을 낳을 잠재력 때문에 훨씬 큰
가치를 지닌다.[8] 부자들이 특이한 튤립을
갖기 위해 많은 돈을 들인다는 점을 감안하면, 구근에 고가를 지불하는
것은 전혀 바보 같은 짓이 아니다.

금융 버블은 기대가 전환점에 이를 때 꺼진다. 충분한 사람들이 가격
이 떨어질 것이라고 예상하면 더 큰 바보들의 공급이 줄어든다. 이 점이
1637년 2월에 발생한 갑작스러운 가격 폭락을 설명할까? 아마도 그럴 것
이다.

그러나 다른 이론도 있다. 셈페르 아우구스투스 같은 희귀 튤립의 구
근이 시간이 지남에 따라 늘어나면서 가격이 떨어지는 것은 자연스러운
일이었다.[9] 네덜란드에서 비교적 따뜻한 도시 중 하나인 하를럼에서 2월
은 튤립의 새싹이 흙을 뚫고 올라오는 시기다. 풍부한 새싹이 올라오는
것을 본 구근 거래자들은 구근이 많이 늘어날 것이고, 희귀 튤립은 생각
했던 것보다 덜 희귀할 것임을 깨달았을지도 모른다.[10] 그렇다면 가격 하
락은 거품의 파열이 아니라 공급의 증가를 반영한 것일 수 있다.

이유가 무엇이든 광풍은 잦아들었다. 그 여파는 고통스러웠다. 많은 거
래가 현금과 구근의 교환이 아니라 향후에 지급하겠다는 약속을 통해 이
뤄졌다. 돈이 없는 구매자와 구근이 없는 판매자 사이에 누가 무엇을 누
구에게 얼마나 빚졌는지를 두고 엄청난 갈등이 빚어졌다. 그럼에도 불구
하고 번영을 구가하던 네덜란드의 경제는 계속 순항했다.

이후의 버블은 훨씬 큰 대가를 불러왔다. 아마도 역사상 가장 큰 과열과 급락의 사례는 1840년대의 철도 광풍일 것이다. 영향력 있는 논평가들은 문제가 생길 것이라는 경고 신호를 무시하면서 영국 철도 회사의 주가가 말도 안 되는 수준에 이르도록 매수 호가를 높이라고 부추겼다.

이처럼 매수하라고 강력하게 주장한 논평가 중 한 명이 바로 찰스 매카이였다. 그는 네덜란드 튤립 투기의 탐욕과 어리석음에 대해 완전히 부정확하면서도 깊은 만족감을 안기는 이야기를 열심히 들려준 장본인이었다. 집단적 광기를 다룬 매카이의 책은 철도 버블이 꺼진 후 새로운 판본으로 나왔는데, 이상하게도 새 판본에서는 철도 버블에 대한 이야기가 거의 나오지 않았다.[11]

과거의 버블을 비웃기는 쉽다. 그러나 언제 자신이 거기에 휩싸일지 혹은 휩싸이지 않을지 알기는 어렵다.

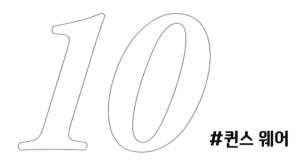

#퀸스 웨어

여왕은 이 제품에 기꺼이 자신의 칭호를 부여하고 애용했다. 덕분에 이 제품은 여왕의 명령에 따라 퀸스 웨어Queen's Ware로 불리게 되었다. 심지어 발명가는 왕실 도예가로 임명되었다.

적어도 조사이아 웨지우드Josiah Wedgwood가 전한 이야기에 따르면 그렇다. 웨지우드의 전기를 쓴 브라이언 돌런Brian Dolan은 여왕의 '명령'은 웨지우드의 제안에 따른 것일 가능성이 높다고 보았다.[1] 여왕은 그 제안을 기민한 상술이라기보다는 칭송으로 받아들였을 것이다.

그런 가능성이 높은 이유는 무엇일까? 조사이어 웨지우드는 기민한 사람이었기 때문이다. 그는 아마도 세계 최초 경영 컨설턴트일 것이다. 또한 선구적인 초기 화학자로서 점토를 처리하고 구워내는 새로운 방식을 끝없이 실험했다. 그는 경쟁자가 노트를 훔쳐가지 못하도록 실험 결과를 암호로 기록했다. 그의 첫 중대 돌파구는 새로운 종류의 '크림웨어 creamware', 즉 크림색 도자기였다. 그는 이 도자기로 여왕이 크게 반한 다도 세트를 만들었다. 그는 자신의 다도 세트에 대해 "풍부하고 밝은 광택으로 뒤덮여 상당히 새로운 외양"을 지녔다고 겸손하게 말했다.[2]

웨지우드는 로비스트였다. 1760년대 노스스태퍼드셔의 도자기 제조업자들은 온몸이 흔들리고 도자기를 손상시키는 길을 지나 연약한 도자기를 대도시까지 운송해야 했다.[3] 웨지우드는 투자자들을 부추기고 의회를 설득해 트렌트Trent와 머지Mersey를 잇는 운하를 승인하게 만들었다. 동료 도자기 제조업자들은 크게 기뻐했다. 웨지우드가 운하 통과 예정지를 모조리 사들여 그 기슭에 거대한 공장을 지었다는 사실을 알기 전까지는 말이다.[4]

그러나 웨지우드가 이룬 가장 인상적인 업적은 독점 이론에서 말하는 문제점이 제시되기 2세기 전에 그것을 해결한 것이었다.

그 문제점을 제시한 사람은 노벨 경제학상 수상자인 로널드 코스였다. 코스는 당신이 특정 제품을 단독 생산하는 독점기업을 운영한다고 상상해보라고 말한다. 많은 사람이 당신의 제품을 사고 싶어 한다. 그중 일부는 많은 돈을 지불할 것이고, 다른 일부는 훨씬 적지만 수익을 내기에 충분한 돈을 지불할 것이다. 따라서 첫 번째 집단에는 높은 가격을 물리고 두 번째 집단에는 낮은 가격을 물리는 것이 이상적이다.

하지만 어떻게 이런 방식으로 사업을 할 수 있을까? 한 가지 방법은 높은 가격에 출시한 다음 가격을 낮춰 시장을 넓히는 것이다. 스티브 잡스가 첫 아이폰으로 이 방식을 시도했다. 출시 당시 가격은 600달러였다. 그리고 2개월 뒤 가격을 400달러로 낮췄다. 당연히(잡스가 놀라기는 했지만) 600달러를 내고 먼저 산 사람들은 크게 분노했다.[5]

코스는 이 전략이 통하지 않는다고 말했다. 초기 구매자들이 수법을 간파하기 때문이었다. 그들은 조금만 기다리면 더 싸게 살 수 있다는 사실을 안다. 이는 '코스 추측Coase Conjecture'이라고 불린다. 코스는 1972년에 이것을 설명하는 논문을 발표했다.[6]

다시 1772년으로 돌아가, 웨지우드는 여왕을 알현하고 경영 컨설팅에 손을 댄 후부터 머릿속에서 형체를 갖춘 사업 모델을 글로 정리했다. 그는 요즘 경제학자들이 말하는 연구개발비 같은 고정비와 인건비 및 자재비 같은 변동비의 차이를 이해했다.[7] 그는 동업자에게 "왕실의 장식품으로 인정받을 도자기를 만들려면" 처음에는 "대단한 비용"이 든다고 말했다.

그러나 공정을 완벽하게 다듬고 일꾼들을 훈련시키면 같은 제품을 저렴하게 만들어낼 수 있었다. 이때면 "중산층에 속한 사람들이 높은 사람들의 저택에 전시된 도자기들을 보고 감탄한 지 오래"된 시점이다. 웨지우드가 뒤이어 쓴 글에서는 거의 돈이 굴러들어오는 소리가 들린다. "중산층 사람들은 아마도 저렴한 가격에 도자기를 많이 사들일 것이다."[8]

웨지우드는 나중에 유행의 '낙수trickle-down' 이론으로 불릴 현상을 이해했다. 사람들은 자신보다 사회적 신분이 높은 사람들을 모방하려는 경향이 있다.[9] 유행이 아래로 전파된다는 이론만 있는 것은 아니다. 요즘은 거리의 쿨한 아이들에게서 유행이 '상향 전파trickle up'되기도 한다.[10] 패션

회사들은 그들을 찾아다니는 '쿨헌터coolhunters'를 채용한다.[11]

　그래도 낙수 효과는 여전히 작용한다. 그렇지 않다면 예를 들어 왜 장신구 디자이너인 애나 후Anna Hu가 오스카 시상식에서 자신이 만든 다이아몬드 팔찌를 차는 대가로 귀네스 팰트로Gwyneth Paltrow에게 100만 달러를 지불했겠는가?[12] 그녀는 '중산층 사람들'이 자신의 장신구를 사게 만들어 비용을 회수하려 했을 것이다.

　영화 로열티royalty(저작권)가 있기 전에는 그냥 로열티royalty(왕족)만 있었다. 1760년대에는 영국의 여왕보다 높은 사회적 지위에 오를 수 없었다. 웨지우드의 '퀸스 웨어' 도박은 멋지게 성공했다. 그는 판매량이 "실로 놀랍다"고 적었다. 퀸스 웨어는 경쟁사의 비슷한 제품보다 두 배 높은 가격에 팔렸다. 역사학자인 낸시 콜Nancy Koehl에 따르면 "중산층 고객은 낮은 가격보다 품질과 유행으로 확보해야 했다".[13]

　웨지우드는 자신에게 핵심적인 질문을 던졌다. "이렇게 많이 쓰이고 호평을 받는 것에 홍보 방식이 차지하는 비중과 실제 효용 및 외양이 차지하는 비중은 얼마나 될까?" 그는 이제부터 "제품 자체만큼이나 '왕실 혹은 귀족'의 인정을 받는 데 많은 노력과 비용을" 투입해야 한다고 결론지었다.[14]

　그렇다면 웨지우드가 다음에 만들어야 하는 것은 무엇일까? 그는 나름의 쿨헌팅coolhunting에 착수했다. 그는 그랜드 투어Grand Tour*를 하는 동

---

*　17세기 중반부터 19세기까지 유럽, 특히 영국의 상류층 자제들 사이에서 유행한 유럽 일주 여행 - 옮긴이.

안 미술품을 갖고 돌아오는 부유한 미술품 수집가들, 즉 '비르투오소 virtuoso'들에게 접근했다. 그가 발견한 가장 인기 있는 신상품은 당시 이탈리아에서 출토되던 에트루리아Etruscan 도자기였다.[15] 웨지우드가 비슷한 도자기를 만들 수 있었을까? 그는 연구실에서 금분bronze powder, 황산화철, 미정제 안티몬antimony 등으로 실험해 에트루리아 스타일을 완벽하게 모방할 수 있도록 해주는 안료를 개발했다.[16] 그는 운하 옆에 세운 공장의 이름을 뻔뻔하게도 '에트루리아'라고 지었다.

귀족 고객들은 신제품에 열광했다. 한 노년의 영주는 꽃병 세 개를 주문하며 "고대 그리스, 로마인 들보다 뛰어나다"고 호들갑을 떨었다.[17] 이후에도 웨지우드는 실험을 계속했다. 전통적인 공법은 점토를 구운 다음 페인트나 에나멜을 바르는 것이었다. 그는 불에 굽기 전에 금속 산화물로 점토를 염색해 신기한 반투명 효과를 내는 법을 알아냈다. 그 결과 지금도 웨지우드 브랜드라고 하면 연상되는 뚜렷한 담청색에 백색 장식이 도드라진 '재스퍼 웨어Jasper Ware'가 만들어졌다.[18]

재스퍼 웨어는 또 다른 초대형 성공작이었다. 역사학자 제니 어글로 Jenny Uglow의 말에 따르면 웨지우드는 "유행을 그저 따르는 것이 아니라 창출했다".[19]

그런데 왜 웨지우드는 '코스 추측'에 따른 영향을 받지 않았을까? 시간이 지난 뒤 귀족 고객들은 웨지우드가 이전에 본 적 없는 새로운 제품을 선보일 때마다 그냥 기다리기만 하면 더 싸게 구입할 수 있다는 사실을 알게 되었을 것이다.

그 답은 유행의 낙수 효과 이론에 있다. 사람들이 자신보다 사회적 신분이 높은 사람들을 모방하려 할 때 당신이 이미 상층부에 있다면 어떻게 해야 할까? 당연히 당신보다 아래에 있는 사람들과 다르게 보이려고 애쓰게 된다. 현재 일부 경제학자들은 유행을 '코스 추측'의 예외로 분석한다.[20] 잠시 기다리면 어떤 제품을 더 싸게 구입할 수 있다는 사실을 알아도 때로는 지금 바로 갖고 싶어 한다.

웨지우드는 여왕의 환심을 사고 몇 년 뒤 퀸스 웨어가 "이제는 어디에서나 저속하고 흔해빠진 것으로 여겨진다"는 사실을 알았다.[21] 신분이 높은 사람들은 중산층과 달라지고 싶다면 새로운 것을 사들여 부와 훌륭한 취향을 뽐내야 했다. 웨지우드는 언제나 그들에게 팔 새로운 것을 갖고 있었다.

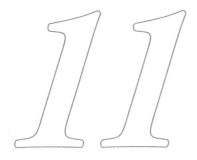

#담배말이 기계

1920년대에 미국에서 진행된 블라인드 미각 테스트에 참가한 한 사람은 카멜Camel 담배가 "맛이 형편없고 목구멍에 달라붙는다"고 평가했다. 그는 자신이 지금 피우는 담배는 평소에 애용하던 럭키 스트라이크Lucky Strike가 틀림없다고 생각했다. 럭키 스트라이크는 그가 지금 피우는 담배처럼 "목 넘김이 좋고 부드럽기 때문"이었다.

물론 그가 피우고 있던 담배는 카멜이었다.[1]

요즘은 브랜딩이 강력한 힘을 지닌다는 사실이 전혀 새삼스럽지 않다. 그러나 그 당시는 막 두드러지기 시작한 상황이었다. 초기의 유명 브랜드로는 켈로그Kellogg의 시리얼, 캠벨Campbell의 수프, 콜게이트Colgate의 치약 등이 있었으나,[2] 담배만큼 브랜딩이 중요한 분야는 없었다. 가령 카멜 담배를 출시할 때 유례없는 광고비가 투입되었다. 1914년 당시 "카멜이 곧 나옵니다"에 이어 "카멜 담배가 마침내 나왔습니다"라며 신문 광고가 매일같이 분위기를 고조시켰다.[3] 역사학자이자 『황금빛 대학살Golden Holocaust』의 저자인 로버트 프록터Robert Proctor는 "담배 산업이 현대 마케팅의 대부분을 고안했다고 해도 무방할 것"이라고 말했다.[4]

왜 담배가 마케팅의 길을 열었을까?

언제나 단 하나의 답은 없다. 담배는 1839년에 황색종건조법flue-curing이 우연히 발견되어 알칼리성을 낮추지 못했다면 고전했을 것이다. 알칼리성이 낮아진 덕분에 폐까지 연기를 흡입할 수 있게 되어 그냥 입에만 머금고 있는 것보다 중독성이 높아졌다. 성냥의 발명도 도움을 주었다.[5] 그러나 주연은 미국 버지니아주 출신 발명가 제임스 본색James Bonsack의 몫이었다.

본색이 1881년에 신기계에 대한 특허를 얻었으나, 담뱃잎은 이미 수세기 동안 존재해왔다. 그러나 개비형 담배는 틈새시장에 머물렀다. 시장을 지배하는 것은 파이프 담배와 시가 그리고 씹는 담배였다. 본색의 아버지는 모직 공장을 소유하고 있었다. 그는 거기에 있는 소모기carding machine, 즉 섬유를 방적사로 바꾸는 기계를 바라보다가 담배를 마는 데도 사용할 수 있겠다는 생각을 했다. 그가 고안한 기계는 무게가 1톤이었다. 이 기계는 1분에 200개비의 담배를 뽑아냈다. 이는 사람이 한 시간 동안 손으로 말아서 만드는 것에 육박하는 양이었다.[6]

그 의미는 담배 회사를 창업한 제임스 뷰캐넌 '벅' 듀크James Buchanan 'Buck' Duke에게 명확한 것이었다. 그는 즉시 본색과 계약을 맺고 담배 시장을 독점하는 일에 나섰다. 그러나 듀크에게 주어진 기회는 숙제도 안겨주었다. 담배를 많이 만들 수는 있는데, 그것을 다 팔 수 있을까? 담배는 이미지에 문제가 있었다. 무엇보다 담배는 기계화하기가 훨씬 더 어려운 시가보다 저급하다는 인식이 있었다.[7]

그래도 듀크는 기죽지 않았다. 그는 무엇을 해야 할지 알았다. 바로 광고였다. 그는 쿠폰과 수집용 카드 같은 수단을 고안했다. 1889년에 그는 매출의 20퍼센트를 판촉에 지출했다. 당시에는 유례없는 수준이었다.[8] 이 전략은 효과가 있었다. 1923년 무렵 개비형 담배는 미국인들이 담뱃잎을 소비하는 가장 인기 있는 수단이 되었다.[9]

초기의 일부 광고 캠페인은 요즘의 시각으로 보면 눈살을 찌푸리게 할 정도였다. 가령 럭키 스트라이크Lucky Strikes는 살을 빼는 데 도움을 준다고 선전했다. 이 광고는 "과자 대신 럭키를 찾으세요"라는 문구와 함께 날씬한 여성의 이미지를 선보였다. 제과 업체들은 분개했다. 한 업체는 이런 내용의 반박 광고를 냈다. "누구도 담배가 캔디를 대신할 수 있다고 말하지 못하도록 하세요. 담배는 편도를 감염시키고, 모든 장기를 니코틴으로 중독시키며, 피를 말립니다. 담배는 당신의 관에 박는 못과 같습니다."[10]

하지만 건강 관련 조언에 대해 제과 회사와 의료 전문가 중 누구의 말을 더 믿겠는가? 럭키 스트라이크의 한 광고 캠페인은 "2만 679명의 의사는 '럭키가 덜 자극적'이라고 말합니다"라고 선전한다. 이 수치로도 부족하다면 "더 많은 의사가 다른 담배보다 카멜을 피웁니다"라는 광고는 어떤가?[11]

블라인드 미각 테스트 결과는 목구멍 자극에 대한 주장들이 사실과 다름을 말해준다. 1940년대에 월간 교양잡지 『리더스 다이제스트』가 보다 체계적으로 조사한 결과도 같은 결론에 이르렀다. 그 결과에 따르면 건강 측면에서는 어느 브랜드를 사든 "전혀 차이가 없다".[12] 1950년대에 미국 규제 당국은 담배 광고에서 의사의 말이나 신체 부위를 언급하지 못하도록 결정했다.[13] 이는 광고 회사들에 위기처럼 보였지만 사실은 그들을 자유롭게 만들어주었다. 〈매드맨Mad Men〉이라는 드라마는 이 깨달음을 다음과 같은 대사로 드러낸다.

> 이건 시리얼 발명 이래 최고의 광고 기회입니다. 지금 판박이 같은 여섯 회사가 여섯 개의 똑같은 제품을 만들고 있습니다. 우리는 무엇이든 마음대로 말하면 돼요.[14]

이 말을 하는 광고맨 돈 드레이퍼는 가상의 인물이지만, 그의 통찰은 정확했다. 제품에 근본적인 차이가 없을 때 기업들은 가격으로 경쟁한다. 그러나 그렇게 하면 이윤이 줄어든다. 그보다 브랜딩으로 경쟁하는 편이 훨씬 낫다. 즉, 제품들이 서로 다르다고 사람들이 생각하게 만들어야 다른 구매자들에게 더 효과적으로 어필할 수 있다. 1960년대에 미국인들은 담배를 그 어느 때보다 더 많이 구매했다.[15] 어쩌면 당신은 말버러 맨Marlboro Man의 거친 남성성과 자신을 결부시키려고 말버러를 피웠을지도 모른다. 혹은 "당신은 먼 길을 왔어요You've Come a Long Way, Baby"라는 광고 슬로건을 보고 페미니즘에 동조한다는 의미로 버지니아 슬림Virginia Slims

의 담배를 피웠을지도 모른다.[16]

경제학자들은 제품이 만들어내는 '소비자 잉여^{consumer surplus}'에 대해 말한다. 이는 제품을 사기 위해 지불하는 금액을 제외하고 소비자가 누리는 여분의 즐거움을 말한다. 이 즐거움이 제품의 품질에 대한 평가에서 나오든, 브랜드에 대한 자의적인 믿음에서 나오든 상관 있을까? 다시 말해 당신이 블라인드 미각 테스트에서 카멜을 럭키 스트라이크로 오인한다고 럭키 스트라이크를 통해 얻는 당신의 즐거움을 덜 심각하게 받아들여야 할까?

그 대상이 콘플레이크나 수프 혹은 치약이라면 분명 우리는 이 질문을 느긋하게 받아들일 수 있다. 켈로그나 캠벨 혹은 콜게이트의 광고에 넘어갔다고 해서 무슨 해가 있을까? 그러나 해당 제품이 담배처럼 건강에 치명적이라면 소비자 경험이 브랜딩과 결부되어 있다는 점을 우려해야 할지도 모른다. 많은 국가가 담배에 대한 텔레비전 광고와 스포츠 후원을 엄격하게 금지한다.[17] 심지어 일부 국가는 브랜드명을 볼품없이 획일적인 서체로 새긴 민무늬 담뱃갑을 요구하기도 한다.[18] 담배 회사들은 이 조치가 효과 있다는 "확고한 증거가 없다"고 말한다.[19] 그러나 그들이 담배가 암이나 심장 질환을 초래한다는 확고한 증거가 없다고 오랫동안 주장하지 않았다면 이 말이 더 설득력 있었을 것이다.[20]

현재 많은 지역에서 흡연율이 감소하고 있다. 그러나 규제가 느슨한 일부 가난한 나라의 사정은 다르다.[21] 전 세계적으로 1년에 약 6조 개비의 담배가 여전히 제조된다. 이는 지구상 모든 성인 1명당 1,000개비가 넘는 수치다.[22]

가령 중국의 경우 마오쩌둥毛澤東 주석이 권좌에 오른 후 반세기 만에 1인당 담배 판매량이 약 10배 늘었다.[23] 중국에서 가장 높은 수익을 올리는 중국연초총공사는 총판매량의 98퍼센트를 차지한다. 중국연초총공사는 국영기업이며, 세수의 10퍼센트를 차지한다. 그래서 중국이 담배 광고 규제에 뒤늦게 나선 것도 놀라운 일이 아니다. 2005년까지만 해도 담배 광고에 '흡연은 근심과 걱정을 없애준다'는 내용이 나왔다. 또한 한 브랜드는 "금연은 고통을 초래해 수명을 줄인다"고 경고하기도 했다. 이 브랜드의 이름은 무엇일까? 바로 장수長壽다.[24]

그 직후 중국연초총공사는 '고급화'라는 새로운 정책을 실행했다. 중국이 더 부유해지고 있으니 담뱃값을 더 내도록 소비자들을 설득하지 못할 이유가 있을까? 중국연초총공사는 새로운 '고급' 브랜드를 출시했다. 그리고 덜 해로운 고급 담배로서 선물용으로 적합한 일류 제품이라고 광고했다. 이 전략은 성공했다. 이전에는 저가 브랜드가 고가 브랜드보다 십중팔구 더 많이 팔렸다. 그러나 9년이 지나자 두 브랜드의 판매량이 거의 비슷해졌다.[25]

한 조사에 따르면 중국 흡연자 가운데 '라이트light'와 '저타르low-tar'라고 표기된 브랜드도 다른 담배보다 건강에 덜 해롭지 않다는 사실을 아는 사람의 비중은 10퍼센트에 불과하다.[26] 그들은 『리더스 다이제스트』를 읽지 않은 듯하다. 또한 사람들을 믿게 만드는 브랜드의 힘은 여전히 그 어느 때보다 강한 것 같다.

#재봉틀

질레트Gillette 광고는 유해한 남성성에 맞선다.[1] 버드와이저Budweiser는 이분법적 성별에 속하지 않는 사람들이 자신의 정체성에 자긍심을 느끼도록 권장하는 특별히 장식된 컵을 만든다.[2] 이처럼 기업들이 진보적 대의를 촉진하는 '깨어 있는 자본주의'의 사례는 자신들이 앞서 있음을 뽐내는 느낌을 준다.[3] 그러나 깨어 있는 자본주의는 당신이 생각하는 것만큼 새롭지 않다.

1850년에는 사회적 진보가 아직 갈 길이 먼 단계였다. 불과 2~3년 전에 미국의 운동가 엘리자베스 케이디 스탠턴Elizabeth Cady Stanton은 여성인권대회에서 여성의 참정권을 요구해 논쟁을 불러일으켰다. 심지어 그녀의 지지자들도 너무 야심 찬 요구라며 우려했다.[4]

다른 한편 보스턴에서는 배우로서 실패한 한 남자가 발명으로 큰돈을 벌기 위해 애쓰고 있었다. 그는 목판 활자를 깎아내는 기계를 팔려고 공방의 쇼룸을 빌렸다. 당시 목판 활자는 유행이 지나가고 있었다. 그가 만든 기계는 창의적이었지만 누구도 사려고 하지 않았다.[5]

공방의 주인은 자신이 개발하는 데 애먹고 있던 다른 제품을 그에게 보여주었다. 그것은 재봉틀이었는데, 잘 작동되지 않았다. 그때까지 수십 년 동안 여러 발명가가 시도했으나 누구도 제대로 작동하는 재봉틀을 만드는 데 성공하지 못하고 있었다.

기회는 명백했다. 사실 침모針母들의 인건비는 비싸지 않았다. 「뉴욕 헤럴드」가 밝힌 바에 따르면 "여성 노동자 중에서 침모만큼 적은 임금을 받으며 궁핍과 고난에 시달리는 사람은 없다".[6] 그러나 바느질에는 시간이 많이 걸렸다. 셔츠 한 장을 만드는 데 14시간이 걸릴 정도였다.[7] 그래서 그 속도를 높일 수 있다면 큰돈을 벌 수 있었다.

침모들만 고통받는 것이 아니었다. 대다수 아내와 딸도 바느질을 해야 했다. 당대 저술가인 세라 헤일Sarah Hale의 표현에 따르면 이 "끝없이 계속 시작되는" 일은 그들의 삶을 "영원한 고생의 지루한 반복에 불과한 것"으로 만들었다. 젊은 여성들은 "바쁜 손가락과 아무 생각 없는 머리"를 갖고 있었다.[8]

앞서 말한 보스턴의 공방에서 발명가는 문제의 기계를 살펴본 뒤 이렇게 빈정거렸다. "여자들이 입을 다물게 만드는 유일한 일을 없애려고 하는군요."[9]

이 자가 바로 아이작 메릿 싱어Isaac Merritt Singer였다. 그는 요란하고, 카리스마가 넘치며, 크게 인심을 쓸 줄 알지만 무자비하기도 했다. 그는 못말리는 바람둥이로서 최소한 22명의 자녀를 낳았다. 그는 오랫동안 세 집 살림을 했다. 그러나 세 가족 모두가 다른 가족의 존재를 안 것은 아니었으며, 법적으로 다른 여자와 온전히 결혼한 상태에서 따로 살림을 차린 것이었다. 또한 최소한 한 명의 여성은 그에게 맞았다고 토로했다.

한마디로 싱어는 천성적으로 여성 인권을 지지하는 사람이 아니었다. 그의 행동이 일부 여성들을 여성인권운동으로 끌어들였을지는 모르지만 말이다. 그의 전기를 쓴 루스 브랜든Ruth Brandon은 그가 "페미니즘 운동의 확고한 토대 마련에 공헌한 사람"이었다고 건조하게 표현한다.[10]

싱어는 문제의 기계를 개선할 방법을 고심했다. 그는 공방 주인에게 이렇게 말했다. "북실통이 원형으로 돌게 하지 말고 직선으로 왔다 갔다 하도록 하는 게 좋겠어요. 그리고 바늘대가 휘어진 바늘을 수평으로 미는 게 아니라 곧은 바늘이 위아래로 움직이게 하는 게 좋겠어요."[11] 싱어는 자신이 고안한 개선안대로 특허를 내고 개량형 재봉틀을 판매하기 시작했다. 그의 재봉틀은 실제로 작동하는 최초의 제품으로서 매우 인상적이었다. 이 재봉틀을 사용하면 한 시간 만에 셔츠를 만들 수 있었다.[12]

그러나 안타깝게도 싱어가 개발한 재봉틀은 박음질이 가능하도록 홈과 귀가 있는 바늘, 그리고 옷감을 밀어주는 장치 등 다른 발명가들이 이미 특허를 낸 여러 혁신에 의존했다.[13] 1850년대에 벌어진 '재봉틀 전쟁'에서 라이벌 제조사들은 재봉틀 판매보다 서로를 특허 침해로 고소하는 데 더 관심을 보였다.[14] 이런 상황은 현재 '특허 덤불patent thicket'로 불린다.

마침내 한 변호사가 상황을 정리하는 일에 나섰다. 그의 지적에 따르면 네 집단이 재봉틀에 필요한 모든 요소에 대한 특허를 보유하고 있었다. 그렇다면 서로에게 사용권을 부여하고 힘을 합쳐 다른 모든 제조 업체를 고소하는 편이 낫지 않을까?[15] 이는 창의적인 해결책이었다. 이와 같은 '특허 풀patent pool' 형성은 현재 복잡한 발명품에 대한 특허를 출원할 때 흔한 일이 되었다.[16]

재봉틀 시장은 법적인 문제에서 풀려난 뒤 커지기 시작했고, 싱어가 그 시장을 지배하게 되었다. 경쟁사의 공장을 본 사람들은 이 사실에 놀랐을 수도 있다. 다른 업체들은 맞춤식 연장과 대체 가능한 부품들을 활용하는 소위 '미국식 제조 시스템'을 서둘러 도입했다. 이 시스템은 나중에 살펴보겠지만 총기 제조에서 그 가치를 증명했다. 그러나 싱어는 뒤늦게 이 파티에 참석했다. 오랫동안 그의 기계는 손으로 갈아낸 부품과 철물점에서 사들인 너트 및 볼트로 만들어졌다.[17]

그러나 싱어와 그의 약삭빠른 사업 파트너 에드워드 클라크Edward Clark는 마케팅이라는 다른 부문의 선구자였다. 재봉틀은 일반 가정의 몇 달치 수입에 해당할 만큼 비싼 물건이었다.[18] 클라크는 임차 구매라는 아이디어를 떠올렸다. 즉, 소비자는 한 달에 몇 달러만 내면 재봉틀을 빌릴 수 있었으며, 총임차액이 구매가에 이르면 재봉틀을 소유할 수 있었다.[19]

이는 매력적인 제안이었다. 빚을 질 필요도 없고, 구매 의무도 없었다.[20] 또한 과거에 판매되던 느리고 내구성이 부족한 재봉틀 때문에 생긴 나쁜 평판을 극복하는 데도 도움이 되었다. 소비자가 구매하면 직접 재봉틀을 설치해주고 나중에 제대로 작동하는지 전화로 확인하는 싱어의 판매 대리점들도 마찬가지였다.[21] 싱어는 전 세계에서 대리점을 모집하고, 이들

은 '문명의 전령'이라는 주제넘은 명칭으로 불렀다.[22]

그러나 이 모든 마케팅은 하나의 문제에 직면했다. 그것은 바로 여성 혐오였다. 엘리자베스 케이디 스탠턴이 그린 만화 두 개에 그런 분위기가 배어 있다. 하나는 '재봉틀'과 결혼하면 되는데 왜 굳이 사야 하느냐고 따지는 남자를 보여준다. 다른 만화에서는 판매원이 재봉틀을 쓰면 여자들이 '지성을 높이는 데' 더 많은 시간을 들일 수 있다고 말한다. 이처럼 부조리한 태도가 용인되었다.[23] 이런 편견은 여자들이 비싼 기계를 다루지 못할 것이라는 의구심을 키웠다.[24]

싱어의 사업이 성공하려면 여성들이 재봉틀을 다룰 수 있다는 사실을 보여줘야만 했다. 싱어가 실제 삶에서 여성을 얼마나 무시했는지는 상관 없었다. 그는 브로드웨이에 있는 한 상점의 진열창을 빌려, 젊은 여성들이 재봉틀을 사용하는 모습을 보여주었다. 그들은 상당한 관중을 끌어모았다.[25] 그는 그 여성들을 데리고 전시장과 축제장을 돌았다. 그는 침모들에 대한 구슬픈 유행가를 목청껏 부르며 연기에 대한 욕심을 채웠다.[26]

> 피곤하고 지친 손가락에
> 무겁고 충혈된 눈꺼풀로
> 한 여성이 누추한 누더기를 입고 앉아
> 바늘과 실을 놀려서
> 깁고, 깁고, 또 깁네!

"제조사가 가정을 꾸리는 여성에게만 직접 판매합니다"라는 싱어의 광고는 여성을 의사결정자로 그렸다.[27] 또한 "재봉틀을 잘 다루는 여성은 1년에 1,000달러를 벌 수 있다"면서 여성들이 경제적 독립을 꿈꿔야 한다고 암시했다.[28]

1860년 무렵 「뉴욕 타임스」는 다른 어떤 발명품도 "우리의 어머니와 딸들에게 이토록 큰 편안함"을 안기지 못했으며, 침모들은 "고생을 덜하면서도 더 많은 임금"을 받게 되었다며 호들갑을 떨었다.[29] 그럼에도 「뉴욕 타임스」는 '남성의 창의성'에 모든 공을 돌림으로써 젠더 의식이 들어간 평가를 약간 깎아내렸다. 그래서 어쩌면 우리는 여성에게 재봉틀의 의미를 물어야 할지도 모른다. 세라 헤일은 『고디스 레이디스 북 앤드 매거진 Godey's Lady's Book and Magazine』에서 이렇게 말했다. "침모는 (…) 밤에 쉴 수 있으며, 종일 집안일을 돌보고 가족과 즐거움을 나눌 시간을 갖게 되었다. 이는 세상에 큰 이득이 아닐까?"[30]

현재 '깨어 있는 자본주의'에 대한 회의론자가 많다. 그들은 모두가 그저 맥주와 면도기를 더 많이 팔려는 수작에 불과하다고 본다. 어쩌면 그럴지도 모른다. 아이작 싱어는 자신이 신경 쓰는 것은 돈뿐이라고 즐겨 말했다.[31] 그러나 그는 동시에 더없이 이기적인 동기로 사회적 진보를 이룰 수 있음을 보여주었다.

#통신판매 카탈로그

"조심하세요! '몽고메리 워드Montgomery. Ward & Co.'에서 구매하지 마세요. 사기꾼들입니다."

몽고메리 워드 브랜드가 아직 존재하므로,[1] 이것은 나의 조언이 아님을 밝혀둔다. 1873년 11월 8일 자 「시카고 트리뷴」에 실린 경고문이다.[2]

에런 몽고메리 워드Aaron Montgomery Ward가 도대체 어떻게 했기에 「시카고 트리뷴」 편집진은 그가 농촌의 '멍청이'와 '호구'들을 노리는 '사기 회사'를 운영한다고 생각했을까? 사실 워드의 전단지는 200가지가 넘는 폭넓은 제품에 대해 의심스러울 정도로 '비현실적인' 가격을 제시했다. 무엇보다 의심스러운 점은 제품을 매장에 진열하지도 않고, 대리점을 두지도 않는다는 것이었다. 또한 "그들은 대중의 시선에서 완전히 가려졌으며,

특정한 우편사서함으로 보내는 우편물을 통해서만 연락할 수" 있었다.[3]

그러니 일종의 사기가 분명했다. 그렇지 않은가?

「시카고 트리뷴」 편집진은 워드가 비싼 매장과 중간업자를 두지 않았기 때문에 '비현실적인' 가격에 제품을 제공할 수 있다는 사실을 생각하지 못한 듯하다. 그러나 소송의 위협은 곧 그들이 워드의 새로운 사업 모델을 이해하는 데 도움을 주었다. 몇 주 뒤 그들은 몸을 바짝 낮춘 사과문을 게재했다. 그들이 인정한 바에 따르면 워드는 "훌륭한 사람들로 구성되어 있으며, 완벽하게 합법적인 방식으로 완벽하게 합법적인 사업을 하는 성실한 기업"이었다.[4] 워드는 이 사과문을 다음 전단지에 실었다.[5]

에런 몽고메리 워드는 아직 20대이던 시절에 시골 가게에서 점원으로 일한 후 시카고로 가서 나중에 백화점 재벌이 되는 마셜 필드Marshall Field 밑에서 영업사원으로 일했다. 그의 업무는 농촌지역에 있는 잡화점들을 돌아다니는 것이었다. 이때 그는 그들이 재고로 갖고 있는 제품이 너무나 적고 가격은 너무 높다는 사실을 알게 되었다.[6]

농촌 주민들도 이 사실을 알았다. 그들은 외떨어진 벽지에서 물건을 더 저렴하게 구할 수 있는 다른 방법을 이미 찾고 있었다. 가령 근래에 만들어진 전 국농민공제조합National Grange of the Order of Patrons of Husbandry이라는 긴 이름 혹은 줄여서 '조합Grange'이라고 불리는 조직의 지부를 결성했다. 구매력을 키워서 협상을 통해 가격을 낮추는 것이 목적이었다.[7] 이는 익히 활용된 아이

디어로, 현대 들어서는 그루폰Groupon을 비롯한 공동구매 서비스로 구현되었다.

당시에도 통신판매가 존재하긴 했지만 보편적이지 않았다. 소수의 전문 업체가 한정된 품목만 취급했다.[8] 워드가 본 여지는 야심 차지만 단순했다. 바로 통신판매를 활용해 도매가에 낮은 마진만 붙여 많은 상품을 직접 판매하는 것이었다.[9] 또한 구매자는 물건을 받을 때 대금을 지불해, 배달된 물건이 마음에 들지 않으면 지불을 거부하고 반송할 수 있었다. 혼이 난 「시카고 트리뷴」이 인정한 대로 "이런 방식으로 장사하는 기업에 속거나 사기를 당하는 사람이 있을 거라고 보기는 어려웠다".[10] 광고 카피로도 재능을 확장한 워드는 나중에 "만족 보장, 불만 시 환불"이라는 장수 카피를 세상에 선사했다.[11]

「시카고 트리뷴」의 의심을 산 지 2년 만에 워드의 전단지는 거의 2,000개 품목을 담은 72페이지짜리 카탈로그가 되었다.[12] 가령 사람들은 55센트에 약 13센티미터짜리 카나리아색 봉투 250매를 살 수 있었다. 혹은 같은 돈으로 소형 등유 심지 144개를 살 수 있었다. 또한 6달러 50센트로 흰색 대형 고급 모직 담요를 살 수 있었다. 워드는 만족한 고객들의 추천사를 카탈로그에 실었다. 그중에는 동네 매장 가격의 반값에 샀다는 내용도 있었다.[13]

워드의 카탈로그는 기본적으로 상품과 가격을 나열한 것에 불과했다. 그러나 나중에는 뉴욕의 책 애호가 모임인 그롤리에 클럽Grolier Club이 선정한 미국 역사상 가장 영향력 있는 100권의 책 중 하나로 『모비딕Moby-Dick』, 『톰 아저씨의 오두막Uncle Tom's Cabin』, 『시편The Whole Booke of Psalmes』 등

과 어깨를 나란히 했다.[14] 그들은 워드의 카탈로그가 "아마도 미국 중산층의 생활수준을 높이는 데 가장 큰 단일한 영향력을 미쳤을 것"이라고 평가했다.[15]

워드의 카탈로그는 경쟁자들에게도 영감을 주었다. 유명 업체로는 곧 시장을 선도하게 될 시어스 로벅Sears Roebuck이 있었다(일설에 따르면 시어스 로벅의 카탈로그는 몽고메리 워드의 카탈로그보다 크기가 조금 작았다. 이는 깔끔한 성격의 가정주부들이 자연스럽게 시어스의 카탈로그를 워드의 카탈로그보다 위에 놓도록 만들기 위한 것이었다).[16]

세기말 무렵 통신판매 기업들은 연간 3,000만 달러의 매출을 올렸다. 오늘날 기준으로 10억 달러 규모의 사업이 된 것이다.[17] 그리고 20년 뒤에는 이 수치가 거의 20배로 늘었다.[18] 통신판매의 인기는 농촌에서 우편 서비스 개선에 대한 요구가 거세지게 만들었다. 도시에서 살면 집까지 편지가 배달되었다. 그러나 농촌 주민들은 가까운 우체국까지 직접 가야 했다. 그들의 요구에 굴복한 정부는 벽지까지 우체부를 보내려면 도로망도 개선해야 한다는 사실을 깨달았다.[19]

'농촌 무료 배달'은 대성공이었다. 몽고메리 워드와 시어스 로벅은 주된 수혜자에 속했다.[20] 당시는 통신판매의 황금기였다. 카탈로그는 요란하게 그림이 들어간 1,000페이지 분량으로 늘어났다.[21] 사람들은 새로운 카탈로그를 손꼽아 기다렸다. 카나리아색 봉투 정도는 아무것도 아니었다. 이제 사람들은 집 전체를 살 수도 있었다. 가령 시어스 로벅은 892달러를 내면 방 5개짜리 방갈로를 보내주었다. 구체적으로는 "판재, 윗가지, 지붕 널, 문과 창틀, 마루, 천장, 마감용 목재, 방수지, 파이프, 물받이, 분동, 철물, 페인트"를 보내주었다.[22] 또한 이케아의 빌리 책장Billy Bookcase 조립도보다는 분명히 버거울 조립도도 같이 배송했다. 이런 통신판매 조립 주택 중 다수는 100년이 지난 지금도 여전히 끄떡없으며, 일부는 100만 달러가 넘는 가격에 주인이 바뀌었다.[23]

카탈로그 자체는 그보다 내구성이 약했다. 몽고메리 워드와 시어스는 각각 백화점을 짓기 시작했다. 자동차 소유자가 늘어나 쇼핑몰이 인기를 끌면서 카탈로그는 의미를 잃어갔다. 몽고메리 워드는 1985년에,[24] 시어스는 2~3년 뒤에[25] 카탈로그를 없앴다. 뒤이어 인터넷이 등장했다. 제프 베이조스Jeff Bezos는 해마다 1,000페이지짜리 아마존Amazon 카탈로그를 보낼 필요를 느끼지 않는다. 또한 기업들은 제품에 대한 정보를 전달할 다른 수단을 갖고 있다. 마케팅 전문가들은 이메일이 재래식 우편을 통한 윤기 나는 카탈로그보다 반응률은 훨씬 낮지만 비용이 너무나 저렴하기 때문에 여전히 투자 대비 수익률이 더 높다는 사실을 알려준다.[26]

통신판매 카탈로그의 전성기는 오래전에 지났지만, 그 역학은 지금 다시 작동하고 있다. 세계적인 경제강국으로 부상하는 나라, 고립된 농촌지역에 도로와 통신 인프라를 건설하는 정부,[27] 기존 소매 선택지들에 싫증 난 소비자 같은 비슷한 요소들과 함께 말이다.[28] 또한 선견지명이 있는 창업자들은 새로운 사업 모델을 통해 사람들이 집에서 제품을 살피고 주문할 수 있도록 해준다.

이 나라는 바로 중국이다. 우편 서비스 부분은 인터넷을 보라. 또한 통신판매 대기업의 역할은 제이디닷컴JD.com과 알리바바 같은 전자상거래 대기업이 수행하고 있다.[29]

중국은 온라인 쇼핑에 뛰어들었다. 중국은 미국, 영국, 프랑스, 독일, 일본을 합친 것만큼 많은 돈을 온라인 쇼핑에 쓴다.[30] 농촌지역을 새로운 경제로 끌어들이는 효과는 단지 소비자의 선택지와 중산층 수준의 생활을 확대하는 데서 그치지 않는다. 도로를 개선하고 정보에 대한 접근이 가능해지면 물건을 사고팔 여지가 늘어난다. 경제학자 제임스 파이겐바움James Feigenbaum과 마틴 로템버그Martin Rotemberg는 미국의 농촌에서 무료 배달 서비스가 진행된 양상을 연구한 후 새로운 지역에 무료 배달 서비스가 진출하면 제조업 투자가 곧 뒤따른다는 사실을 발견했다.[31] 이런 과정이 중국에서도 진행되고 있는 듯하다. 중국에는 말린 대추부터 은 수공예품, 아동용 자전거까지 모든 것을 생산하는 농촌 기업 단지인 소위 '타

오바오 마을Taobao Villages)이 있다.³²

    타오바오는 알리바바가 소유한 온라인 장터로, 기본적으로 상품과 가격을 나열한 것에 불과하다. 그러나 문학의 거장 몽고메리 워드처럼 사회를 바꾸려는 야망을 품을지도 모른다.

#패스트푸드 프랜차이즈

레이 크록Ray Kroc이 전한 이야기에 따르면 그가 맥도널드 형제에게 햄버거 레스토랑을 더 많이 열라고 촉구했을 때 그들은 주춤거렸다.

1954년, 로스앤젤레스에서 동쪽으로 80킬로미터 떨어진, 사막 가장자리의 조용한 도시 샌버너디노San Bernardino였다. 딕 맥도널드Dick McDonald와 맥 맥도널드Mac McDonald는 그의 우수 고객이었다. 그들의 레스토랑은 작았지만 밀크셰이크를 많이 팔았다. 분명 그들은 장사를 제대로 하고 있었다.

그러나 그들은 매장을 늘리고 싶어 하지 않았다. 맥 맥도널드는 "저녁에 현관에 앉아 석양을 바라보고 있으면 (…) 평온하다"고 그 이유를 설명했다.[1] 그들에게 지점을 늘리는 것은 두통거리였다. 계속 돌아다녀야 하고, 좋은 자리를 찾아야 하고, 매니저들을 뽑아야 하고, 모텔에서 묵어야 하기 때문이었다. 그러니 굳이 애쓸 필요가 있을까? 그들은 이미 쓸 수 있는 돈보다 많이 벌고 있었다.[2]

이런 생각은 많은 사람에게 합리적으로 보일지도 모른다. 그러나 레이 크록에게는 그렇지 않았다. 크록은 나중에 "나의 사고방식으로 볼 때 그의 접근법은 대단히 낯설었다"고 회고했다. 그는 자신이 레스토랑 체인을 확장할 수 있게 해달라고 맥도널드 형제를 설득했다. 그리고 30년 후 그가 사망할 무렵 맥도날드는 수천 개의 지점을 두고 수십억 달러의 매출을 올렸다.[3]

이 이야기는, 성공한 사업가들이 모두 같지는 않다는 사실을 보여준다. 그들은 다른 것들을 원하며, 다른 재능을 갖고 있다.

딕과 맥을 보라. 그들은 햄버거를 보다 효율적으로 만드는 방법을 찾아내는 데 뛰어났다. 그들은 지역의 기능공과 함께 새로운 주걱, 매번 같은 양의 케첩과 머스터드를 배출하는 새로운 디스펜서, 버거와 빵 그리고 소스를 조합하는 속도를 높일 회전형 작업대를 고안했다. 맥도널드 형제는 헨리 포드가 자동차를 가지고 한 일을 햄버거와 감자튀김을 가지고 해냈다. 그들은 전체 공정을 간단하고 반복적인 작업으로 나누었다. 그래서 음식을 빠르고, 저렴하며, 꾸준하게 만들어낼 수 있었다. 이는 다른 어디에서도 찾아볼 수 없는 방식이었다.[4]

그러나 맥도널드 형제는 더 폭넓은 경영의 세계에 대해서는 전혀 모르는 듯했다. 경쟁자들이 창문으로 들여다보고 공책을 꺼내 배치도를 그리는데도 그들은 웃어넘겼다.[5] 심지어 누가 창의적인 소스 디스펜서에 대해

물어보면 기꺼이 제작자의 이름을 알려줬다. 당연히 특허를 낼 생각도 하지 않았다.[6]

어떤 사람들은 급하게 그린 스케치보다 많은 것을 원했다. 그래서 맥도널드 형제는 건성으로 가맹권을 팔았다. 즉, 가입비만 내면 황금색 아치를 갖춘 건물 설계도와 '신속 서비스 시스템'에 대한 15페이지짜리 설명서를 얻고 일주일 동안 교육을 받을 수 있었다. 그다음에는 가맹점주들이 알아서 장사를 해야 했다.[7]

딕과 맥은 가맹점 교육을 받은 사람들이 같은 메뉴를 내거나 심지어 같은 이름을 쓰는 것도 바라지 않았다. 첫 가맹점주가 새 레스토랑 이름을 '맥도날드'라고 붙이겠다고 하자, 딕은 "아니, 왜요?"라고 대꾸했다.[8]

이처럼 주방은 원활하게 돌아가지만 프랜차이즈 운영은 어설픈 상황에서 다른 재능과 야심을 가진 사람이 등장했다. 당시 50대이던 레이 크록은 당뇨병부터 관절염까지 많은 건강 문제를 안고 있었다.[9] 그러나 그는 평온한 석양보다 돈을 더 좋아했으며, 길 위의 삶을 사랑했다. 나중에 그는 "매장을 지을 자리를 찾는 것은 내가 상상할 수 있는 가장 창의적인 충족감을 안겨주는 일이었다"고 썼다.[10] 맥도널드 형제가 감자튀김을 재고하던 곳에서 크록은 프랜차이즈 사업을 재고했다.

프랜차이즈 사업 자체는 새로운 것이 아니었다. '프랜차이즈'라는 단어는 '자유' 혹은 '면제'를 뜻하는 오랜 프랑스어 '프랑슈franche'에서 기원한다. 옛날에는 군주가 시장을 열 수 있는 프랜차이즈, 즉 특정한 지역에서 특정한 시간 동안 특정한 일을 할 수 있는 독점권을 부여했다. 19세기에는 돈을 주고 해당 지역에서 싱어 재봉틀 판매 독점권을 살 수 있었다.[11]

요즘은 사방에 가맹점이 있다. 힐튼Hilton 호텔이나 메리어트Marriott 호
텔에 묵든, 허츠Hertz나 유로카Europcar에서 렌터카를 빌리든, 세븐일레븐
7-Eleven이나 카르푸Carrefour에서 물건을 사든 가맹점을 이용할 가능성이
높다.[12] 사업 형태의 프랜차이즈에 대한 아이디어는 1890년대 캐나다인
마사 마틸다 하퍼Martha Matilda Harper가 시작한 것으로 보인다. 그녀는 국제
적인 미용실 네트워크를 만들었다. 그녀는 하녀 출신이었는데, 그녀의 프
랜차이즈는 다른 하녀들의 삶도 바꿔놓았다.[13]

그러나 프랜차이즈에 현대적인 형태를 부여한 것은 1950년대의 패스트
푸드였다. 이때 맥도날드뿐 아니라 버거킹, KFC 그리고 지금은 잊힌 많은
브랜드가 가맹 사업에 나섰다.[14] 레이 크록의 거대한 통찰은 일관성의 중
요성을 깨달은 것이었다.[15] 그래서 그는 회사의 이름을 사용하고 영업 수
단을 배울 권리를 팔 뿐 아니라 특정한 방식으로 매장을 운영할 의무까
지 부여했다. 맥도날드는 상시 교육센터인 '햄버거 대학교'를 열어 감자
구매법 같은 과목을 가르쳤다.[16] 검사관들은 여러 가맹점을 돌며 음식을
올바른 온도로 조리했는지, 화장실이 깨끗한지 등에 대해 27페이지짜리
보고서를 작성했다.[17]

언뜻 보면 프랜차이즈 가입이 신참 레스토랑 사업자에게 지니는 매력
은 명백하지 않다. 브랜드를 직접 기획하고 메뉴도 직접 개발하고 싶지
않을까? 맥도날드에 4만 5,000달러에 더해 총매출의 4퍼센트를 지불해야
할 이유가 있을까?[18] 기껏해야 검사관을 보내 변기 청소를 제대로 하는지
나 확인하는데 말이다. 그러나 가맹점 비용의 대부분은 브랜드가 제공하
는 혜택에 따른 것이다. 또한 날림 운영으로 브랜드에 해를 입히지 않는지

감시당하고 있다면, 다른 가맹점도 마찬가지로 관리되고 있을 거라고 믿을 수 있다.

다른 한편 가맹 사업자는 왜 새 지점을 직접 소유하고 운영하지 않을까? 많은 기업은 두 가지 방식을 다 쓴다. 맥도날드는 3만 6,000개 지점 중에서 약 15퍼센트를 직접 소유하고 있다.[19] 그러나 가맹점들은 맥도날드에 많은 것을 안겨준다. 우선 개점 비용을 제공한다. 맥도날드 가맹점을 열려면 100만 달러 이상이 들어갈 수 있다.[20]

또한 가맹점은 사업 지역에 대한 지식을 제공한다. 이 지식은 낯선 문화를 지닌 새로운 국가로 사업을 확장할 때 특히 중요하다. 그리고 동기부여 효과도 있다. 자신의 돈을 투자한 오너 겸 지점장은 회사에서 월급을 받는 지점장보다 비용을 낮추기 위해 더 노력할 것이다. 경제학자 앨런 크루거Alan Krueger는 이 점을 뒷받침하는 증거를 찾아냈다. 그가 조사한 결과 직원과 매니저들은 가맹점보다 직영점에서 뚜렷하게 더 많은 돈을 벌었다.[21]

물론 양쪽 다 약간의 위험을 감수해야 한다. 본사는 가맹점이 열심히 일할 것이라고 믿어야 한다. 가맹점은 본사가 흥미로운 신제품을 개발하고 광고할 것이라고 믿어야 한다. 양쪽 모두 상대방이 게으름을 피울지 모른다고 걱정하면 '쌍방 도덕적 해이double-sided moral hazard' 상태가 된다. 대리 이론agency theory이라는 경제학의 한 분파는 가맹 계약이 가맹비와 로열티를 혼합해 이 문제를 해결하는 양상을 이해하려고 시도한다.[22]

그러나 프랜차이즈 사업은 통하는 것처럼 보인다. 아마도 그 이유는 크록과 맥도널드 형제처럼 사업가들이 서로 다른 것을 원하기 때문일 것이다. 어떤 사람은 자신의 사업체를 매일 운영하는 자유를 원하지만 제품개발이나 브랜드 구축에는 관심이 없다.

초기에 맥도널드 형제로부터 가맹점 사업권을 얻은 한 사업주는 황금색 아치를 그다지 좋아하지 않았다. 그래서 아치를 뾰족하게 만들고 자신의 레스토랑에 '봉우리peaks'라는 이름을 붙였다.[23] 그때는 이처럼 마음대로 해도 되었다. 반면 요즘은 사업가들 사이에 이뤄지는 분업이 햄버거가 가득한 회전대만큼이나 잘 구분되어 있다.

#기부금 모금

애덤 스미스는 『국부론』에서 이런 유명한 말을 했다. "우리는 정육점 주인이나 양조장 주인 혹은 제빵점 주인이 선의를 베풀 것이기 때문이 아니라, 자신의 이익을 추구할 것이기 때문에 저녁을 기대한다. 우리는 그들의 인류애가 아니라 자기애에 초점을 맞추며, 결코 우리 자신의 필요에 대해 이야기하지 않고 그들의 이익에 대해 이야기한다." [1]

그러나 1770년대 스미스가 이 글을 쓸 때 아마 그의 우편물에는 눈길을 끄는 굶주린 아이의 이미지를 담은 봉투가 포함되어 있지 않았을 것이다. 또한 그의 고향인 스코틀랜드의 커콜디를 산책할 때 젊은 여성이 클립보드를 내밀며 매월 기부 약정을 받으려고 말을 거는 일도 없었을 것이다. 하지만 요즘 우리는 우리의 이익이 아니라 타인의 필요성에 대한 말을 자주 듣는다.

자선은 거대한 사업이 되었다. 다만 좋은 데이터가 거의 없어서 얼마나 거대한지는 말하기 어렵다. 근래에 나온 한 추정치에 따르면 영국인은 100파운드를 벌 때마다 54펜스를 기부한다. 이는 독일인보다 3배 많은 액수다. 그러나 미국인은 영국인보다 3배 더 많이 기부한다.[2]

또한 이는 영국인들이 맥주에 쓰는 금액과 거의 같고, 고기에 쓰는 금액보다 크게 적지 않으며, 빵에 쓰는 금액보다 3배 많은 수치다.[3] 경제적 중요도를 놓고 보면 기부금 모금단체는 정육점 주인, 양조장 주인, 제빵점 주인과 같은 위치에 있다.

물론 자선은 인류만큼이나 오래되었다. 수입의 10분의 1을 가치 있는 일에 간접적으로 바치는 십일조라는 오랜 종교적 관습은 100파운드를 벌 때 1파운드 미만을 쓰는 현대의 기부를 보잘것없게 만든다.[4] 그래도 세금이 십일조를 대신하며, 현대의 기부금 모금단체는 신과 소통한다고 주장할 수 있는 이점을 누리지 못한다. 그들은 설득의 전문가가 되어야 한다. 이 분야의 아버지로 여겨지는 사람이 있다.[5]

바로 찰스 섬너 워드Charles Sumner Ward다. 그는 19세기 말에 기독교청년회의, 즉 YMCA에서 일하기 시작했다. 「뉴욕 포스트」는 워드를 중간 체구에 태도가 너무나 부드러워 지금까지 기부를 꺼리던 사람들의 마음을 움직일 만한 힘을 지녔다고는 결코 믿지 않을 사람이라고 묘사했다.[6]

그 힘은 1905년에 워드가 회관 신축을 위한 기부금을 모집하기 위해 워싱턴 DC로 파견되었을 때 처음으로 널리 주목받았다. 그는 거액을 기부하겠다고 약속한 부유한 기부자를 만났다. 대신 그 기부자는 다른 사람들이 나머지 금액을 기부해야 한다는 조건을 내걸고 인위적인 기한까지 정했다. 신문들은 이 소식에 호들갑을 떨었다. 한 신문은 '5만 달러를 모금하기 위해 시간과 싸우는 YMCA'라는 기사를 실었다.[7]

워드는 공략 목표, 기한, 진척도를 보여주는 캠페인 시계, 빈틈없이 계획된 홍보 행사 등을 동원하는 자신의 방식을 폭넓게 적용했다. 지금은 이런 방식이 익숙해 보인다. 그러나 워드가 1912년 런던에 왔을 때는 완전히 새로운 것이었다. 「타임스」는 "인간의 본성에 대한 지식과 비즈니스 원칙을 실로 기민하게 활용해 심리적 순간에 우위를 확보하는" 그의 모습에 마땅한 찬사를 보냈다.[8]

제1차 세계 대전은 복권 혹은 현대 들어 팔찌, 리본, 스티커를 통해 기부 사실을 보여주는 모금 행사와 비슷한 국기의 날 모금 행사 등 기부금 모금 방식에 더 많은 혁신을 불러왔다.[9] 1924년 무렵 워드는 모금 대행사를 세우고 보이스카우트부터 프리메이슨 사원까지 온갖 단체를 위해 얼마나 많은 기부금을 모았는지 홍보했다. 또한 "모금 캠페인은 모금 서비스에 비해 저렴한 수수료로 진행"되었다.[10]

찰스 섬너 워드의 후계자들에게 '비즈니스 원칙의 기민한 활용'이란 무엇일까? 광고대행사 임원들이 「가디언」과 가진 인터뷰 내용에서 그 단서를 구할 수 있다. 그들은 굶주린 아이의 이미지는 소셜 미디어에서 '좋아요'를 많이 받지 못한다고 말한다. 대신 브랜드를 구축해야 한다. 또한 대상자들을 끌어들이고 즐거움을 제공해야 한다.[11]

경제학자들은 기부를 하게 만드는 동기가 무엇인지 연구했다. '신호 보내기signalling' 이론에 따르면 우리는 부분적으로 다른 사람들에게 좋은 인상을 주려고 기부를 한다.[12] 이 이론은 팔찌, 리본, 스티커가 꾸준히 인기를 끄는 이유를 말해준다. 이런 것들은 우리가 중시하는 대의뿐 아니라 우리의 관대함도 드러낸다.[13]

또한 '온광효과warm glow' 이론에 따르면 우리는 좋은 기분을 느끼기 위해, 혹은 적어도 죄책감을 덜 느끼기 위해 기부한다. 보다시피 두 이론 모두 자선이 실제로 효과 있는지는 다루지 않는다.

이런 이론들에 대한 실험적 연구는 다소 우울한 결과를 낳았다. 경제학자 존 리스트John List와 동료들은 사람들이 일반 가정을 찾아가 일부는 기부를 요청하고, 다른 일부는 같은 대의를 위한 복권을 판매하도록 했다. 그 결과 복권 판매액이 기부액보다 훨씬 많이 모였다. 이는 그다지 놀라운 일이 아니다.

연구자들은 또한 매력적인 젊은 여성이 기부를 요청하면 훨씬 효과적이라는 사실을 발견했다. 거의 복권 판매 방식만큼이나 돈이 잘 모였다. 연구자들은 "이 결과는 주로 남성이 문을 열어준 가구에서 참여율이 높아진 데 따른 것"이라고 건조하게 지적했다.[14]

이 사례는 이타적 행위가 '신호 보내기' 이론을 뒷받침하는 증거다. 우리는 실험 대상이 된 신사들이 어떤 유형의 예쁜 아가씨에게 열렬히 신호를 보내려 했는지 명확하게 알 수 있다.

또 다른 경제학자 제임스 안드레오니James Andreoni는 '온광효과' 이론을 검증하기 위해 자선단체가 정부 보조금을 받기 시작하면 개인 후원에 어떤 변화가 생기는지 확인했다. 후원자들이 자선단체를 위해 순전히 이타적인 욕구로 기부했다면 자선단체가 정부 보조금을 받은 뒤에는 다른 가치 있는 자선활동으로 기부금을 돌려야 한다. 그러나 그런 일은 일어나지 않는다. 이는 우리가 순전히 이타적이지 않다는 사실을 시사한다. 우리는 단지 이타적이라는 느낌에서 온광효과를 얻을 뿐이다.[15]

이런 사실들을 감안하면 애덤 스미스의 논리가 결국 자선에도 적용되는 것처럼 보이기 시작한다. 기부금을 모금하는 사람은 이렇게 말할지도 모른다. "우리는 후원자가 선의를 베풀기 때문이 아니라, 자긍심을 얻거나 다른 사람들에게 잘 보이고 싶어 할 것이기 때문에 후원을 기대한다."

그러나 자선단체가 온광효과와 사회적 신호를 보내는 능력을 파는 것이라면, 이 사실은 그들이 유용한 일을 할 인센티브를 그다지 부여하지 않는다. 그들은 단지 좋은 이야기를 들려주기만 하면 된다.

어떤 사람들은 당연히 자선단체가 좋은 일을 얼마나 많이 했는지 진지하게 따진다. 실제로 미국 자선단체 평가기관인 기브웰GiveWell 같은 기구를 중심으로 '효과적인 이타주의effective altruism'[16]를 요구하는 운동이 일어나고 있다. 기브웰은 자선활동의 유효성을 검토해 후원금을 받을 자격이 있는 단체를 추천한다.[17]

경제학자 딘 칼란Dean Karlan과 대니얼 우드Daniel Wood는 유효성에 대한 증거가 기부금 모금에 도움이 될지 알고 싶어 한 자선단체와 함께 확인 작업에 나섰다. 이 실험에서 일부 후원자들은 후원을 받는 세바스티아나Sebastiana에 대한 감동적인 이야기를 담은 일반적인 우편물을 받았다. 거기에는 "그녀는 평생 극심한 빈곤밖에 몰랐습니다……"라는 내용이 적혀 있었다. 다른 후원자들이 받은 우편물에는 같은 이야기와 함께 후원의 효과를 말해주는 "엄격한 과학적 방법론"을 언급하는 문장이 추가로 실렸다.

그 결과는 어땠을까? 이전에 거액을 후원하던 일부 후원자들은 만족감을 느꼈는지 더 많이 후원했다. 그러나 그렇게 늘어난 후원금은 소액 후원자들이 덜 후원하는 바람에 상쇄되고 말았다.[18] 과학적 근거를 언급한 것이 감정적 호소력을 약화시켜 온광효과를 줄여버린 것이다.

이 사실은 기브웰이 개발도상국 사람들의 삶과 공정무역 거래, 의료와 교육 등을 돕는 옥스팜Oxfam을 비롯해, 세이브더칠드런Save The Children, 월드비전World Vision 같은 유명한 자선단체들을 평가할 시도조차 하지 않는 이유를 말해준다. 그들은 블로그에 올린 한 격앙된 글에서 이런 자선단체들이 "후원금 모금을 위한 인터넷 콘텐츠는 엄청나게 올리는 경향이 있지만, 효과를 중시하는 후원자들이 관심을 갖는 콘텐츠는 거의 올리지 않는다"고 성토했다.[19]

애덤 스미스라면 "결코 우리 자신의 유효성에 대해 이야기하지 않는다"고 말했을지도 모른다.

#산타클로스

일본에서는 해마다 흥미로운 의식이 치러진다. 바로 '크리스마스와 켄터키', 즉 '크리스마스에는 켄터키' 행사로, 12월 24일에는 KFC 치킨을 먹는 것이다. 이 행사는 1970년대 일본에 사는 외국인들이 크리스마스가 되면 칠면조 대신 그와 가장 비슷한 치킨을 먹는다는 사실을 KFC가 알게 되면서 창의적인 마케팅의 일환으로 시작되었다. 이제 이 행사는 대중적인 일본의 전통이 되었다. 그래서 사람들이 KFC 매장 앞에 길게 줄서고 일찍이 10월부터 치킨을 사전 주문한다.[1]

물론 기독교 인구가 아주 적은 일본에서 크리스마스는 종교적인 명절이 아니다. 그러나 '크리스마스에는 켄터키' 행사는 인도의 디왈리부터 이스라엘의 유월절과 신년제까지, 그리고 가장 유명한 사례로 미국의 크리스마스까지 상업적 이익 추구가 종교적 축제를 얼마나 쉽게 강탈할 수 있는지 잘 보여준다.

애초에 왜 산타클로스가 빨간색과 흰색으로 된 옷을 입게 되었을까? 많은 사람은 산타의 옷 색깔이 콜라캔의 빨간색과 흰색에 맞춘 것이며, 1930년대 코카콜라의 광고를 통해 대중화되었다고 말할 것이다.[2] 이는 재미있는 이야기지만, 빨간색과 흰색으로 된 옷을 입은 산타가 코카콜라를 광고하기 위해 창조된 것은 아니다. 사실 그는 1923년에도 경쟁 음료인 화이트 록White Rock을 광고했다.[3] 애초에 마케팅용으로 고안된 것은 빨간 코를 가진 루돌프였다.[4]

현대의 산타클로스는 사실 1세기 전에 등장했다. 한때 네덜란드령이던 뉴욕에서 워싱턴 어빙Washington Irving과 클레멘트 클라크 무어Clement Clarke Moore 같은 부유한 사람들이 1800년대 초 네덜란드의 전통을 빌린 것이 시작이었다. 어빙과 무어는 또한 크리스마스이브를 불량배들이 요란한 파티를 벌이는 행사에서 온 가족이 소란을 피우지 않고 침대에 누워서 보내는 쥐죽은 듯 고요한 가족 행사로 바꾸고 싶어 했다.[5]

1823년에 「크리스마스 전날 밤이 되었네」라는 시를 쓴 무어는 원하든 원하지 않든 모두에게 선물을 주는 수호성인 산타클로스의 이미지를 형성하는 데 누구보다 많은 기여를 했다. 1820년대에는 미국에서 크리스마스 선물에 대한 광고가 흔해지기도 했다. 그리고 1840년 무렵이 되자 산타 자신이 광고에 자주 등장하는 상업적 아이콘이 되었다.[6] 어차피 소매업체들은 연말 재고를 처리할 방법을 찾아야 했다.

크리스마스에 선물을 주는 전통은 확고하게 자리 잡았다. 1867년에 보스턴에서는 1만 명이 돈을 내고 찰스 디킨스Charels Dickens의 『크리스마스 캐럴A Christmas Carol』(성경과 관련된 내용은 적고 사람들 간의 인정과 관련된 내용이 많은 이야기) 낭독회에 참석했다.[7] 같은 해 동쪽 해안 아래쪽에 있는 뉴욕에서는 메이시스 백화점이 크리스마스이브에 뒤늦은 크리스마스 쇼핑객들을 위해 자정까지 문을 열어두기로 결정했다.[8] 이듬해에 루이자 메이 올컷Louisa May Alcott의 『작은 아씨들Little Women』이 출간되었다. 그 첫 문장은 이러했다. "선물이 없는 크리스마스는 크리스마스가 아니야."

이처럼 크리스마스의 소비 분위기는 새로운 것이 아니다. 경제학자이자 『스크루지 경제학Scroogenomics』의 저자인 조엘 월드포겔Joel Waldfogel은 수십 년에 걸쳐 산타가 미국 경제에 미친 영향을 추적했다. 그는 코카콜라 산타가 등장한 1935년까지 거슬러 올라가 12월 소매 매출을 11월 및 1월 소매 매출과 비교해 크리스마스 소비의 규모를 추정했다. 아마 어떤 사람들은 경제 규모에 비례해 크리스마스 소비액이 지금보다 그때가 3배나 더 많았다는 사실에 놀랄 것이다. 지금은 매일같이 즐길 수 있는 일이 1930년대에는 1년에 한 번 누릴 수 있는 호사였다.[9]

월드포겔은 또한 미국의 크리스마스 붐과 전 세계에 걸친 다른 고소득 국가의 크리스마스 붐을 비교했다. 역시, 어쩌면 놀랍게도 미국의 크리스마스 붐은 다른 나라와 크게 차이 나지 않았다. 포르투갈, 이탈리아, 남아프리카공화국, 멕시코, 영국은 경제 규모와 비교할 때 크리스마스 붐의 규모가 가장 크다. 미국은 등외다.[10]

크게 보면 크리스마스 축제는 재정적 측면에서 소박한 행사다. 미국의 경우 연간 소비액 1,000달러 중에서 3달러만 크리스마스와 구체적으로 연계된다. 어차피 우리는 점심을 먹어야 하고, 월세를 내야 한다. 또한 차에 기름을 채워야 하고, 옷을 사야 한다. 그러나 장신구, 백화점, 전자제품, 쓸모없는 싸구려 같은 특정한 소매 부문에서 크리스마스는 실로 대목이다. 큰 수치의 작은 부분도 여전히 큰 수치다. 월드포겔은 적어도 미국에서만 600억 달러에서 700억 달러, 전 세계적으로는 2,000억 달러가 크리스마스에 소비된다고 지적한다.

이 돈은 잘 쓰인 것일까?

"이맘때는 누구도 원치 않고, 갖게 된 후에는 누구도 신경 쓰지 않는 물건을 사는 데 엄청난 돈이 낭비된다."[11] 이 글은 『톰 아저씨의 오두막』으로 유명한 작가 해리엇 비처 스토Harriet Beecher Stowe가 1850년에 쓴 것으로, 해마다 나오는 불평의 이른 사례다.

경제학자들과 종교적 훈계자들은 공통된 생각을 갖는 경우가 흔치 않다. 그러나 크리스마스 문제에서는 생각이 같다. 우리는 크리스마스 소비 중 많은 부분이 낭비라고 생각한다. 받는 사람이 종종 그다지 좋아하지 않는 크리스마스 선물을 만드는 데 많은 시간과 노력 그리고 천연자원을 투입한다.

산타의 선물은 표적을 빗나가는 경우가 드물다. 결국 그는 세계 최고의 장난감 전문가다.[12] 우리는 그런 평가를 받을 수 없다. 월드포겔이 쓴 가장 유명한 논문의 제목은 '크리스마스의 사중손실The Deadweight Loss of Christmas*'이다. 그는 이 논문에서 다양한 크리스마스 선물의 가격과 받는

---

* 불균형에 따른 경제적 효용의 순손실 - 옮긴이.

사람이 그 선물에 부여하는 가치 사이의 간극을 측정했다. '마음이 중요하다'는 온광효과의 가치는 배제되었다. 그가 내린 결론에 따르면 받는 사람이 일반적인 100달러짜리 선물에 부여하는 가치는 평균적으로 82달러에 불과했다.[13]

이런 낭비 추세는 여러 국가에서 대단히 확고한 것으로 보인다. 심지어 두 명의 인도 경제학자가 디왈리의 사중손실을 추정한 논문도 있다.[14] 전 세계에 걸쳐 크리스마스 선물을 잘못 고르는 바람에 350억 달러가 낭비되는 것으로 알려져 있다. 참고로 이 금액은 세계은행이 해마다 개발도상국 정부들에 빌려주는 금액과 비슷하다.[15]

이는 실제 돈이며, 정말로 낭비된다. 게다가 소비 지출을 1년 전체로 나누는 것이 아니라 한 달에 몰아넣기 때문에 국가 경제의 부담 그리고 모두가 서둘러 선물을 사는 12월 동안 항상 즐겁지만은 않은 쇼핑 과정에 할애하는 시간과 스트레스는 고려하지도 않았다.

그래서 다른 경제학자들은 부실한 선물 교환의 대안을 살폈다. 기프트카드와 상품권은 원치 않는 선물이 수반하는 물리적 자원의 낭비를 줄여준다. 그러나 그 외에는 바라는 만큼 도움이 되지 않아 종종 사용되지 않거나 인터넷에서 할인가로 되팔린다. 굳이 기프트카드를 사야 한다면 이베이에서 란제리 상품권이 액면가보다 훨씬 싸게 팔리는 반면, 사무용품과 커피 상품권은 가격 방어가 잘된다는 점을 참고하라.[16]

희망 목록을 작성하는 것이 훨씬 효율적이다. 조사 결과에 따르면 사람들은 사전에 명시한 선물을 받는 것을 대체로 좋아한다. 깜짝 선물을 하면 더 좋아할 것이라는 생각은 착각이다.[17] 심지어 산타클로스도 착한 아이들이 공손하게 적어둔 희망 목록을 받는 것을 좋아한다. 자신이 산타보다 더 잘할 수 있다고 생각하는 사람이 있는가?

혹은 디킨스의 표현으로는 "살아 있는 사람 중 누구라도 그것을 아는 사람이 있다면 크리스마스를 잘 보내는 방법을 아는" 개과천선한 스크루지 영감에게서 배울 수도 있다. 크리스마스 날 아침에 그가 유일하게 내놓은 물리적인 선물은 최고급 칠면조였다. 크리스마스의 유령들은 그에게 칠면조만 있으면 충분하다는 것을 보여주었다.

칠면조 말고 그가 사람들에게 준 선물은 같이 시간을 보내는 것, 그리고 밥 크래칫의 월급을 올려주는 것을 비롯한 돈이었다. 돈! 그것이 진정한 크리스마스 정신이다. 우리 모두에게 신의 축복이 있기를!

CHAPTER
3

돈을 옮기다

#스위프트

우리는 문제가 생기기 전까지는 필수적인 인프라를 잘 인식하지 못한다. 1960년대 시티뱅크 런던Citibank London의 경우도 그랬다. 이 은행에서는 1층에서 지급지시서를 통에 넣어 진공 튜브를 통해 위층으로 보내면, 2층에서 일군의 사람들이 거래내역을 확인하고 승인서를 파이프를 통해 아래로 내려보냈다.

어느 날 1층에 있는 지급 부서가 승인서를 하나도 받지 못했다. 이유를 확인하려고 사람을 올려보냈더니 승인 팀은 왜 이렇게 일이 없는지 의아해하며 빈둥대고 있었다. 알고 보니 진공 튜브가 막혀 있었다. 굴뚝 청소부의 도움을 받고서야 지급 처리 업무를 무사히 재개할 수 있었다.[1]

대규모 금융 거래를 승인하는 일은 어렵다. 국가적 혹은 국제적 경계를 넘는 승인은 더욱 어렵다. 19세기 전반기에 전신이 개발된 이래 지시서를 충분히 빠르게 보낼 수 있게 되었다. 그러나 필라델피아의 양모 거래상인 프랭크 프림로즈Frank Primrose가 깨닫듯이, 빠르다고 해서 문제가 생기지 않는 것은 아니었다.

1887년 6월, 프림로즈는 캔자스주에 있는 대리인에게 양모를 구매하라는 메시지를 보냈다. 웨스턴유니언Western Union 전신 회사는 단어별로 요금을 청구했다. 그래서 메시지는 돈을 아끼기 위해 암호로 작성되었다. 프림로즈가 전하려던 메시지는 'BAY ALL KINDS QUO'였다.

그러나 대리인은 이 메시지를 'BUY ALL KINDS QUO'로 읽었다. 그래서 '양모 50만 파운드를 구매했음'을 '양모 50만 파운드 구매 바람'으로 해석해버렸다. 그 바람에 프림로즈는 2만 달러나 손해를 보았다. 지금 기준으로는 수백만 달러에 해당하는 금액이다. 웨스턴유니언은 보상을 해주지 않았다. 몇 센트만 더 냈으면 메시지를 제대로 확인할 수 있었을 텐데 그렇게 하지 않았기 때문이다.[2]

금융정보를 진공 튜브보다 더 안정적으로, 그리고 잘못 입력하기 쉬운 암호식 전신보다 더 안전하게 보낼 수단이 필요하다는 요구가 명백히 존재했다.

제2차 세계 대전 후 수십 년 동안 은행들은 텔렉스를 사용했다. 이 방식은 전신선을 효율적으로 활용해 한 곳에서 입력한 메시지를 세상의 맞은편에서 출력할 수 있도록 해주었다.[3] 그러나 메시지를 안전하고 정확하게 보내려면 엄청나게 복잡한 과정이 추가로 필요했다. 은행들은 통신병 출신들을 고용해 텔렉스 운용을 맡겼으며, 교차 참조 암호표를 활용해 발신 메시지를 확인하고 재확인했다. 한 베테랑은 이 복잡하고 힘든 과정을 이렇게 회고했다.

> 텔렉스를 보낼 때마다 테스트 키test key가 무엇인지 일일이 계산해야 했다. (⋯) 이렇게 테스트를 거친 텔렉스를 받으면 역산으로 전송 및 수신 과정에서 조작되지 않았는지 확인해야 했다. (⋯) 그래서 인적 오류에 대단히 취약했다.[4]

1970년대에 세계화가 진행되면서 텔렉스 시스템은 과부하로 인해 신음했다. 이는 은행뿐만 아니라 일반인들에게도 문제였다. 은행 거래가 효율적으로 국제 무역을 뒷받침하면 더 저렴하고, 더 좋고, 더 다양한 상품을 살 수 있었다. 지금은 당연한 일이지만, 신용 카드와 직불 카드만 가지고 세계를 여행하려면 은행 사이에 50년 전보다 훨씬 발달한 통신이 이뤄져야 한다.

특히 유럽에서는 국경을 넘어 원활하게 작동하는 더 나은 해결책이 절실했다. 그에 따라 위원회가 설립되고 격렬한 논쟁이 벌어졌다. 그러나 진전은 느리기만 했다. 그때 한 미국 은행이 마티MARTI라 불리는 자체 보유 시스템을 모두 사용하도록 강제하기 시작했다. 유럽 은행의 한 인사는 미국 은행의 요구가 어떤 어조였는지 회고했다.

> 우리 시스템을 사용하지 않으면 지시서를 처리하지 않을 겁니다. 당신들의 지시서가 텔렉스로 들어오면 반송할 것이고, 우

편으로 들어와도 봉투에 넣어서 반송할 겁니다.[5]

이는 유럽식 표현으로 수용 불가능한insupportable 요구였다. 많은 은행은 경쟁사가 보유한 표준 시스템에 갇힐까봐 우려했다. 그래서 그들은 국제은행간통신협회Society for Worldwide Interbank Financial Telecommunication, 즉 스위프트SWIFT라는 새로운 기구를 통해 협력에 나섰다. 스위프트는 브뤼셀에 본부를 둔 민간 사업체로, 처음에는 15개국 270개 은행이 참여하는 국제적인 협업 체제로 운영되었다. 1977년 5월 9일 벨기에의 알베르 국왕이 스위프트를 통해 최초로 메시지를 보냈다. 결국 마티 시스템은 같은 해 폐쇄되었다.[6]

스위프트는 오류를 최소화하고 절차를 크게 간소화하는 표준화된 형식을 활용한 통신 서비스만을 제공했다. 컴퓨터 회사인 버로스Burroughs는 몬트리올과 뉴욕 그리고 유럽의 13개 중심지에 스위프트 전용 컴퓨터와 통신망을 설치했다. 각 국가의 은행들은 이 중앙 허브에 회선을 연결하기만 하면 되었다.[7]

스위프트 시스템을 구성하는 하드웨어와 소프트웨어는 연간 60억 건이 넘는 민감한 국가 간 은행 지시서를 전송하고 저장하면서 계속 바뀐다. 특정한 기술보다 더 중요한 것은 제도의 협력적 구조다. 현재 9,000개의 은행과 여타 금융기관이 표준에 동의하고 분쟁을 해결한다.[8]

지금까지 해킹과 시스템 장애, 기타 다른 문제들이 발생했으나, 대개 작고 가난한 국가에 있는 은행들의 시스템에 존재하는 약점이 원인이었다.[9] 그러나 이런 문제들은 스위프트의 필요성을 계속 인정하기에 충분할 만

큼 드물었다. 브뤼셀 인근에 있는 라윌프라는 조용한 도시의 호숫가 사무
실에서 운영되는 스위프트는 금융망의 소박한 구성요소로서 세간의 관
심을 받지 않기를 바랄 것이다.[10]

스위프트는 하나의 문제를 대부분 해결하는 과정에서 다른 문제를 초
래했을지도 모른다. 그 문제는 바로 국제적 은행 거래에서 너무나 중심적
인 위치를 차지하고 있어 세계 경제의 실력자인 미국 정부에 매력적인 도
구가 되었다는 것이다. 가령 테러 조직의 자금 이동을 추적하고 싶다면
스위프트의 데이터베이스를 살피면 된다.[11] 또한 이란의 경제를 망치고
싶다면 스위프트에 지시해 은행의 접속을 차단하면 된다. 앞서 런던 시티
뱅크가 굴뚝 청소부를 동원한 사례에서 알 수 있듯이 금융망도 막힐 수
있다.

스위프트는 유럽연합이 동의하지 않을 때도 미국의 직접적인 지시를
거스를 수 없는 처지에 놓여 있다.[12] 미국이 이런 힘을 가진 이유는 가령
독일 렌즈 제조 업체와 일본 카메라 제조 업체 사이에 오가는 유로와 엔
도 상업적 거래의 보편적인 매개체인 달러로 전환되기 때문이다. 거래 정
보를 전달하는 스위프트 시스템은 브뤼셀을 기반으로 운영되지만 거래
자체는 미국 은행을 통해 혹은 다국적 은행의 미국 지사에서 처리된다.
따라서 미국 정부는 엄청난 양의 정보를 감시하고 마음에 들지 않는 은행
을 제재할 수 있다.[13] 스위프트는 지정학에 관심이 없지만 지정학은 스위
프트에 관심이 많다.

정치학자인 헨리 패럴Henry Farrell과 에이브러햄 뉴먼Abraham Newman
은 스위프트를 둘러싼 논쟁을 소위 '무기화된 상호의존성weaponised

interdependence'의 사례로 본다. 이는 국제 경제의 강대국들이 공급사슬, 금융 거래, 통신망에 대한 영향력을 활용해 아무 때고 감시와 처벌을 일삼는 것을 말한다. 미국이 중국의 통신사인 화웨이Huawei를 블랙리스트에 올린 것이 또 다른 사례다.[14]

이런 전술이 현대에만 활용된 것은 아니다. 1907년에 심각한 은행 위기가 미국을 뒤흔들었지만 영국의 금융 시스템은 그다지 피해를 입지 않았을 때 영국 전략가들은 깨달았다. 영국은 제조업 부문에서 입지를 잃어가고 있었지만 금융 중심지로서는 여전히 최고 위치에 있었다. 런던은 은행과 전신선, 세계 최대 보험 시장으로 구성된 금융망의 중심으로 자리 잡고 있었다. 그래서 전쟁이 일어나면 금융 시스템을 통한 충격과 공포로 독일 은행을 신속하게 무너뜨릴 수 있다는 것이 그들의 생각이었다.[15]

스포일러를 말하자면, 이 계획은 통하지 않았다. 그러나 역사적으로 유사한 이런 사례가 미국을 겁먹게 할 가능성은 낮다. 미국은 스위프트 통신 시스템을 비롯한 국제 경제의 급소를 계속 확고하게 붙잡고 있을 것이다. 이는 강압적인 미국인들에게 대항하기 위해 힘을 얻은 기구로서는 상당히 왜곡된 현실이 아닐 수 없다.

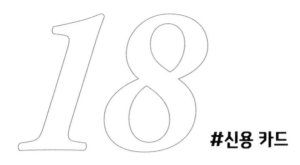

#신용 카드

단서는 '크레디트credit'라는 이름에 있다. 크레디트는 믿음, 곧 신뢰를 뜻한다. 현대 경제에 대한 이야기는 우리가 누구를 신뢰하고, 어떻게 신뢰하게 되는지 다루는 챕터 없이는 말할 수 없다.

과거에는 이 질문에 답하기가 쉬웠다. 신뢰는 개인적인 것으로, 서로 잘 알고 빚을 갚을 것이라는 믿음이 있는 두 사람 사이의 유대였다. 그러나 요즘의 신뢰는 다른 형태를 지닌다. 바로 길이 8.6센티미터, 넓이 5.4센티미터, 두께 0.8밀리미터 크기에 모서리가 둥글고 딱딱한 사각형 플라스틱으로 만들어진 신용 카드다.

사실 신용 카드로 넘어가기 전에 빠뜨린 부분이 있다. 얇은 지갑에 신용 카드 형태로 신뢰를 넣고 다니기 전에 사람들은 동네 가게에서 신용 거래를 했다. 즉, 같은 동네에 살고 서로 알고 지내는 가게 주인에게 외상으로 물건을 샀다. 외상값을 갚지 않으면 가게 주인이 일요일에 교회에서 외상을 진 사람의 엄마에게 따졌다.

그러다가 20세기 초 도시가 번성하면서 사정이 달라졌다. 대형 백화점들은 기꺼이 외상으로 물건을 팔고 싶어 했다. 그러나 매장 직원이 모든 손님을 알아볼 수는 없었다. 그래서 소매 업체들은 동전이나 열쇠고리, 심지어 '외상표charga-plates'라 불리는 개목걸이 비슷한 물건을 징표로 내주었다.[1]

돌이켜보면 이는 중대한 진전이었다. 신용이 탈개인화되면서 매장 직원이 모르는 손님에게도 외상으로 물건을 팔 수 있게 되었기 때문이다. 또한 아마도 공개적으로, 일부 외상표는 신분의 상징이 되었다. 이런 외상표는 '믿을 수 있는 사람'이라는 증거였다.

하나의 외상표로 여러 매장에서 외상으로 물건을 살 수 있게 만들면 신용 거래 기술의 적용 범위가 넓어질 수 있었다. 그 첫 번째 사례가 차짓Charg-It 카드다. 1947년 브루클린에서 등장한 이 범용 카드는 두 개 구역에서만 쓸 수 있었다.

그리고 얼마 지나지 않아 1949년에 다이너스클럽Diners Club이 설립되었다. 전해지는 이야기에 따르면 프랭크 맥너마라Frank X. McNamara라는 사업가가 고객을 데리고 저녁을 먹으러 갔다가 지갑을 다른 정장에 두고 왔다는 사실을 깨닫고 창피당한 것이 계기가 되었다. 이 이야기는 지어낸 것일 수도 있다. 어쨌든 맥너마라는 출장이 잦은 세일즈맨이 어디서나 음식을 먹고, 차에 기름을 넣고, 호텔에 묵고, 고객에게 접대할 수 있도록 해주는 필수적인 수단이 될 카드를 고안했다. 이 카드는 하나의 백화점에서만 쓸 수 있는 것이 아니라 미국 전역 가맹점 어디에서나 쓸 수 있었다. 다이너스 클럽 카드는 출시 첫해에 3만 5,000명의 가입자를 확보하며 인기를 끌었다. 다이너스 클럽은 서둘러 호텔, 항공사, 주유소, 렌터카 회사와 계약을 맺었을 뿐 아니라 유럽까지 사업을 확장했다.[2]

다이너스 클럽 카드는 아직 신용 카드가 아니라 외상 카드였다. 그래서 매달 청구액을 즉시, 전부 지불해야 했다. 신용은 기업이 경비 처리를 쉽게 할 수 있도록 해주기 위한 부수적인 효과로서 제공되었다.

그러나 진정한 신용 카드가 나올 날이 멀지 않았다. 1950년대 말에 다이너스 클럽은 여행자수표 운송 업체이자 발행 업체인 아메리칸 익스프레스American Express 그리고 자체 신용 카드를 발행하는 은행들과 경쟁하고 있었다. 그중에서도 가장 두드러진 은행은 뱅크아메리카드BankAmericard를 발행하는 뱅크오브아메리카Bank of America였다. 뱅크아메리카드는 나중에 비자Visa가 되었다. 또 경쟁 카드였던 마스터 차지Master Charge는 마스터카드MasterCard가 되었다. 이 카드들은 리볼빙 지불 방식을 추가해, 사용자는 청구액을 전부 지불하지 않고 이월시킬 수 있었다. 신용 카드는 닭과 달걀 문제를 극복해야 했다. 소매 업체들은 많은 고객이 요구하지 않으면 신용 카드를 받는 수고를 피하려 했고, 고객들은 충분히 많은 소매 업체가 받아주지 않으면 신용 카드를 만들지 않으려 했다.

이 문제를 극복하기 위해 뱅크오브아메리카는 1958년에 캘리포니아 프레즈노 지역의 고객 6만 명 모두에게 플라스틱 신용 카드를 무상으로 발송하는 과감한 조치를 단행했다. 게다가 지금의 5,000달러 가치에 육박하는 500달러의 신용 한도액을 아무 조건 없이 제공했다. 이 대담한 조치는 '프레즈노 드롭Fresno Drop'으로 알려졌으며, 대금 연체 혹은 다른 사람의 우편함에서 카드를 훔친 범죄자들의 노골적인 사기로 인해 손실이 명백하게 예상되는데도 불구하고 곧 모방되었다.[3] 은행들은 이런 손실을 기꺼이 감수했다. 1960년 말이 되자 뱅크오브아메리카가 발행한 카드만 100만 장에 이르렀다.[4]

그에 따라 문화적 변화가 한창 진행되었다. 플래티넘 카드 같은 특별한 카드가 존재하기는 했지만 신용 카드는 더 이상 엘리트들의 전유물이 아니었다. 신용 카드는 일시적인 금전적 위기를 잘 넘길 수 있도록 학생과 이혼자들을 대상으로 홍보하는 일상적인 물건이 되었다. 누구라도 신용 카드를 가질 수 있었고, 신뢰를 얻을 수 있었다. 신용 카드를 만들려고 대출받을 때처럼 은행 간부에게 굽실대면서 사정을 설명할 필요가 없었다. 또한 신용 카드로 원하는 것을 무엇이든 살 수 있었고, 편할 때 대금을 납부할 수 있었다. 툭하면 20~30퍼센트에 이르는 수수료를 물어도 괜찮다면 말이다.

이전에는 신용 카드를 쓰는 일이 여전히 번거로웠다. 손님이 신용 카드를 건네면 매장 직원은 은행에 전화를 걸어 거래 승인을 받아야 했다. 그러나 신기술은 돈 쓰는 일을 훨씬 간편하게 만들었다. 그중 하나가 마그네틱 띠magnetic stripe였다. 마그네틱 띠는 원래 1960년대 포러스트 패리Forrest Parry와 도러시아 패리Dorothea Parry가 CIA 신분증에 쓰기 위해 개발한 것이었다. IBM 엔지니어이던 포레스트는 어느 날 저녁 플라스틱 카드와 마그네틱테이프를 들고 집에 와서 둘을 접합할 방법을 찾고 있었다. 때

마침 다림질을 하고 있던 그의 아내 도러시아는 남편에게 다리미를 건네며 한번 써보라고 말했다. 다리미로 열과 압력을 가하는 방법은 완벽하게 통했다. 그렇게 해서 마그네틱 띠가 탄생했다.[5]

이 마그네틱 띠 덕분에 당신이 매장에서 비자 카드를 긁을 수 있다. 이때 매장 단말기는 거래 은행으로 메시지를 보낸다. 그러면 해당 은행이 다시 비자의 네트워크 컴퓨터로 메시지를 보내고, 비자의 네트워크 컴퓨터는 당신의 거래 은행으로 메시지를 보낸다. 당신의 거래 은행이 기꺼이 당신을 신뢰한다면 누구도 걱정할 필요가 없다. 곧 디지털 승인이 여러 컴퓨터를 거쳐 매장으로 전해진다. 그러면 매장은 영수증을 발행하고 구매한 물건과 함께 당신을 보내준다. 이 전 과정이 단 몇 초 만에 이루어진다.[6]

비접촉식 카드가 등장하면서 결제 과정이 훨씬 빨라졌다. 심지어 일부 국가에서 사라지고 있는 현금 결제보다 더 빠를 정도다. 스웨덴의 경우 매장에서 이뤄지는 결제의 20퍼센트만 현금 결제이며, 국가 경제 전체에서 금액 기준으로 현금 결제가 차지하는 비중은 1퍼센트에 불과하다.[7] 1970년에 뱅크아메리카드의 광고 슬로건은 "현금이라고 생각하세요"였다.[8] 이제 많은 거래에서 물리적 화폐는 쓸모가 없어졌다. 항공사나 렌터카 회사 혹은 호텔은 현금이 아니라 신용 카드를 원한다. 스웨덴에서는 커피숍, 바, 때로는 시장의 가판대도 그렇다.

그래서 이제 신용 카드는 모든 곳에 존재한다. 신용 카드를 쓰는 사람은 한때 좁은 지역사회의 정직한 구성원에게만 허용되던 신뢰의 네트워크를 활용할 수 있다. 누구나 신뢰의 혜택을 누릴 수 있다.

그러나 이처럼 손쉽게 탈개인화된 신용을 활용할 수 있는 상황은 우리의 심리에 이상한 작용을 할지도 모른다. 몇 년 전 MIT의 연구자인 드라 젠 프렐렉Drazen Prelec과 덩컨 시메스터Duncan Simester는 신용 카드가 돈 쓰는 일을 더 느긋하게 받아들이도록 만드는지 살피기 위한 실험을 했다. 그들은 실험 참가자들을 두 집단으로 나눠 인기 스포츠 경기 티켓을 경매로 사게 했다. 이 티켓은 높은 가치가 있었지만 얼마인지는 명확하지 않았다. 한 집단은 현금을 지불해야 한다는 말을 들었다. 티켓을 낙찰받으면 근처에 현금지급기가 있어 걱정할 필요는 없었다. 반면 다른 집단은 신용 카드만 받는다는 말을 들었다. 그 결과는 확연히 달랐다. 신용 카드를 가진 집단이 훨씬 높은 금액으로 호가를 불렀다. 특히 인기가 높은 경기의 경우에는 그 금액이 두 배 이상 차이가 났다.[9]

신용 카드는 현명하게 사용하면 돈을 관리하는 데 도움을 준다. 위험한 점은 돈을 쓰기가 너무 쉬워진다는 것이다. 심지어 돈이 없는 상황에서도 그렇다. 신용 카드의 특징인 리볼빙 결제의 규모는 미국의 경우 현재 8,600억 달러나 된다. 이는 모든 성인 1명당 2,500달러 이상에 해당하는 금액이다. 또한 이 금액은 실질 기준으로 1968년 이후 400배 늘어났다.[10] 근래에 국제통화기금이 내린 결론에 따르면 신용 카드로 인해 쉽게 쌓이는 가계부채는 경제적 측면의 혈당치 상승과 같다. 즉, 단기적으로는 성장에 도움이 되지만 3년에서 5년 이후를 감안하면 오히려 해로울 뿐 아니라 은행 위기가 발생할 가능성을 높인다.[11]

이 모든 사실에 대해 질문하면 사람들은 걱정한다. 신용 카드를 소지한 미국인 10명 중 9명은 "카드사들이 대다수 사람에게 과다한 신용을 제공한다"는 데 동의하며, 그중 대다수는 강력하게 동의한다. 그러나 그들은

자신의 카드에 대해서는 만족스럽게 여긴다.[12]

우리는 서로가 이처럼 강력한 금전적 수단을 책임감 있게 다룰 것이라고 신뢰하지 않는 듯하다. 그래도 우리 자신은 신뢰한다. 나로서는 과연 그래야 하는지 의심스러울 뿐이다.

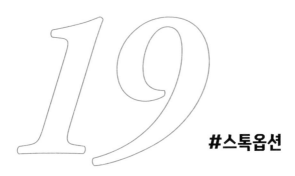

#스톡옵션

근래에 열린 상원 청문회에서 밝혀진 바에 따르면 미국 대기업의 CEO는 일반 직원보다 평균적으로 약 100배나 많은 급여를 받습니다. (…) 게다가 지금 우리 정부는 이처럼 과도한 경영진의 급여에 대해 금액이 얼마든 관계없이 세금을 깎아 줍니다. 기업들이 경영진에게 과도한 급여를 주고 미래에 대한 투자를 줄이고 싶다면 그건 그들의 자유입니다. 그러나 정부로부터 특별 대우를 받아서는 안 됩니다.[1]

빌 클린턴Bill Clinton이 1991년 미국 대통령선거 당시 유세에서 한 말이다. 물론 그는 대선에서 이겼다. 또한 과도한 경영진의 급여를 손보겠다는 약속을 지켰다.

대개 기업이 지급하는 급여는 비용으로 처리되어 과세 기준이 되는 이익을 줄인다. 그래서 클린턴은 법을 바꿨다. 새 법에 따르면 기업은 여전히 주고 싶은 만큼 급여를 줄 수 있지만, 100만 달러 이상의 급여는 더 이상 공제 대상이 될 수 없다.[2]

새 법은 강력한 영향을 미쳤다. 클린턴이 임기를 마칠 무렵인 2000년에 CEO 급여와 일반 직원 급여의 비율은 더 이상 100대 1이 아니었다. 그 비율은…… 300대 1을 훌쩍 넘겼다.[3]

무엇이 잘못된 것일까? 우리는 고대 그리스의 올리브 숲으로부터 이 질문에 접근할 수 있다.

전하는 이야기에 따르면 고대 그리스 철학자 탈레스Thales는 철학의 가치를 증명해보라는 도전을 받았다. 철학이 유용하다면 왜 탈레스는 가난한가? 이 이야기[4]를 전한 아리스토텔레스Aristoteles는 질문 자체가 잘못되었다고 지적했다. 물론 철학자들은 부자가 될 수 있을 만큼 똑똑하다. 그러나 그들은 돈에 신경 쓰지 않을 만큼 현명하기도 하다. 우리는 탈레스가 한숨을 쉬며 이렇게 말하는 모습을 상상할 수 있다. "좋아, 꼭 그래야 한다면 부자가 되어주지."

당시 철학은 별을 보고 미래를 읽는 점성술을 포함했다. 탈레스는 올리브가 대풍작을 이룰 것임을 예감했다. 그렇다면 올리브 압착기에 대한 임대 수요가 늘어날 것이었다. 탈레스는 올리브 압착기를 소유한 사람들을 찾아가 제안했다. 아리스토텔레스는 자세한 내용을 전하지는 않았다. 다만 '선금'이라는 단어를 언급했다. 아마도 탈레스는 수확기에 압착기를 쓸 수 있는 권리를 얻기 위해 협상을 했을 것이다. 탈레스가 압착기를 쓰지 않기로 결정하면 주인은 선금을 그냥 가질 수 있었다.

이 이야기가 사실이라면 우리가 지금 말하는 옵션에 대한 최초의 역사적 기록이 된다.[5] 올리브가 흉작이면 탈레스의 옵션은 가치를 잃을 수밖에 없었다. 그러나 운이 좋았든 천문학적 판단력 덕분이든 탈레스의 예측은 옳았다. 아리스토텔레스는 탈레스가 "흡족한 조건에 압착기를 임대해 큰돈을 벌었다"고 전한다.[6]

옵션에 대한 아이디어는 피렌체의 메디치Medici 가문부터 네덜란드의 튤립 일화까지 역사에 걸쳐 종종 등장한다.[7] 요즘은 금융 시장에서 많은 옵션이 사고 팔린다.[8] 만약 내가 애플의 주가가 오를 것이라고 믿는다면 그냥 애플 주식을 사거나 미래에 특정 가격에 애플 주식을 살 수 있는 옵션을 살 수 있다.

옵션은 고위험, 고수익을 수반한다. 주가가 매수 옵션 행사 가격보다 낮으면 나는 모든 것을 잃는다. 반대로 주가가 매수 옵션 행사 가격보다 높으면 옵션을 행사해 사들인 주식을 되팔아 더 큰 이익을 올릴 수 있다.

스톡옵션은 다른 용도도 있다. 이 용도는 경제학자들이 말하는 주인-대리인 문제를 해결하기 위한 시도로 생긴 것이다. '주인'은 어떤 것을 소유한 사람이다. 그들은 '대리인'을 고용해 관리를 맡긴다.

내가 애플의 CEO이고 당신이 애플 주식을 갖고 있다고 가정하자. 이 경우 당신이 주인 혹은 주인 중 한 명이 된다. 나는 당신과 다른 주주를 대신해 회사를 경영하는 대리인이다. 당신은 내가 당신의 이익을 위해 열심히 일해줄 것이라고 믿고 싶어 한다. 그러나 매일 내가 하는 일을 지켜

볼 수는 없다. 설령 탈레스처럼 똑똑하지도 않은 점성술사의 말을 듣고 모든 결정을 내리더라도 나는 이익이 정체된 이유에 대해 언제든 그럴듯한 핑계를 꾸며댈 것이다.

하지만 내가 몇 년 후 애플의 신주를 살 수 있는 옵션을 받는다면 어떨까? 이럴 경우 나는 주가를 올려 이득을 얻을 수 있는 입장에 서게 된다. 물론 내가 옵션을 행사하면 당신이 가진 지분의 가치가 약간 희석된다. 그러나 주가가 올랐다면 당신은 개의치 않을 것이다.

이 모든 가설은 완벽하게 타당해 보인다. 1990년에 경제학자인 케빈 머피Kevin J. Murphy와 마이클 젠슨Michael Jensen은 이 주제에 대해 영향력 있는 논문을 발표했다. 그들은 "대다수 상장사에서 최고 경영진에 대한 보상은 사실상 실적과 무관하다"고 지적했다. 그러니 CEO들이 '가치를 극대화하려는 사업가'가 아니라 '관료'처럼 행동하는 것도 이상한 일이 아니다.[9]

그래서 클린턴 대통령은 경영진의 급여에 대한 세제 혜택을 없애면서 성과급은 적용 대상에서 제외시켰다. 당시 자문으로서 이 조치에 반대한 로버트 라이시Robert Reich는 "경영진의 급여를 연봉에서 스톡옵션으로 옮길 뿐"이라고 실상을 설명했다.[10]

클린턴 대통령 재임 기간 미국 상위 기업에서 임직원에게 제공된 옵션의 가치는 10배로 늘어났다.[11] 게다가 주가가 상승하면서 점성술사에게 조언을 받는 CEO조차 거액을 받을 수 있었다. 결국 경영진의 급여와 일반 직원의 급여 사이 간극은 더욱 커졌다. 클린턴 시대에 의원을 지낸 한 인사는 해당 법안의 여파가 "뜻하지 않은 결과의 전당에 헌액될 자격이 있다"고 말했다.[12]

하지만 잠시 생각해보자. 스톡옵션이 일을 더 잘하게 만드는 동기를 부여한다면 분명히 나쁜 것은 아니지 않을까? 안타깝게도 이 전제조건은 비약에 불과한 것으로 드러났다. 한 가지 문제는 스톡옵션이 실제로는 주어진 기간에 주가를 올리는 일에 매달리게 만든다는 것이다. 이것이 회사를 잘 운영하는 일과 다르지 않다고 생각한다면 엔론Enron 주식을 당신에게 팔고 싶다.[13] 스톡옵션은 노골적인 사기는 아니더라도 주가에 부담을 줄 만한 정보를 감추고 싶은 유혹을 초래한다.[14]

스톡옵션이 성과를 보상할 최선의 방법이 아니라면 기업의 이사회가 대안을 찾으려 하지 않을까? 이론상으로는 그렇다. 주주를 대신해 CEO와 협상하는 것이 이사회가 할 일이다. 그러나 현실적으로 이는 또 다른 주인-대리인 문제에 해당한다. CEO가 이사 선임과 급여에 영향을 미치는 경우가 많기 때문이다. 그래서 서로 뒤를 봐줄 명백한 가능성이 존재한다.

루치안 벱척Lucian Bebchuk과 제시 프리드Jesse Fried는 『성과 없는 급여Pay Without Performance』에서 이사들은 사실 급여를 성과와 연계하는 데 관심이 없지만 이 무관심을 주주들이 모르게 '위장'해야 한다고 주장한다.[15] 그래서 '스텔스 보상Stealth compensation'이 경영자들에게 최고의 보상 방식이 되었다. 스톡옵션은 스텔스 보상을 실현하기 위한 수단이 된 듯하다.[16]

아마도 주주들에게는 이사들이 CEO에게 보상하는 방식을 감독할 또 다른 대리인이 필요한 것 같다. 마침 적당한 후보가 있다. 많은 사람은 주식을 직접 보유하는 것이 아니라 연기금을 통해 보유한다. 이 기관투자자들이 CEO와 더 강력하게 협상에 임하도록 이사회를 설득할 수 있다는 증거들이 있다.[17] 대주주가 통제력을 약간 발휘하면 경영진의 급여와 성과가 보다 제대로 연계된다.[18] 그러나 이런 경우는 대단히 드물어 보인다.[19]

경영진의 급여는 일반 직원 급여와의 간극이 미국보다 작은 나라들에서도 종종 신문에 오른다.[20] 이 점을 감안하면 무엇이 합리적인 방식인지 말해주는 증거가 놀랍도록 적다.[21] CEO의 경영 성과를 얼마나 잘 평가할 수 있을까? 그에 대해서는 의견이 분분하다.[22] 1960년대의 경영진은 일반 직원보다 20배밖에 더 많이 받지 못했기 때문에 실제로 실적 개선에 대한 동기가 약했을까?[23] 그럴 가능성은 낮다. 다른 한편 대기업 경영자의 좋은 결정은 나쁜 결정보다 훨씬 높은 가치를 지닌다. 그래서 실제로 이 CEO들은 수천만 달러의 급여를 받을 가치가 있을지도 모른다. 어쩌면 말이다.

그러나 그렇다고 해도 클린턴 대통령이 한때 목소리를 낸 '과도한 경영진 급여'에 여전히 분노하는 유권자나 노동자들에게는 이것이 명확하지 않다.[24] 어쩌면 CEO는 돈을 더 벌 줄 알 만큼 영리하지만 꼭 그래야 하는지 따질 만큼 현명했던 탈레스에게 배워야 할지도 모른다.

#회전식 개찰구

1950년대 뉴욕 지하철은 향후 전 세계 대중교통 이용자에게 익숙해질 문제에 직면했다.[1] 바로 통근 시간에는 지나치게 붐비고, 다른 시간에는 텅 비는 것이 문제였다. 뉴욕 시장은 이 문제를 해결하기 위해 보고서를 의뢰했다. 그 결과, 문제는 승객들이 정액요금을 낸다는 점이었다. 즉 어디서 승차하든, 얼마나 멀리 가든, 어느 시간에 이용하든 요금이 10센트로 똑같았다.[2]

보다 정교한 접근법이 있지 않을까? 아마도 그럴 것이다. 보고서의 머리글은 17명의 저자 중 한 명을 따로 언급했다.

비크리 씨는 예측건대 독자들의 인정을 받을 수 있을 만큼 유능하게 이 문제를 직접 해결했다. 정액요금제를 버리고 탑승 거리와 장소, 시간을 고려하는 요금제를 도입하는 것은 기술적인 문제만 해결할 수 있다면 명백히 합리적인 조치다.[3]

당시 컬럼비아 대학교 경제학 교수로 있던 윌리엄 비크리William Vickrey가 제시한 기본적인 아이디어는 단순했다. 지하철이 붐빌 때는 요금을 더 물리고, 한산할 때는 요금을 덜 물리라는 것이었다. 그러면 이용객이 몰리는 정도가 덜할 것이었다. 또한 지하철은 더 편안하고 안정적으로 운영되며, 새로운 노선을 깔지 않아도 더 많은 승객을 실어날라 단번에 더 많은 수익을 올릴 수 있었다. 정말 좋은 아이디어였다. 하지만 어떻게 다양한 요금을 물릴 수 있을까? 매표원과 검표원을 엄청나게 늘릴 수는 없었다. 그러면 시간과 돈이 너무 많이 들어갈 것이었다. 자동화된 해결책을 찾아야 했다. 다행스럽게도 방법이 있었다.

비크리 씨는 매우 흥미롭고 고무적인 몇 가지 해결책을 제시했다. 우리가 보기에 이 해결책들은 신중하게 검토하고 고려할 가치가 있다.[4]

필요한 것은 시간과 거리에 따라 다른 요금을 물리는 작동식 개찰구였다. 그러나 1952년에는 이런 장치를 만드는 것이 간단하지 않았다.

얼마나 어려웠는지 짐작할 수 있게 코카콜라가 직면했던 딜레마를 살펴보자. 과거 콜라 한 병의 가격은 수십 년 동안 5센트였다. 코카콜라는 가격을 1센트나 2센트 올리고 싶었다. 하지만 그럴 수 없었다. 40만 개의 자판기가 5센트 동전만 받을 수 있었기 때문이다. 두 가지 동전을 받을 수 있도록 자판기를 바꾸는 일은 '절차상의 악몽'이 될 것이었다. 대신 코카콜라는 1953년에 7.5센트 동전을 발행하도록 아이젠하워 대통령을 대단히 진지하게 설득했다.[5]

그러나 비크리는 어려운 과제에 위축되지 않고 문제를 해결하기 위한 장치를 다음과 같이 설명했다.

> 승객이 승차역 개찰구에 25센트 동전을 넣으면 탑승 지역이 표시된 금속 확인표가 나오며, 이 확인표를 하차역 개찰구에 넣으면 전기기계식 중계기를 거쳐 탑승 지역과 시간에 따라 적절한 거스름돈이 나온다.[6]

영리한 해결책인 것처럼 들린다. 따라서 왜 이런 장치에 대해 들어본 적이 없는지 의아할 수 있다. 비크리가 이 설명을 한 강연의 제목에서 한 가지 단서를 얻을 수 있다. 그 제목은 '경제학에 대한 나의 혁신적인 실패'였다. 그는 이렇게 강연을 시작했다.

> 여러분은 목표를 달성하는 데 거듭 실패한 경제학자를 보고 계십니다.

가변요금 전기기계식 비크리 개찰구는 만들어지지 않았다. 그러면 왜 여러분은 존재하지도 않은 발명품에 대한 글을 읽고 있을까? 그 이유는 실현하기에는 너무 복잡해 보이지만 아이디어 자체는 대단히 중요했기 때문이다. 동료 경제학자들은 비크리가 시대를 너무 앞서갔다고 종종 말했다. 그는 1996년 사망하기 겨우 사흘 전에야 마침내 노벨상을 받았다.

비크리가 제안한 것은 흔히 경제학자들이 말하는 '최대부하요금제 peakload pricing' 혹은 경영 컨설턴트들이 말하는 '가변요금제dynamic pricing' 였다. 이 아이디어의 단순한 형태는 오래전에 나왔다. 조용한 시간에 식당을 찾아오는 손님에게 할인 가격을 제공하는 '얼리 버드 특별 할인early bird specials'의 기원은 1920년대로 거슬러 올라간다. 이 방식은 손님을 끌어들이기도 쉬웠고, 전기기계식 장치도 필요하지 않았다.[7]

이 아이디어는 훨씬 복잡한 환경에서도 매력을 지닌다. 지하철이나 항공사를 운영하든, 콘서트장을 채우거나 전력망을 효율적으로 운영하려 애쓰든 간에 단기적인 수요 급증에 대응하기 위해 추가 용량을 더하려면 비용이 대단히 많이 든다. 나머지 기간에 불필요한 용량을 안고 가는 것은 심한 낭비다. 그래서 가변요금제가 타당성을 지닌다.

미국 항공사들은 1970년대 말에 규제가 완화되면서 어쩔 수 없이 격렬한 경쟁을 벌인 뒤 가변요금제의 초기 선구자가 되었다. 1984년에 「월스트리트 저널」은 델타 항공사에서 요금 조정 업무를 담당하는 직원이 147명이나 된다고 보도했다.[8]

델타의 요금 책정 전문가인 로버트 크로스 Robert Cross는 "앨버커키에서 열리는 열기구 대회나 러벅에서 열리는 로데오 경기 때문에 수요가

늘어날 것인지 우리가 알 필요는 없다"고 말했다. 단지 수익이 나도록 요금을 조정해 너무 저렴하게 좌석이 매진되거나 텅 빈 채 이륙하는 일만 없도록 하면 되었다.[9]

최대부하요금제는 더 이상 다수의 요금 책정 전문가를 요구하지 않는다. 우버 같은 회사는 알고리즘을 통해 수요과 공급을 수월하게 맞춘다. 우버의 '할증요금제surge pricing'는 연말에 세 시간이나 힘들게 택시를 기다려야 하는 일을 없애겠다고 약속한다. 요금만 제대로 책정하면 언제든 바로 차를 구할 수 있기 때문이다.

다만 소비자들의 수용도가 더 문제가 될지도 모른다. 한 승객은 텍사

스주 휴스턴에서 21킬로미터를 주행한 요금으로 247.50달러를 낸 뒤 "더 이상 택시를 기다리고 싶지 않다는 이유로 우버에 거의 마음대로 휘둘린다"며 불평했다. 자신이 도저히 기다릴 수 없어서 그 요금을 지불하긴 했지만 말이다.[10]

소비자들은 가변요금제에 착취당한다고 느낀다. 특히 우버의 경우처럼 요금이 몇 분 만에 두 배로 뛰거나 절반으로 내려갈 때는 더욱 그렇다.[11] 1986년에 행동경제학자 대니얼 카너먼Daniel Kahneman과 잭 네츠Jack Knetch, 리처드 탈러Richard Thaler가 실시한 연구는 사람들이 가격 할증에 분노한다는 사실을 보여준다. 이는 눈폭풍이 분 뒤 눈삽의 가격을 올리는 것처럼 명백한 논리가 존재하는 상황에서도 마찬가지였다.[12]

한때 7.5센트 동전이 없는 데 절망한 코카콜라는 고객이 받아들일 수 있는 수준 너머로 기술을 밀어붙였다. 그들은 1999년 무더위에 얼음처럼 차가운 콜라의 가격을 올릴 수 있는 자판기를 시험했다.[13]

그리고 아마도 우리가 경계하는 것이 옳을 것이다. 델타의 로버트 크로스는 나중에 '시장 지배를 위한 하드코어 전술'이라는 부제가 붙은 동적 가격에 관한 책을 출판했다.

일부 기업은 가변요금제를 채택하지 않았다. 가령 일본의 안정적이고 수익성이 높은 민간 철도 회사들은 통근시간 요금과 비통근시간 요금을 구분하지 않는다. 이는 통근시간에 도쿄 지하철이 외국에서도 유명할 정도로 붐비는 이유를 설명한다.[14]

최대부하요금제는 미래의 경제에서 갈수록 큰 역할을 할 가능성이 높다. 풍력이나 태양광 같은 단속적인 전력원으로 가동되는 스마트 전력망을 생각해보라. 구름이 해를 가리면 노트북이 충전을 중단할 수 있고, 냉장고가 1분 동안 꺼질 수 있으며, 전기차가 전력망에서 전기를 끌어 쓰는 것이 아니라 전력망으로 전기를 주입할 수도 있다. 다만 이 모든 일은 초 단위 요금 변동에 대응하는 기계를 요구한다.

윌리엄 비크리가 즐겨 언급한 사례는 도로의 혼잡요금제였다. 이 요금제 역시 개찰구처럼 수요를 부드럽게 조절하고 한정된 용량을 잘 활용하기 위해 설계된 것이었다. 이는 현재 실질적인 아이디어가 되어가고 있다. 워싱턴 DC 근처의 운전자들은 추가 요금을 낼 의사가 있으면 고속주행 차로를 이용할 수 있다. 교통이 특히 혼잡할 경우 16킬로미터를 가는 데 들어가는 추가 요금은 최대 40달러 정도다.[15]

비크리는 1960년대 중반에 이런 방식이 통할 수 있다는 사실을 보여주려 애썼다. 그는 자기 집의 진입로를 지날 때마다 단순한 컴퓨터와 무선 전송기로 횟수를 집계하는 프로토타입까지 제작했다.[16] 그러나 때로는 좋은 아이디어도 기술이 따라잡을 때까지 그저 기다려야 한다.

#블록체인

롱아일랜드 아이스티 컴퍼니Long Island Iced Tea Company는 이름이 말해주듯 음료를 판매한다. 그러나 원하는 만큼 많이 판매되지는 않았다. 2017년 3분기에는 거의 400만 달러의 적자를 냈다. 이후 이 회사는 원대하면서도 대단히 이해하기 어려운 발표를 했다. 회사 이름을 롱블록체인 코퍼레이션Long Blockchain Corporation으로 바꾼다는 내용이었다. 그렇다면 앞으로 음료를 판매하지 않는다는 것일까? 아니다. 음료 판매는 계속될 것이다. 그럼 블록체인blockchain을 이용해 음료를 판매하겠다는 것일까? 어쩌면 그럴 수도 있다. 블록체인과 뭔가 관계있는 것일까? 아마도 그럴 것이다. 구체적인 내용은 모호했다. 그래도 투자자들의 흥분을 막지는 못했다. 이 회사의 주가는 거의 4배로 뛰었다.[1]

현대 경제를 만들어낸 물건들을 다루는 책에서 블록체인에 과거시제를 써도 무방한지 합리적인 의문을 가질 수 있다. 그러나 창업 투자자들은 롱아일랜드 아이스티 컴퍼니보다 훨씬 타당해 보이는 계획을 가진 스타트업 기업들에 수십억 달러를 쏟아붓고 있다.[2] 또한 규제가 모호한 암호화폐 공개initial coin offering를 통해 수십억 달러가 모금되고 있다.[3] 지지자들은 블록체인이 인터넷만큼 파괴적일 수 있다고 말한다. 실제로 블록체인은 종종 1990년대의 월드와이드웹World Wide Web에 비견된다. 당시 이 인터웹Interweb 기술이 중요해질 것은 분명해 보였다. 다만 이 점을 실제로 이해하거나 그 잠재력과 한계를 예견한 사람은 드물었다.

그러니 블록체인을 이해해보도록 하자. 먼저 언뜻 보기에 너무나 간단한 문제부터 따져보자. 왜 우리는 같은 돈을 두 번 쓸 수 없을까?

돈이 동전을 뜻할 때는 그 답이 간단했다. 우리는 같은 동전을 두 사람에게 줄 수 없다. 그러나 동전 꾸러미를 들고 다니는 방식으로는 경제를 운영할 수 없다는 사실을 오래전에 깨달았다. 그보다 누가 얼마를 갖는지 기록을 관리하는 중개인을 믿는 편이 더 쉬웠다. 가령 당신이 내게 상품을 주면, 나는 기록 관리자에게 거래 내역에 따라 숫자를 바꾸도록 지시할 수 있다. 그러면 내가 같은 돈을 다른 사람에게도 주겠다고 약속하지 않았는지 어떻게 알까? 우리는 은행이나 마스터카드 혹은 결제 플랫폼 기업인 페이팔PayPal이 그런 일이 일어나지 않도록 보장할 것임을 믿는다. 그들의 시스템이 그런 일을 허용하지 않을 것이고, 내가 그런 인간이 아님을 그들이 확인하기 때문이다.

이 모든 시스템은 충분히 잘 돌아간다. 그러나 약간의 단점도 있다. 이

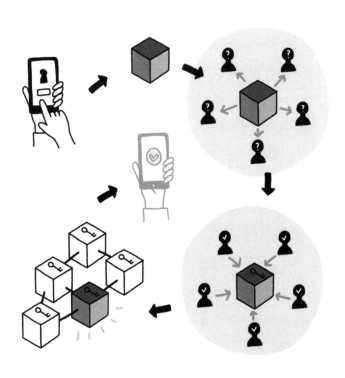

중개인들은 서비스에 대한 대가를 받는다. 네트워크 효과는 종종 그들에게 시장지배력을 부여한다. 그들은 우리가 서로에 대해 아는 것보다 더 많이 우리에 대해 안다. 이는 그들에게 권력을 부여하는 또 다른 원천이다. 그리고 그들이 무너지면 시스템 전체가 붕괴한다.

우리에게 그들이 필요하지 않다면 어떨까? 경제가 부드럽게 돌아가도록 해주는 금융 기록을 집단으로 보유하고 관리할 수 있다면 어떨까?

2008년에 사토시 나카모토Satoshi Nakamoto라는 가명을 쓰는 인물이 비트코인Bitcoin이라는 새로운 종류의 화폐를 제안했다.[4] 새로운 시스템에서는 사용자들이 신뢰하는 중개인이 아니라 암호 퍼즐을 푸는 컴퓨터 네트워크가 거래를 검증할 것이었다. 누군가가 이 네트워크의 대부분을 통제할 수 있다면 기록을 위조하거나 비트코인을 이중 지급해 사기를 칠 수 있다. 그러나 충분한 수의 사람이 자신의 컴퓨터로 연산력을 보태 시스템을 제어하면 그런 일은 일어나지 않을 것이다. 또한 사람들은 임의로 가끔 주어지는 비트코인이라는 보상을 통해 연산력을 보탤 동기를 얻을 것이다.

이는 창의적인 아이디어였다. 또한 사람들은 이면의 기술을 더 폭넓게 활용할 수 있다는 사실을 곧 깨달았다. 이 기술은 모르는 사람들이 중개인 내지 중앙집권화된 기관을 믿을 필요 없이 서로 협력할 수 있는 완전히 새로운 방법을 제공했다. 그래서 '모든 것을 변화시킨다'거나 '세상을 바꾼다'는 말이 들리기 시작했다.[5]

이 이면의 기술은 블록체인으로 불린다. 거래 블록들이 주기적으로 네트워크로부터 인증을 받고 기록의 공유 체인에 추가되기 때문이다. 또한 블록체인은 분산 원장distributed ledger으로도 불린다. 말 그대로 거래 원장을 분산해 모든 참여자가 자신의 사본copy을 갖고 있기 때문이다. 경제학자 크리스천 카탈리니Christian Catalini와 조슈아 건스Joshua Gans는 블록체인을 거래를 검증하는 비용을 줄이고 새로운 장터를 만드는 장벽을 낮추는 범용 기술이라고 설명한다.[6] 원칙적으로 블록체인은 현재 우리가 서로 거래하는 데 도움을 주는 데이터 관리를 어떤 기관에 믿고 맡긴 모든 상황에서 유용할 수 있다.

생각해보면 놀랍도록 많은 상황이 이 조건에 맞는다. 가령 페이스북, 우버, 아마존은 우리가 서로 거래하도록 돕는 데이터베이스가 아니라면 무엇일까? 블록체인은 언젠가 우리가 우리의 데이터를 보유하거나, 우리의 관심을 직접 판매하는 새로운 온라인 모델을 만들 수 있지 않을까? 이렇게 생각하는 사람도 있다.[7] 다른 사람들은 블록체인을 활용해 공급사슬에 걸쳐 상품이나 디지털 세계에서 지적재산권을 추적하고, 계약을 더 신속하게 처리하며, 투표 시스템의 보안을 강화하는 방법을 개발하고 있다. 당신이 어떤 것을 생각하든 어디선가 누군가는 그것을 블록체인으로 운영하려고 할 것이다.

하지만 솔직히 말해 우리 중 대다수는 이런 아이디어의 핵심을 이해하지 못한다. 설령 이해한다고 해도 현실에서 어떻게 구현할지 자신 있게 그려내지 못한다. 예측건대 엄청난 열풍과 이해하기 어려운 기술이 결합된 상황 때문에 평소보다 비판적으로 생각하지 못하는 사람도 있을 것이다. 적자를 내는 음료 회사가 '블록체인'을 새 사명에 넣었다고 해서 서둘러 주식을 사는 사람들이 그런 예다. 혹은 유행어를 늘어놓은 요란한 웹 사이트밖에 없는 핀코인Pincoin이라는 것에 6억 6,000만 달러를 집어넣은 사람들도 마찬가지다. 아마도 핀코인 운영자들은 그 돈을 들고 달아난 것으로 보인다.[8]

우리는 블록체인에 어느 정도나 흥분해야 할까? 경제학자 타일러 카우언Tyler Cowen은 신중한 입장이다. 그는 적어도 지금은 "열광보다 의심이 합리적"이라고 말한다.[9] 한 가지 이유는 블록체인이 느린 데다가 엄청난 전력을 요구하기 때문이다. 가령 비트코인은 1초당 3~4건의 거래를 처리하는 반면 비자 카드는 평균 1,600건을 처리한다.[10] 한 추정치에 따르면 비트코인의 암호 퍼즐을 푸는 컴퓨터들이 이만한 거래를 검증하려면 거의 아일랜드만큼 많은 전기를 소모해야 한다.[11]

어떤 사람들은 이런 수치의 중요성에 대해 반박한다. 그러나 블록체인의 규모를 키우기 위한 기술적 문제는 실재하는 것으로 보인다.[12] 데이터를 현실 세계의 대상이나 인간과 짝짓기 위한 문제도 마찬가지다. 당신의 지갑이 당신의 신원과 연결되지 않는다는 점이 비트코인의 매력 중 하나다. 특히 수상한 물건을 사려고 블록체인을 활용할 때는 더욱 그렇다. 그러나 가령 의료 기록을 저장하는 데 블록체인을 활용하고 싶다면 절대 엉뚱한 환자와 연결되지 않도록 만들어야 한다.[13]

중개인의 필요성을 제거하려는 블록체인은 우리가 중개인의 서비스에 대가를 지불할 가치가 있다고 느끼는 이유를 때로 상기시킨다.[14] 중개인은 문제를 바로잡을 수 있다. 가령 당신이 인터넷 뱅킹에 필요한 암호를 잊어버려도 은행이 새 암호를 보내준다. 그러나 비트코인 지갑의 암호를 잊어버리면 비트코인에 작별 키스를 해야 한다.[15] 또한 중개인은 분쟁을 해결할 수 있다. 반면 블록체인을 통한 '스마트 계약'과 관련된 분쟁을 잘 해결하는 방법은 아직도 논의 중이다.[16]

중개인에 대한 신뢰도 다른 것들에 대한 신뢰로 대체되어야 한다. 가령 소프트웨어는 버그가 없어야 하고, 인센티브 구조는 예기치 못한 상황에서 무너지지 않아야 한다. 그러나 코드를 검증하는 일은 어렵다. 이더리움 Ethereum 블록체인을 기반으로 삼은 선구적인 투자 펀드인 탈중앙화 자율 조직Decentralized Autonomous Organization은 1억 5,000만 달러를 모금했다. 그러나 그 뒤 누군가가 해킹해 5,000만 달러를 훔쳐갔다.[17] 경제학자 에릭 부디시Eric Budish는 비트코인을 공격하는 인센티브가 현재 공격을 막아주는 인센티브보다 커지기 전에도 블록체인의 가치가 높아지는 데는 한계가 있다고 주장했다.[18]

그러나 블록체인이 발명된 지 아직 10년이 채 지나지 않았다. 블록체인의 장점을 파악하기 전까지 어느 정도 오류와 잘못을 예상해야 하지 않을까? 월드와이드웹이 비슷한 시기를 지날 때 투자자들은 아마존처럼 나중에 성공한 기업뿐 아니라 웹밴Webvan, 플루즈Flooz, 페츠닷컴Pets.com 같은 기업에 돈을 쏟아부었다.[19] 롱블록체인의 주가가 금세 96퍼센트나 급락한 것은 놀랄 일이 아니다.[20] 그러나 그렇다고 해서 블록체인의 향후 가능성을 너무 냉소적으로 바라볼 필요는 없다.

CHAPTER
4

보이지 않는 시스템

#대체 가능 부품

1785년 7월 어느 무더운 오후에 장교와 고위 관리, 분노한 총기 기술자 몇 명이 파리 동쪽에 있는 멋진 뱅센성에 모였다. 아비뇽의 총기 기술자 오노레 블랑Honoré Blanc이 설계한 부싯돌 격발식 신형 장총의 시연을 보기 위해서였다. 오노레 블랑은 다른 총기 기술자들에게 너무나 심한 멸시를 당했기 때문에 신변 보호를 위해 성의 지하 감옥에 숨어 있어야 했다.[1]

블랑은 서늘한 성의 지하실로 50개의 격발부를 들여왔다. 격발부는 부싯돌 격발식 무기의 핵심에 해당하는 발사 장치였다. 그는 프랑스인 특유의 태평스러운 태도로 그중 절반을 과감하게 분해한 후 부품을 여러 개의 상자에 넣었다. 각각 주 스프링, 공이치기, 겉판, 화약 팬을 넣는 상자들이었다.[2]

블랑은 추첨식 복권 진행자가 통에 가득 담긴 공을 일부러 세차게 휘 젓듯이 각 상자를 흔들어서 부품을 뒤섞었다. 그리고 조용히 아무 부품이나 꺼내 다시 조립하기 시작했다.

도대체 무슨 생각일까? 현장에 있던 모든 사람은 손으로 만든 총은 모두 고유하다는 사실을 알고 있었다. 그래서 하나의 총에서 꺼낸 부품을 다른 총에 밀어넣고 작동할 거라고 기대할 수 없었다. 그런데 그 일이 실제로 일어났다. 블랑은 엄청난 공을 들여 모든 부품이 정확하게 같도록 만들었다.[3]

대체 가능 부품의 힘을 보여주는 멋진 시연이었다. 참석자 중에는 그 의미를 놓치지 않은 고위 관리가 한 명 있었다. 그는 바로 주 프랑스 미국 사절이자 나중에 신생 국가 미국의 대통령이 되는 토머스 제퍼슨Thomas Jefferson이었다.[4]

제퍼슨은 외교부 장관인 존 제이John Jay에게 흥분된 어조로 이렇게 편지를 썼다.

> 여기서 총기를 제조하는 법에 대한 개선이 이루어졌습니다. 우리 의회에서도 알면 흥미롭게 여길 내용입니다. (…) 그 내용은 모든 부품을 동일하게 제작해 하나의 총에 들어간 부품을 무기고에 있는 다른 총에도 쓸 수 있도록 만든 것입니다. (…) 제가 직접 아무 부품이나 손에 잡히는 대로 여러 정 조립해보았는데 완벽하게 들어맞았습니다. 총기를 수리할 필요가 있을 때 이렇게 할 수 있다면 그 장점은 명백합니다.[5]

그러나 아마도 그 장점이 그렇게 명백하지는 않은 모양이었다. 제퍼슨은 동료 관리들이 신기술을 받아들이도록 만드는 데 애를 먹었다. 그는 포트 녹스Fort Knox의 이름을 딴 전쟁부 장관 헨리 녹스Henry Knox에게 거듭 편지를 써서 오노레 블랑을 고용해 그의 시스템을 도입하라고 설득했다. 그러나 녹스는 전혀 호응하지 않았다.[6]

그렇다면 이 시스템의 '명백한' 장점은 정확히 무엇이었을까? 제퍼슨은 전장에서 총기를 수리해야 하는 문제에 초점을 맞췄다. 주 스프링에 금이 가거나 화약 팬이 휘어지면 총기는 쓸모없어졌다. 고장 난 총기를 수리하려면 완벽하게 맞는 부품을 손으로 깎아내야 했다. 그러기 위해서는 복잡한 설비와 여러 시간에 걸친 숙련공의 노동이 필요했다.

반면 블랑의 시스템은 몇 분의 시간과 기초적인 기술만 있으면 장총을 분해해 문제 있는 부품을 동일한 부품으로 갈아끼운 다음 다시 조여 새것처럼 쓸 수 있게 해주었다. 그러니 다른 총기 기술자들이 직업의 미래를 걱정할 만도 했다. 또한 토머스 제퍼슨이 고장 난 총기를 수리하는 문제에 큰 관심을 보인 것도 이상한 일이 아니었다.

제퍼슨이 동료 관리들의 호응을 얻으려고 고생하는 동안 오노레 블랑도 고생하고 있었다. 그의 시스템에 맞도록 각 부품을 손으로 정교하게 깎아내려면 엄청나게 많은 비용이 들었다.

사실 블랑이 깨닫기만 한다면 이미 해결책이 있었다. 이 해결책은 고장 난 총기를 신속하게 수리할 수 있도록 해줄 뿐 아니라 세계 경제에 혁신을 일으킬 것이었다. 블랑의 시연이 열리기 10년 전에 존 '철에 미친' 윌킨슨John 'Iron-Mad' Wilkinson이라는 별명을 가진 신사가 지역의 유명인사가 되었다. 그 '지역'은 영국과 웨일스 경계에 있는 슈롭셔였다. 유명인사가 된 이유는 철로 배, 설교단, 책상뿐 아니라 심지어 관까지 만들었기 때문이다. 그는 이 철로 된 관에서 튀어나와 방문자들을 놀래켰다.[7]

그는 1774년에 훨씬 큰 유명세를 얻을 만한 기술을 개발했다. 대포 형태의 쇳덩어리에 일직선으로 구멍을 뚫는 그 기술은 군사적으로 엄청난 가치를 지닌 것이었다. 하지만 철에 미친 윌킨슨은 거기서 멈추지 않고 몇 년 후 이웃 공장에 신식 증기 엔진을 주문했다. 그러나 증기 엔진을 만드는 일은 쉽지 않았다. 손으로 금속판을 두드리는 방식으로는 피스톤 실린더를 완벽한 원형으로 만들기 어려웠다. 그래서 피스톤 헤드 부분에서 사방으로 증기가 새어나가버렸다.[8]

존 윌킨슨은 "이리 줘봐요"라고 말하고는 대포 구멍을 뚫는 기술을 활용해 보기 좋은 원형의 피스톤 실린더를 만들어냈다.[9] 이후 증기 엔진을 납품한 제임스 와트James Watt라는 스코틀랜드인은 승승장구했다. 와트가 개발한 효율적인 증기 엔진에 윌킨슨이 정교하게 깎아낸 실린더까지 갖춰지자 산업혁명은 본격적인 궤도에 올랐다.[10]

윌킨슨과 와트는 엄밀하게 말해 대체 가능한 부품을 고심한 것이 아니었다. 그들은 대포에 맞는 포탄과 실린더에 맞는 피스톤을 원했다. 그러나 그들이 해결하려던 엔지니어링 문제는 대체성을 해결하는 열쇠도 쥐고 있었다. 대체성은 블랑이 추구했지만 비용이 많이 들어 힘들어하던 바로 그 문제였다. 윌킨슨은 제조 공정을 자동화하는 공작기계를 만들었다. 이 기계는 대단히 날카로운 드릴과 물레방아, 그리고 하나를 부드럽게 회전시키는 동안 다른 하나를 고정시키는 시스템으로 구성되어 있었다.[11]

헨리 모즐리Henry Maudslay는 이 기계를 보고 재빨리 달려왔다. 명민한 런던 열쇠공의 더 명민한 도제였던 그는 이후 같은 공정을 정확하게 수행할 수 있는 유례없이 정밀한 공작기계를 설계했다. 1800년대 초에 그들은 영국 해군의 의뢰를 받아 전함의 돛을 오르내리는 도르래 장치를 만들었다.[12]

그러나 사이먼 윈체스터Simon Winchester가 정밀 엔지니어링의 역사를 다룬 저서 『이그잭틀리Exactly』에서 지적한 대로 이 공작기계들은 흥미로운 부작용을 낳았다. 포츠머스의 블록 밀스Block Mills는 그 어느 때보다 완벽한 도르래 장치를 제조했다. 그러나 그들은 숙련된 기능공들을 대량으로 실직시키기도 했다. 오노레 블랑의 동료 총기 기술자들은 돈이 되는 수리 일을 잃을까봐 걱정했다. 그러나 그들은 총기 제조 일까지 잃을 참이었다. 공작기계는 수공구보다 나을 뿐 아니라 일손도 필요하지 않았다.

예기치 못한 두 번째 영향도 있었다. 공작기계를 이용해 완벽하게 정밀한 대체 가능 부품을 제조할 수 있다면 제퍼슨이 예견한 대로 전장에서 간단하게 총기를 수리할 뿐 아니라 조립 공정을 더 간단하고 예측 가능하게 만들 수 있었다. 블랑의 시연이 열리기 9년 전에 애덤 스미스가 제시한 유명한 핀 공장의 사례는 각각의 노동자가 이전 단계에 하나의 단계를 더하는 방식을 설명했다.[13] 그러나 대체 가능한 부품이 있으면 제조 라인은 훨씬 빠르고, 보다 예측 가능하며, 보다 자동화될 수 있었다.[14]

한편 대서양 건너편에서 미국인들은 마침내 제퍼슨의 말을 듣기 시작했다. 결국 버지니아주에 있는 하퍼스페리Harper's Ferry 총기제조창에서 새로운 시스템에 대한 약속이 실현되었다. 1820년대에 생산되기 시작한 이

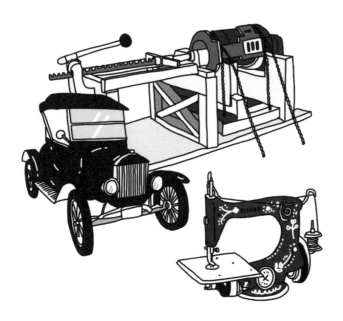

총기들은 윈체스터의 말에 따르면 "진정한 기계식 제조 라인을 거쳐 만들어진 세계 최초 제품"이었다. 오노레 블랑이 언제나 의도한 대로 모든 부품이 동일하게 제조되었다.[15]

소위 '미국식 제조 시스템'의 시작이었다. 이 시스템은 다음 세기에 걸쳐 사이러스 매코믹Cyrus McCormick의 추수기와 수확기, 아이작 싱어Isaac Singer의 재봉틀, 헨리 포드의 모델 T 자동차를 생산하게 된다. 포드는 대체성을 적극 추구했으며, 모델 T 제조 라인은 정밀하게 가공된 대체 가능 부품이 없었다면 생각조차 할 수 없었을 것이다.[16]

불쌍한 오노레 블랑은 어떻게 되었을까? 1789년에 일어난 프랑스 혁명

때 망하고 말았다. 지하 감옥에 있던 공방은 폭도들에게 약탈당했고, 정치적 지지자들은 단두대에 올랐다. 그는 갚을 길 없는 빚에 허덕이며 계속 고생했다. 그는 경제적 혁명을 탄생시켰으나 다른 종류의 혁명에 휘말리면서 자신의 아이디어가 실현되는 것을 보지 못했다.

#RFID

유럽의 제2차 세계 대전이 끝난 1945년 8월 4일, 미국과 소련은 미래의 관계를 모색하고 있었다. 모스크바 미국 대사관에서는 청소년개척자협회 Young Pioneer Organization에 소속된 소년들이 두 강대국의 친선을 위한 우호적인 제스처를 취했다. 그들은 손으로 깎은 대형 미국 의전용 인장을 미국 대사인 애버럴 해리먼Averell Harriman에게 전달했다. 이 인장은 나중에 그냥 '그것Thing'으로 불리게 된다.[1]

물론 미국 대사관은 무거운 목각 장식품에 도청장치가 숨겨져 있지 않은지 살폈다. 그러나 전선이나 배터리가 발견되지 않았다. 그렇다면 크게 해될 일이 있을까? 해리먼은 '그것'을 눈에 잘 띄는 서재 벽에 걸어두었다. 이후 7년 동안 '그것'은 그가 나누는 사적인 대화를 유출시켰다. 해리먼은 20세기의 진정한 발명가 중 한 명이 '그것'을 만들었다는 사실을 꿈에도 몰랐다.

레온 테레민Leon Theremin은 당시에도 자신의 이름을 딴 악기로 유명했다. 그는 흑인 아내인 라비니아 윌리엄스Lavinia Williams와 함께 미국에서 살다가 1938년에 소련으로 돌아왔다. 아내의 말에 따르면 납치되었다고 한다. 어쨌든 그는 수용소에서 바로 일을 해야 했다. 그에게 강제된 임무는 무엇보다 '그것'을 설계하는 것이었다.[2]

이후 마침내 미국의 무선통신사들이 미국 대사의 대화가 전파로 방출되는 것을 우연히 듣게 되었다. 예측하지 못한 일이었다. 대사관을 뒤져 전파가 방출되는 곳을 찾았지만 도청기는 나오지 않아 그 비밀을 발견하기까지 더 오랜 시간이 걸렸다. 도청기는 '그것' 안에 있었다. 천재적인 솜씨로 단순화한 이 도청기는 안테나를 구멍에 달고 마이크 역할을 하는 은막을 그 위에 덮은 것이 전부였다. 배터리나 다른 전력원은 없었다. 애초에 필요가 없었다. '그것'은 소련이 미국 대사관을 향해 쏘는 전파로 작동되었다. 즉, 수신되는 신호의 에너지를 활용해 전파를 방출했다. 신호를 보내지 않으면 '그것'은 침묵했다.

레온 테레민의 기이한 악기처럼 '그것'은 기술적인 호기심의 대상으로 보일지도 모른다. 그러나 수신 전파로 동력을 얻어 정보를 회신하는 기기라는 아이디어는 그보다 훨씬 많은 의미를 지닌다.

무선주파수인식Radio Frequency Identificaition 태그, 즉 RFID 태그는 현대 경제의 모든 곳에 존재한다. 여권에도 있다. 신용 카드에도 있어서 RFID 리더 근처에 갖다 대기만 해도 소액 상품을 살 수 있도록 해준다. 내가 이 챕터를 쓰기 위해 참고한 『RFID에 대한 핵심 내용RFID Essentials』뿐 아니라 도서관에 있는 다른 책에도 RFID 태그가 붙어 있는 경우가 많다. 항공사들은 짐가방을 추적하는 데 RFID 태그를 점차 많이 활용한다. 소매 업체들은 도난을 방지하기 위해 RFID 태그를 활용한다.[3] 일부는 전력원을 갖고 있지만 대부분은 테레민의 '그것'처럼 수신 신호를 통해 원격으로 동력을 얻는다. 그래서 저렴하다. 저렴한 것은 언제나 장점이 된다.[4]

제2차 세계 대전 때 연합군 항공기들이 일종의 RFID를 활용했다. 즉, 레이더가 항공기를 비추면 트랜스폰더trasponder라는 중요한 장치가 거기에 반응해 신호를 되쏘는 것이었다. '아군이니 쏘지 말라'는 뜻이었다. 그러다가 실리콘 회로의 크기가 줄어들면서 항공기보다 훨씬 가치가 작은 물건에도 붙일 수 있는 태그를 고안하게 되었다.

RFID 태그는 바코드처럼 대상을 신속하게 인식하는 데 활용할 수도 있고, 다른 한편으로 바코드와 달리 가시선可視線 없이 자동으로 스캔할 수도 있다. 일부 RFID 태그는 몇 미터 떨어진 곳에서 읽을 수도 있고, 불완전하기는 하지만 대량으로 스캔할 수도 있다. 또한 데이터를 읽는 것뿐 아니라 재입력할 수도 있고, 원격으로 작동을 정지시킬 수도 있다. 그리고 단순한 바코드보다 훨씬 많은 데이터를 저장할 수 있어 컴포트 핏comfort fit 미디엄 사이즈 청바지라는 특정 상품군뿐 아니라 특정한 날에 특정한 곳에서 만들어진 특정 청바지도 인식할 수 있다.[5]

RFID 태그는 1970년대에 철도 차량과 젖소를 관리하는 데 활용되었다. 당시에는 플라스틱 태그를 젖소의 귀에 부착하는 방식이었다. 1980년대에는 조립 라인을 통해 자동차 차대의 경로를 설정하는 데 활용되었다.

이것은 복잡한 제조 공정 전반에 걸쳐 공구와 자재를 추적하는 '폐쇄형 루프closed-loop' RFID의 전신이다.[6] 노르웨이는 1987년에 모든 톨게이트에서 요금 징수를 자동화하는 데 RFID를 활용하기 시작했다. 1991년에는 오클라호마도 RFID 기술을 활용해 자동차의 속도를 늦출 필요 없이 요금을 징수하게 되었다.[7] 2000년대 초에는 테스코Tesco, 월마트Wal-Mart, 미국 국방부 같은 거대 조직들이 납품 업체에 화물 받침대에 태그를 붙이도록 요구하기 시작했다. 결국에는 모든 물건에 RFID 태그가 붙을 것이다. 일부 열혈 팬은 자신의 몸에 RFID 태그를 삽입하기도 한다. 그러면 손만 흔들어도 문을 열거나 지하철을 탈 수 있다.[8]

1999년에 빠르게 성장하는 소비재 기업 프록터앤드갬블Procter & Gamble, P&G의 임원 케빈 애슈턴Kevin Ashton은 RFID에 대한 흥분을 표현하는 말로 널리 알려진 용어를 만들어냈다. 그는 RFID가 '사물인터넷the Internet of Things'으로 이어질 수 있다고 말했다.[9] 그러나 2007년에 소개된 윤기 나는 소비재인 스마트 폰으로 관심이 이동하면서 RFID를 둘러싼 호들갑은 잦아들었다. 이후 스마트 워치, 스마트 온도계, 스마트 스피커, 심지어 스마트 카가 등장했다. 이 모든 기기는 정교하며 정보 처리 능력이 뛰어나지만 동시에 값이 비싸고 상당한 전력원을 요구한다.[10]

현재 사물인터넷과 관련해 논쟁이 벌어질 때 우리가 언급하는 것은 대개 RFID가 아니라 이런 기기들이다. 어떤 사람들에게는 사물인터넷이라는 용어가 과도한 엔지니어링 때문에 토스터가 아무 이유 없이 냉장고에 말을 거는 바보 같은 일들이 벌어지는 세계를 의미한다. 다른 사람들은 취약한 보안을 지적한다. 인터넷 기능을 갖춘 전구가 당신이 설정한 암호

를 유출할 수 있다.[11] 또한 아이들이 차는 GPS 팔찌는 부모뿐 아니라 범
죄자도 아이의 위치를 추적할 수 있게 해준다.[12] 그리고 원격 조종 섹스
토이조차 대부분의 사람이 사생활로 여기는 습관에 대한 정보를 드러낼
수 있다.[13]

어쩌면 이는 놀랄 일이 아닐지도 모른다. 미국 하버드 대학교 사회학자
쇼샤나 주보프Shoshana Zuboff가 말한 '감시 자본주의surveillance capitalism'에

서 사생활 침해는 인기 있는 사업 모델이 되었다.[14]

그러나 이 모든 호들갑과 우려 속에서 겸손한 RFID는 묵묵히 자신의 일을 계속한다. 나는 RFID의 호시절이 곧 찾아올 거라고 장담한다.

사물인터넷에 대해 케빈 애슈턴이 말한 요점은 간단했다. 컴퓨터가 사이버 공간뿐 아니라 물리적 세계를 파악하려면, 즉 추적하고 조직하고 최적화하려면 데이터가 필요하다. 인간에게는 이 모든 데이터를 입력하는 일보다 나은 일들이 있다. 따라서 이 정보를 컴퓨터에 자동으로 제공해 물리적 세계를 디지털 언어로 이해할 수 있도록 물건들을 만들어야 한다.

현재 많은 사람이 스마트폰을 갖고 다닌다. 그러나 물건들은 그렇지 않다. RFID는 여전히 이 물건들을 추적할 수 있는 저렴한 수단이다. 수많은 RFID 태그가 하는 일이 지나가는 RFID 리더에 인사하며 "여기, 지금, 나야"라고 말하는 것뿐이라고 해도 컴퓨터가 물리적 세계를 파악하기에는 충분하다. 그래서 문을 열고, 공구와 부품 심지어 약품을 추적하고, 제조 공정을 자동화하며, 소액 결제를 신속하게 처리할 수 있다.

RFID는 스마트 워치나 자율주행차 같은 능력과 유연성을 갖추지는 못했지만 저렴하고 작다. 수천억 개의 물건에 태그를 달 수 있을 정도다. 게다가 배터리도 필요 없다. 이것이 별것 아니라고 생각하는 사람은 레온 테레민이라는 이름을 기억해야 한다.

#인터페이스 메시지
프로세서

밥 테일러Bob Taylor는 미국 국방성의 심장부에서 일했다. 그가 일하는 3층에는 국방부 장관실과 고등연구계획국Advanced Research Projects Agency, 즉 아르파ARPA의 국장실도 가까이 있었다. 아르파는 1958년 초에 창설되었지만 당시에는 나사NASA가 주로 그 기능을 대신했다. 항공우주 전문지 『에이비에이션 위크Aviation Week』의 표현에 따르면 아르파는 "과일 수납장에 늘어져 있는 죽은 고양이"였다.[1]

그럼에도 아르파는 계속 힘겹게 나아갔다. 마침내 1966년에 밥 테일러와 아르파는 뭔가 대단한 것의 씨앗을 심으려 하고 있었다.

테일러의 사무실 옆에는 단말기실이 있었다. 세 대의 원격 접속 단말기와 함께 세 개의 키보드가 나란히 놓인 작고 비좁은 공간이었다. 테일러는 이 단말기를 통해 멀리 있는 각각의 메인프레임 컴퓨터에 명령어를 입력할 수 있었다. 메인프레임 컴퓨터 중 한 대는 미국 대륙에서 건너편에 있는 캘리포니아 대학교 버클리 캠퍼스에, 다른 한 대는 해안을 따라 약 720킬로미터 올라간 매사추세츠주 케임브리지의 MIT에, 나머지 한 대는 샌타모니카의 전략공군사령부Strategic Air Command에 있었다. 전략공군사령부에 있는 메인프레임 컴퓨터는 AN/FSQ 32XD1A, 줄여서 Q-32라 불렀다.

이 거대한 컴퓨터들을 조작하려면 다른 로그인 절차와 프로그래밍 언어가 필요했다. 역사학자 케이티 해프너Katie Hafner와 매슈 라이언Matthew Lyon의 표현에 따르면 단말기실은 "각각 다른 채널에 할당된 여러 대의 TV로 가득한 골방" 같았다.[2]

테일러는 단말기를 통해 이 컴퓨터들에 원격으로 접속할 수 있었다. 그러나 이 컴퓨터들끼리 서로 연결은 쉽지 않았다. 아르파가 자금을 대어 개발한 미국 전역의 다른 컴퓨터들도 마찬가지였다. 데이터를 공유하거나, 복잡한 계산을 나눠서 하거나, 심지어 메시지를 보내는 일도 거의 불가능했다. 다음 단계는 명확했다. 테일러는 "이 모든 기기를 서로 연결하는 방법을 찾아야" 했다.[3]

테일러는 아르파 국장인 찰스 허츠펠드Charles Herzfeld에게 자신의 목표에 대해 이야기했다. 그는 "이미 방법을 알고 있다"고 주장했다. 하지만 전국에 걸친 메인프레임 컴퓨터 네트워크를 한데 연결하는 방법을 제대로 아는 사람이 있는지는 그렇게 확실하지 않았다.

허츠펠드는 "좋은 생각이야. 추진해. 자네가 쓸 예산에 바로 100만 달러를 추가하지"라고 대답했다. 회의는 20분밖에 걸리지 않았다. 밥 테일

러는 어떻게 문제를 해결할지 파악해야 했다.[4]

당시 MIT의 로런스 로버츠Laurence Roberts는 이미 자신이 관리하는 메인프레임 컴퓨터와 샌타모니카 공군사령부에 있는 Q-32를 연결하는 데 성공한 상태였다. 두 대의 슈퍼컴퓨터가 전화로 대화를 나누게 된 것이다. 다만 느리고, 취약하고, 까다로운 것이 문제였다.[5] 밥 테일러, 로런스 로버츠 그리고 다른 네트워크 부문 선구자들은 훨씬 큰 야심을 품고 있었다. 바로 어떤 컴퓨터라도 접속할 수 있는 네트워크를 만든다는 것이었다. 당시 로버츠는 이를 "생각할 수 있는 거의 모든 컴퓨터 하드웨어와 소프트웨어가 네트워크에 포함될 것"이라고 표현했다.[6]

이 일은 거대한 기회인 동시에 벅찬 도전이기도 했다. 당시 컴퓨터는 요즘 기준으로 보면 귀하고, 비싸고, 보잘것없었다. 또한 대개 컴퓨터를 이용하는 연구자들이 직접 손으로 프로그래밍을 했다. 누가 이 소수 특권층에게 그들의 프로젝트를 제쳐두고 다른 사람의 데이터 공유 프로젝트를 위한 코드를 짜라고 설득할 수 있을까? 이는 마치 페라리 소유자에게 순살 스테이크를 데워 다른 사람의 개에게 먹이도록 엔진을 공회전시켜 달라고 하는 것과 같았다.

해결책을 제시한 사람은 컴퓨터 부문 또 다른 선구자이자 물리학자인 웨슬리 클라크Wesley Clark였다. 클라크는 새로운 종류의 컴퓨터가 부상하는 과정을 지켜보고 있었다. 그것은 미국 전역의 대학교에 설치된 방 하나 크기의 메인프레임보다 크지 않고 저렴한 미니컴퓨터였다. 그는 이 새로운 네트워크의 모든 지점에 미니컴퓨터를 설치하자고 제안했다. 로컬 메인프레임, 가령 샌타모니카에 있는 거대한 Q-32는 근처에 있는 미니컴퓨터와 통신하는 것이었다.

　그러면 미니컴퓨터는 네트워크에 속한 다른 모든 미니컴퓨터와 통신하는 역할을 맡고, 데이터 패킷이 목적지에 도달할 때까지 네트워크 전체에 걸쳐 안정적으로 이동시키는 새롭고도 흥미로운 문제도 처리한다는 의견이었다. 모든 미니컴퓨터가 같은 방식으로 작동해 하나를 위한 네트워킹 프로그램을 짜면 모든 미니컴퓨터에서 구동시킬 수 있었다.

　경제학의 아버지 애덤 스미스는 클라크가 전문화와 분업의 장점을 활용하는 방식을 자랑스레 여겼을 것이다. 전문화와 분업은 아마도 애덤 스미스가 제시한 최고의 아이디어일 것이기 때문이다. 기존 메인프레임은 이미 잘하던 일을 계속하고, 신형 미니컴퓨터는 고장 없이 네트워킹을 안정적으로 수행하도록 최적화하는 것이었다. 물론 아르파가 모든 비용을 댄다는 사실도 나쁘지 않았다.[7]

　오피스 코미디물인 〈IT 크라우드The IT Crowd〉의 한 에피소드에서 컴퓨터 덕후 주인공들은 자신들이 '인터넷'이라는 물건을 가졌다고 기술적으로 무지한 상사 젠을 속였다. 그것은 불빛이 반짝이는 작은 상자였다. 그들은 고장 내지 않겠다고 약속하면 그것을 빌려주겠다고 제안했다.[8]

　웨슬리 클라크의 아이디어가 지닌 매력은 모든 특정 컴퓨터에 관한 한 네트워크가 그런 식으로 구현된다는 것이다. 각 로컬 메인프레임은 단지 옆에 있는 작고 검은 상자, 즉 로컬 미니컴퓨터와 통신할 수 있도록 프로그래밍하면 되었다. 그러면 그 이면에 존재하는 전체 네트워크와 통신할 수 있었다.[9]

　작고 검은 상자는 사실 거대하고 회색이었다. 그들은 인터페이스 메시지 프로세서interface message processor, 혹은 IMP로 불렸다. IMP는 냉장고 크기에 무게가 400킬로그램이 넘는 허니웰Honeywell 미니컴퓨터를 개조한 것이었다.[10] 가격은 각각 8만 달러로, 지금 가치로는 50만 달러가 넘었다.[11]

네트워크 설계자들은 누가 지켜보지 않아도 묵묵히 돌아가는 메시지 프로세서를 원했다. 또한 덥든 춥든, 진동이 심하든, 전류가 급증하든, 곰팡이가 끼든, 생쥐가 돌아다니든, 가장 위험하게는 호기심 많은 대학원생이 드라이버를 들이대든 계속 돌아가는 메시지 프로세서를 원했다. 군용등급 허니웰 컴퓨터는 이상적인 출발점으로 보였다. 장갑판까지 달린 것

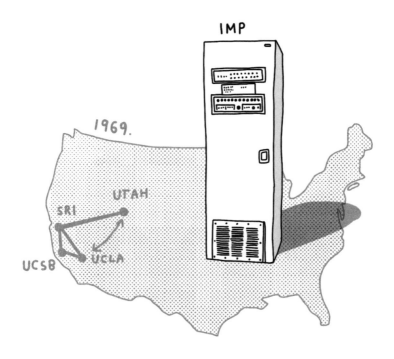

은 과했을지 모르지만 말이다.[12]

프로토타입인 IMP 0는 1969년 초에 만들어졌다. 그러나 제대로 작동하지 않았다. 젊은 엔지니어가 1.3밀리미터 간격으로 배치된 핀에 배선을 벗기고 되감으면서 몇 달 동안 수리 작업에 매달렸다. 그해 10월이 되어서야 IMP 1과 IMP 2가 로스앤젤레스에 있는 UCLA, 그리고 거기서 해안을 따라 560킬로미터 위에 있는 스탠퍼드 연구소Stanford Research Institute에 자리 잡았다.

1969년 10월 29일, 두 대의 메인프레임이 부속 IMP를 통해 최초의 단어를 주고받았다. 그 단어는 성서에 나오는 감탄사와 같은 'LO'였다. 사실 조작자가 '로그인Login'을 입력하려고 했는데 두 글자 이후에 네트워크가 마비된 것이었다.[13] 비록 말을 더듬으며 시작하긴 했지만 아르파넷ARPANET에는 불이 들어왔다.

뒤이어 다른 네트워크들이 생겨났다. 이후 이 네트워크들을 한데 엮어 네트워크들의 네트워크, 혹은 줄여서 '인터넷'을 만들기 위한 10년에 걸친 프로젝트가 시작되었다. 결국 IMP는 라우터router라는 보다 현대적인 기기로 대체되어, 1980년대 말에는 박물관에 들어갈 물건이 되었다.[14]

그러나 로런스 로버츠가 예견한 세상, "생각할 수 있는 거의 모든 컴퓨터 하드웨어와 소프트웨어가 네트워크에 포함될" 세상은 현실이 되어가고 있었다. 그 길을 열어준 것은 IMP였다.

#GPS

GPS가 작동을 멈춘다면 어떤 일이 일어날까?

우선 우리 모두는 한 지점에서 다른 지점으로 갈 때 머리를 써서 주변 지리에 신경을 기울여야 한다. 어쩌면 이것은 나쁜 일이 아닐지도 모른다. 내비게이션 기기를 지나치게 믿다가 강이나 절벽으로 차를 몰 가능성이 줄어들 것이기 때문이다. 당신이 좋아하는 이야기 중에 사람들이 GPS 때문에 멍청한 짓을 한 이야기를 떠올려보라. 내가 좋아하는 이야기는 이탈리아의 카프리Capri섬에 가려던 스웨덴 부부가 철자를 틀리는 바람에 수백 킬로미터나 떨어진 카르피Carpi까지 가서 바다가 어디 있는지 물었다는 이야기다.[1]

그러나 이는 예외적인 경우다. GPS를 활용하는 기기들은 대개 우리가 길을 잃지 않도록 해준다. GPS가 작동하지 않으면 표지판을 보려고 속도를 늦추거나 지도를 보려고 멈추는 차들 때문에 도로가 막힐 것이다. 기차를 타고 통근하는 경우에는 다음 기차가 언제 도착하는지 알려주는 전광판이 쓸모없어질 것이다. 또한 적어도 영국에서는 누군가가 안에서 문을 열어줄 때까지 기다려야 할 것이다. GPS가 플랫폼에 도착했다고 알려주지 않으면 문이 자동으로 열리지 않을 것이기 때문이다. 전화로 택시를 불러도 일에 지친 교환원이 일일이 기사들에게 연락해 위치를 파악해야 할 것이다. 우버 앱을 열어도 상황이 어떨지 예상할 수 있을 것이다. 포켓몬고Pokémon Go 게임을 하면서 시간을 보낼 생각은 하지도 말아야 한다.

GPS가 없으면 응급 서비스가 힘들어진다. 교환원은 휴대전화 신호만으로 발신자의 위치를 확인하거나, 인근에 있는 구급차나 순찰차를 파악할 수 없다. 배달원들이 우리가 구매한 물건을 배달하는 데도 시간이 더 오래 걸린다. 항만은 엉망이 될 것이다. 컨테이너 크레인으로 하역하려면 GPS가 필요하다. '적시' 물류 시스템이 중단되면서 슈퍼마켓 선반에는 빈자리가 생길 것이다. 자재가 제시간에 도착하지 않아 공장 가동도 중단될 것이다. 영국 정부가 밝힌 보고서에 따르면 농업, 건설업, 어업, 측량업 분야에서도 5일 동안 GPS 장애로 50억 파운드의 피해가 발생했다.[2]

GPS 장애가 너무 오래 지속되면 GPS를 위치 안내 서비스로만 생각할 경우 언뜻 떠오르지 않는 다른 수많은 시스템의 토대가 무너지지 않을지 걱정해야 한다. GPS는 위치 안내 서비스지만 동시에 시간 안내 서비스이기도 하다. GPS, 즉 위성항법시스템Global Positioning System은 최소 24개의 위성으로 구성된다. 이 위성들은 모두 극도로 정밀한 수준까지 동조화된 시계를 갖고 있다. 당신의 스마트폰은 이 위성들로부터 신호를 받아 현재 위치를 검색한다. 이때 해당 위성이 신호를 보낸 시간과 그 위치를 토대로 계산한다. 이 위성들의 시계가 1,000분의 1초라도 어긋나면 수백 킬로미터의 오차가 발생한다.

따라서 엄청나게 정확한 시간 정보를 원한다면 GPS의 도움을 받아야 한다. 이동통신망을 생각해보라. 당신의 통화는 멀티플렉싱multiplexing이라는 기술을 통해 다른 이용자의 통화와 통신망을 공유하게 된다. 멀티플렉싱은 여러 데이터에 타임 스탬프time-stamp를 넣고 뒤섞은 다음 맞은편에서 풀어놓는다. 이때 단 10만 분의 1초만 틀려도 문제가 생긴다.[3] 은행 지급망, 주식 시장, 전력망, 디지털 텔레비전, 클라우드 컴퓨팅 등이 여러 지역에서 동일한 시간 기준을 따르는 데 의존한다. GPS가 작동하지 않으면 백업 시스템이 얼마나 잘, 얼마나 폭넓게, 그리고 얼마나 오래 이 다양한 활동을 뒷받침할 수 있을까? 그다지 안심되지 않는 답변은 누구도 제대로 알지 못한다는 것이다.[4]

그러니 GPS가 때로 '보이지 않는 공공서비스'라고 불릴 만도 하다.[5] GPS의 가치를 금액으로 환산하기란 거의 불가능해졌다. 저술가인 그레그 밀너Greg Milner가 말한 대로 차라리 "인간의 호흡계에서 산소가 지니는 가치가 얼마인지" 묻는 편이 낫다.[6] 이는 원래 폭격에 도움이 된다는 이유로 미군으로부터 처음 지원받은 발명품으로서는 놀라운 이야기다. 처음에는 미군조차 정말로 필요한지 확신을 갖지 못했다. 한 초기 지지자가 회고한 바에 따르면 동료들이 보인 전형적인 반응은 "내가 어디 있는지 뻔히 아는데 위성이 그걸 알려줄 필요가 뭐 있어?"였다.[7]

최초의 GPS 위성은 1978년에 발사되었다. 그러나 1990년에 1차 걸프 전쟁이 일어난 뒤에야 회의론자들은 제정신을 차렸다. 사막 폭풍 작전에서 모래가 휘몰아치는 바람에 가시거리가 5미터로 줄어들었다. GPS는 병사들이 지뢰의 위치를 표시하고, 수원지로 돌아가는 길을 찾으며, 서로 충돌하는 길을 피하도록 해주었다. GPS는 명백히 생명을 구하는 역할을 했으나 군이 보급받은 수신기가 너무 적었다. 그래서 병사들은 미국에 있는 가족에게 자비로 1,000달러가 넘는 상용 기기를 보내달라고 요청했다.[8]

군사적 장점을 감안할 때, GPS가 민간에 널리 보급되는 것을 미군이 좋아한 이유가 궁금할 수 있다. 그 답은 그들이 좋아하지 않았지만 어쩔 수 없었다는 것이다. 그들은 실제로 위성이 두 가지 신호를 보내게 만들었다. 하나는 군사용으로 정확한 신호이고, 다른 하나는 민간용으로 급이 낮고 흐릿한 신호였다. 그러나 기업들은 흐릿한 신호를 토대로 초점을 맞추는 영리한 방법을 찾아냈다. 또한 GPS의 경기 부양 효과가 갈수록 명확해졌다. 2000년에 미국의 클린턴 대통령은 불가피한 변화를 수용해 모두에게 고급 신호가 제공되게 만들었다.[9]

미국의 납세자들은 GPS를 운영하는 데 필요한 연 10억 달러 이상의 비용을 댄다. 대단히 관대한 일이 아닐 수 없다. 그러나 다른 나라 사람들이 계속 그들의 인심에 기대는 것이 현명할까? 사실 GPS가 유일한 위성 항법 시스템은 아니다. GPS만큼 뛰어나지는 않지만 글로나스GLONASS라는 러시아의 시스템도 있다. 중국과 유럽연합은 베이더우Beidou와 갈릴레오Galileo라는 상당히 진전된 프로젝트를 추진하는 중이다. 일본과 인도도 독자적인 시스템을 개발하고 있다.[10]

이런 대안 위성들은 GPS가 지닌 문제들을 해결하는 데 도움을 줄지도 모른다. 그러나 동시에 향후 분쟁이 발생했을 때 구미가 당기는 군사적 목표물이 될 수도 있다. 그래서 모두의 시스템을 다운시키기 위한 우주 전쟁이 벌어질지도 모른다. 거대한 태양 폭풍이 그런 일을 저지를 수도 있다.[11] 지상에서 위성 항법 기능을 대신할 만한 것이 있다. 주요 대안은 이로란eLoran으로 불리는데, 이로란은 전 세계를 포괄하지 않는다. 또한 일부 국가는 자국의 고유 시스템을 개발하는 데 다른 나라보다 많은 노력을 기울이고 있다.[12]

이로란이 지닌 큰 장점 중 하나는 신호가 더 강하다는 것이다. GPS 신호는 2만 킬로미터를 지나 지구에 당도할 때 아주 약한 상태가 된다. 그래서 방법만 알면 쉽게 신호를 방해하거나 조작할 수 있다.[13] 직업적으로 이런 문제를 고민하는 사람들은 어느 날 자고 일어났더니 시스템 전체가 다운된다든가 하는 묵시록적 시나리오를 크게 걱정하지 않는다. 그보다 테러 집단이나 국가가 특정 지역에서 부정확한 신호를 GPS 수신기에 전송해 시스템을 망가뜨릴 위험을 더 걱정한다.[14] 텍사스 대학교 공학 교수인 토드 험프리스Todd Humphreys는 신호 조작으로 드론을 추락시키고 슈퍼요트를 다른 항로로 돌릴 수 있음을 보여주었다.[15] 그는 공격자들이 전력망을 망치거나, 이동통신망을 마비시키거나, 주식 시장을 정지시킬지도 모른다고 걱정한다.[16]

사실 GPS 신호 조작이 얼마나 많은 피해를 입힐지 정확히 알기는 어렵다. 카르피까지 간 스웨덴 부부에게 물어보라. 길을 잃는 것은 문제다. 그러나 자신이 어디 있는지 안다고 오판하는 것은 완전히 다른 문제다.

비밀과 거짓말

#가동 활자 인쇄기

1438년 크리스마스에 독일 슈트라스부르크의 부유한 시민 안드레아스 드리첸Andreas Dritzehn이 흑사병으로 사망했다. 당시에는 드문 일이 아니었다. 그러나 드리첸의 죽음은 지금까지 흥미를 안기는 소송을 초래했다. 드리첸은 동업으로 뭔가를 제작하고 있었다. 그것이 무엇인지는 명확하지 않다. 확실히 알려진 것은 작은 금속제 볼록 거울이었다. 이 거울은 성스러운 유물의 신성한 광채를 흡수했기 때문에 순례자들에게 인기가 많았다. 그러나 드리첸과 동업자는 다른 것도 제작하고 있었다. 그것은 거울보다 훨씬 거대한 물건이었다. 드리첸은 상당한 수익을 올렸음에도 이 비밀스러운 프로젝트에 들어가는 비용 때문에 빚에 허덕이고 있었다.[1]

드리첸이 사망한 이후 그의 성질 급한 형제들은 동업자들을 고소했다.

지금까지 전해지는 법원 서류에는 "비밀스러운 기술"을 구현했으며, "누구도 알 수 없도록 (…) 인쇄기의 부품들"을 제거했다는 내용이 나와 있다. 드리첸의 동업자들은 분명 이 "비밀스러운 기술"이 누출될까봐 두려워했다. 결국 소송은 합의로 마무리되었고, 남은 드리첸의 형제들은 합의금을 받았다. 이후 핵심 동업자는 '모험과 기술'을 추구하기 위해 계속 돈을 들였다. 그의 이름은 요하네스 구텐베르크Johannes Gutenberg였다.[2]

물론 구텐베르크는 인쇄기, 보다 정확하게는 내구성 있는 금속활자를 대량생산하고 유연하게 재배열해 며칠 만에 수백 권의 책을 찍어낼 수 있는 완전한 인쇄 시스템을 개발하고 있었다.

중요한 것은 시스템이었다. 글자의 형태를 만들어서 찍어낸다는 생각의 기원은 적어도 파이스토스 원반Phaistos Disc으로 거슬러 올라간다. 크레타 섬에서 발견된 이 점토 서판은 거의 4,000년이나 된 것이다. 또한 770년에 일본의 쇼토쿠 천황은 100만 본의 다라니경을 인쇄하게 했다. 텍스트가 간결했기 때문에 하나의 동판으로 전체 문서를 인쇄할 수 있었다.[3]

그러나 중국이 발명한 종이와 유럽의 알파벳 표기 체계로 무장한 구텐베르크는 훨씬 더 유연한 인쇄기를 염두에 두고 있었다.

이 아이디어는 이미 퍼지고 있었다. 발트포겔Waldvogel이라는 사람도 비슷한 것을 개발하고 있었다. 그래서 구텐베르크가 비밀을 유지하려고 그렇게 애썼던 것이다.

구텐베르크 시스템의 핵심은 금속활자를 대량생산하는 방법이었다. 이 방법은 필수적인 것이었다. 한 페이지의 텍스트를 인쇄하려면 약 3,000개의 활자가 필요했다. 이 활자를 모두 손으로 깎아내려면 엄청난 시간이 걸릴 것이었다.

원래 금세공인이었던 구텐베르크는 동전을 찍어내는 압인을 정확하게 깎는 기술이 뛰어났다. 그래서 그와 동료들은 각 글자를 양각으로 찍어낼 강철 압인을 정교하게 깎았다. 이 방식은 글자를 파내는 방식보다 쉬웠다. 뒤이어 압인은 글자가 눌러진 '모형母型'을 찍어냈다. 끝으로 모형을 수조형手造型으로 고정하고, 녹인 합금을 부으면 금속활자가 만들어졌다. 이 활자는 빨리 식어 바로 쓸 수 있었다. 활자가 닳아도 모형이나 압인만 있으면 쉽게 더 많이 만들 수 있었다. 또한 다른 활자가 필요할 경우에는 다른 모형을 수조형에 끼우기만 하면 되었다.

구텐베르크는 활자를 틀에 확실하게 고정하고 자신이 개발한 유성 잉크를 발랐다. 그리고 약간 눅눅한 종이를 그 위에 누른 후 결과물을 감상했다.

결과물은 대단했다! 구텐베르크는 시험 삼아 28페이지짜리 교재를 인쇄했다. 뒤이어 바로 아름다운 라틴어판 성경을 인쇄하는 품격 있는 프로젝트에 돌입했다.[4] 나중에 비오 2세 교황이 되는 에네아 실비오 피콜로미니Enea Silvio Piccolomini는 1455년에 구텐베르크 성경을 처음 접했다. 그는 구텐베르크를 "경이로운 사람"이라 칭송하면서 "글자가 너무 선명해서 안경이 없어도 읽을 수 있으며, 모든 사본이 팔렸다"고 말했다.[5]

지금도 사람들은 구텐베르크 성경의 아름다움에 감탄한다. 그러나 구텐베르크 성경이 지닌 혁신성은 아름다움이나 선명함이 아니라 경제성

에 있었다. 구텐베르크가 대량생산을 가능케 하면서 책값이 크게 떨어졌다. 이 변화의 영향력은 아무리 과장해도 지나치지 않다. 구텐베르크 이전에는 수 세기 동안 필사한 책의 가격이 약 6개월 치 임금에 해당했다. 그러나 구텐베르크 이후에는 곧 6일 치 임금 수준까지 떨어졌고, 1600년대 초에는 6시간 치 임금 수준이면 구입할 수 있었다.[6]

그 결과 인쇄물의 수가 급증하기 시작했다. 유럽에서 인쇄기가 발명된 이후 1세기 동안 이전 모든 기간에 걸쳐 필사된 책보다 많은 책이 인쇄되었다. 이마저 시작에 불과했다. 1400년대 초에는 케임브리지 도서관의 장서가 122권에 불과하고 각각의 책이 모두 보물이었으나, 지금은 장서가 800만 권에 달한다.[7]

인쇄 기술은 사고의 영향권을 확대해 소위 선구적 사상가로 불리는 사람들의 위신과 명예를 드높였다. 예를 들면 1470년경 이탈리아 도시에 인쇄기가 보급된 후 정상급 교수들의 급여가 일반 숙련공의 4배 수준에서 7~8배 수준으로 뛰었다.[8]

인쇄는 공작기계로 장총, 자전거 부품, 선박의 도르래 장치를 만드는 시기를 훌쩍 앞서는 최초의 대량생산 공정이었다고 할 수 있다.[9]

인쇄업은 새로운 유형의 사업이었다. 오랫동안 방직 같은 숙련 작업은 길드가 조직되어 누가 어떤 방식으로 작업할지 통제했다. 그러나 인쇄소는 영리 사업체여서 길드 체제 밖에서 운영되었다.[10] 금융업자들은 인쇄기를 만들고 조판 작업을 하는 데 필요한 상당한 자금을 빌려주었다. 빚을 지지 않고는 인쇄 사업을 하기 어려웠다. 또한 서점이 없었기 때문에 금융업자들이 유통까지 처리해주었다.[11]

인쇄 사업은 쉽지 않았다. 초기 인쇄업자들이 선호한 그림이 들어간 성서를 찍어내는 일은 엄청나게 어려웠다. 많은 인쇄업자가 살벌한 경쟁에서 살아남지 못했다. 초기 인쇄 사업의 중심지인 베네치아의 경우 1469년에 12개의 인쇄 회사가 있었으나, 이 가운데 9개는 3년 만에 사라졌다.[12]

결국 인쇄업자들은 더 짧고 단순한 책을 더 낮은 가격에, 더 오래 찍어내는 편이 더 이익이라는 사실을 알게 되었다. 구텐베르크가 인쇄기를 시험하기 위해 가장 먼저 찍어낸 문법서는 인기가 많았다. 미리 내용이 기재된 면죄부도 마찬가지였다. 이 두 상품은 안정적인 수익원이었다. 뒤이어 독일의 종교개혁자 마르틴 루터Martin Luther의 『95개조 반박문Ninety-Five Theses』 같은 짧은 종교적 논집들이 나왔다. 전해지는 이야기에 따르면 그는 1517년 독일 비텐베르크에 있는 만성교회All Saints' Church의 문에 이 책을 못으로 박았다고 한다.

미국의 역사학자 엘리자베스 아이젠슈타인Elizabeth Eisenstein이 지적한 대로 마르틴 루터 같은 신학 교수가 가톨릭교회와 종교적 논쟁을 벌이는 것은 그렇게 드문 일이 아니었다. 또한 교회 문은 전통적으로 홍보물을 붙이는 장소였다. 특이한 것은 인쇄기가 루터와 그 지지자들의 반체제 사상을 퍼트린 속도였다. 비텐베르크는 인쇄소가 가득한 단일 산업 도시가 되었다.[13]

마르틴 루터가 독일어로 번역한 신약은 폭넓게 인쇄되었다. 그는 인쇄를 "복음을 전파하는 하느님의 고귀한 극한의 은총"이라고 표현했다.

그러나 당시 돌아다니던 소책자들은 대개 전혀 우아하지 않았다. 그 책들은 늑대 머리를 한 교황 등 악의적인 캐리커처로 가득했다. 가톨릭 지

지자들은 나름의 역선전을 통해 반격에 나섰다. 이런 종교적 비방전은 인쇄업자의 호주머니를 불려주었고, 종교개혁과 개신교의 탄생을 촉발했다. 그리고 결국에는 30년 전쟁이라는 파국으로 이어졌다.[14]

혁신적인 신기술이 선동적인 발언을 퍼트리는 데 도움을 준다고? 누가 그렇게 될 줄 알았을까? 현대의 인터넷 트롤troll들은 갈등이 관심을 낳고 관심이 영향을 낳는다고 주장한다. 그러나 17세기에 살았던 독일인이라면 누구나 그것은 새로운 생각이 아니라고 증언할 것이다.[15]

그렇다면 이 모든 것을 시작한 사람은 어떻게 되었을까? 영국국립도서관의 설명에 따르면 요하네스 구텐베르크는 '천년의 인물the man of the millennium'이었다. 이런 영광을 누릴 대상자로서 진지하게 지명할 수 있는 인물은 많지 않다. 그러나 천년의 인물도 인쇄기로 돈을 버는 데는 애를 먹었다.[16]

구텐베르크는 뒤를 이은 많은 인쇄업자처럼 영광스럽고도 감당할 수 없을 만큼 비싼 성경을 찍어내고 싶어 했다. 하지만 앞서 언급한 대로 그는 17년 전 안드레아스 드리첸과 동업한 이후 계속 빚이 쌓여가고 있었다. 미래의 교황에게 칭송을 들은 1455년에 그는 또 다른 동업자가 제기한 소송에 휘말려 자신이 만든 인쇄기에 대한 소유권까지 잃고 말았다. 그로서는 차라리 문법서나 계속 찍어냈다면 더 좋았을 것이다.[17]

#생리대

1920년대에 열린 한 디너파티에서 젊은 미국인이 어리벙벙한 얼굴로 "코텍스Kotex가 뭔지 누가 좀 알려달라"고 말했다. 물론 누구도 알려주지 못했다. 코텍스는 암호로서, 남자들이 알면 안 되는 비밀을 가리키는 은밀한 용어였다. 코텍스는 지금까지 미국에서 가장 인기 있는 생리대 브랜드로 남아 있다. 하지만 사실을 말하자면, 나 역시 한 번도 들어본 적이 없다.[1]

『언더 랩스Under Wraps』를 쓴 샤라 보스트럴Sharra Vostral에게는 이것이 놀랍지 않다. 그녀의 말에 따르면 생리대, 탐폰, 생리컵 같은 생리 제품의 본질적인 사명 중 하나는 숨기는 것이다. 여성이 생리 중인지 아닌지 다른 사람들이 알아서는 안 된다. 초기 탐폰 브랜드 중 하나가 '핍스Fibs'였던

데는 그만한 이유가 있다.[2]

모두가 그 이름에 담긴 윙크를 용인한 것은 아니었다. 한 여성은 시장 조사자들에게 이렇게 불만을 표시했다. "'핍'은 거짓말을 정중하게 표현하는 단어예요. 뭔가 불쾌하고, 비밀스럽고, 불결한 걸 암시하죠. 매장에서 탐폰을 사도 그 형편없는 이름 때문에 '핍스'는 사지 않을 거예요."[3]

그럼에도 여성들이 생리를 숨기려 드는 충분한 이유가 있었다. 생리는 전 세계 수많은 금기들의 중심이었다. 구약에는 생리가 불결하며, 생리천이 혐오스럽다는 구절이 나온다.[4]

이런 인식이 사라지는 속도는 느렸다. 1868년에 미국의학협회 부회장은 월례 '질환'에 걸렸을 때는 여의사들을 신뢰할 수 없다고 말했다. 5년 후 미국의 의사이자 성교육자인 에드워드 클라크Edward Clark는 생리 중에는 여학생들을 교실에 들이지 말아야 한다고 주장했다. 생리와 사고를 동시에 하기 힘들다는 것이 그 이유였다. 작가인 엘리자 더피Eliza Duffey는 그렇다면 여성이 생리 기간에 힘든 집안일을 하지 않는다 해도 반대하지 않느냐고 대꾸했다. 클라크는 여자들이 교육을 받지 못하게 하고 싶어 했던 것 아닐까? 어쩌면 정말로 그럴지도 모른다.[5]

이런 상황에서 여성들이 집에서 만든 수단으로 생리혈을 몰래 처리하려는 것은 전혀 놀라운 일이 아니다. 탐폰은 수천 년 동안 존재했다. 로마 시대에는 목화로, 인도네시아에서는 식물 섬유로, 일본에서는 종이로, 아프리카에서는 풀로, 이집트에서는 파피루스 갈대로, 하와이에서는 양치류로 탐폰을 만들었다.[6] 또한 여성들은 천조각으로 만든 생리대를 종종 빨아서 재사용했다. 그러나 현재 밝혀진 바로는 생리대를 재사용하면 감

염뿐 아니라 심지어 자궁경부암의 위험이 있다.[7]

19세기 말에 삶의 다른 영역에서는 집에서 만들어 쓰던 물건들이 공장에서 생산된 제품으로 대체되었다. 그런데 왜 생리대는 그렇게 되지 않았을까?

문제는 사회가 입에 올리려 하지 않는 제품을 광고하고 판매할 방법이 마땅치 않다는 것이었다. 최초의 일회용 생리대 광고에 대한 기록은 1890년대로 거슬러 올라간다. 미국의 존슨앤드존슨Johnson&Johnson은 1896년에 '리스터스 타월Lister's Towels'을 제조해 판매했다. 또한 1895년에 런던의 해러즈 백화점에서는 독일 제조사인 하르트만Hartmann이 만든 '위생 종이수건'을 광고했다.[8] 그러나 이 제품들은 큰 영향력을 미치지 못했다. 대다수 여성은 무엇이든 손에 넣을 수 있는 재료로 직접 생리 수건을 만드는 편이 더 저렴하거나, 더 편하거나, 덜 창피하다고 여겼다.[9]

그러다가 제1차 세계 대전 동안 핵심적인 기술적 돌파구가 열렸다. 미국의 제지 회사인 킴벌리클라크Kimberly-Clark가 '셀루코튼cellucotton'이라는 신소재로 붕대를 만들기 시작한 것이다. 셀루코튼은 목재 펄프로 만들어 솜보다 저렴하고 흡수력이 뛰어났다. 전후 새로운 시장을 찾던 킴벌리클라크는 셀루코튼을 붕대가 아닌 다른 용도로 쓴다는 간호사들의 편지를 받았다.[10]

그것은 명백한 사업 기회였다. 다만 위험이 없는 것은 아니었다. 생리대는 광고하는 것은 물론 심지어 구매하기도 쉽지 않은 금기 대상이었다. 그래도 킴벌리클라크는 '코텍스'라는 수수께끼 같은 이름을 붙여서 판매를 강행했다. 사실 코텍스는 '면 촉감cotton texture'을 줄인 말이었다. 그러나

디너파티에 참석한 젊은 남자들이 '코텍스'가 무엇을 뜻하는지 모르는 것이 더 중요했다.[11]

신제품은 빠르게 인기를 끌었다. 수십 년 동안 여성들은 공장과 사무실에서 일자리를 얻어 약간의 독립성을 얻었다. 에드워드 클라크가 어떤 믿음을 가졌든 간에 그들은 생리 중에도 얼마든지 생각할 수 있었다. 단지 그들에게는 편리하게 쓰고 버릴 수 있는 생리대가 필요했다. 덕분에 모두의 예상을 깨고 킴벌리클라크는 히트를 기록했다.

1927년에 커지는 생리대 시장을 최초로 자세히 연구한 릴리언 길브레스Lillian Gilbreth는 심리학과 공학 부문의 과학적 아이디어를 마케팅, 인체공학, 디자인과 관련된 상업적 문제에 적용한 선구자였다. 그녀가 보기에 현대 여성은 활발한 외부활동을 해야 했다. 그녀는 여성들이 은밀하게 포장된 제품을 원한다는 사실을 강조했다. 즉, 포장을 벗길 때 부스럭거리거나 바스락거리지 않아야 했다. 또한 "아무리 바짝 붙거나 얇은 옷을 입어도 전혀 표시가 나지 않아야" 했다.[12] 심지어 그녀가 존슨앤드존슨을 도와 만든 제품은 점원에게 "모데스Modess 하나 주세요"라고 적힌 쿠폰을 조용히 건네면 구매할 수 있었다.

이처럼 제품 자체는 몰래 쓸 수 있도록 만들어졌지만 그 홍보 방식은 곧 전혀 비밀스럽지 않게 바뀌었다. 수요가 급증하자 제조사들은 완곡한 표현을 동원해 광고를 쏟아부었다. 1920년대만 해도 생리대 브랜드를 몰랐던 남성들은 1930년대에 생리대 광고의 집중포화를 당했다.

나중에 노벨 문학상을 받은 윌리엄 포크너William Faulkner는 "코텍스 시대와의 접점을 완전히 잃어버려 아무것도 생각할 수 없다"고 불평했다.

글이 막혔다고 코텍스 광고를 탓하는 것은 상당히 '브로플레이크broflake'*
스럽다. 그래도 이 사례는 이전에는 입에 올리지 못했던 기술이 얼마나 빨
리 문화의 주류로 진입하는지 말해준다.

1930년대에는 셀루코튼의 뒤를 이어 상업용 탐폰이 나왔다. 1933년에
특허를 딴 이 탐폰은 '탐팩스Tampax'라는 이름으로 판매되었다.[13] 그리고
1937년에 처음으로 생리컵이 등장했다. 특허권자는 리오나 왓슨 차머스
Leona Watson Chalmers라는 여성이었다.[14]

뒤이어 전쟁이 벌어졌다. 생리 제품은 여성이 전쟁에 기여하는 데 도움
을 주는 수단으로 홍보되었다. 한 코텍스 광고는 빗자루와 대걸레를 내버
려둔 채 맥이 빠져 있는 10대 소녀의 모습을 보여주었다.

광고 카피는 이러했다. "엄마가 도움을 바랄 때 (…) 당신이 청소와 설
거지를 회피할 줄 누가 알았을까요? (…) 당신 같은 소녀들이 '집안일'을
해준 덕분에 수많은 엄마가 붕대를 감고, 전쟁 채권을 팔고, 드릴 프레스
drill press를 돌릴 수 있게 되었습니다."[15]

물론 1950년대가 되자 광고 내용은 '부드러운 실크 트윌twill' 드레스를
입고 미술관에서 시간을 보내는 여유로운 여성의 모습으로 돌아갔다.

당시 여성들은 미국에서만 1년에 약 30억 달러를 생리 제품 구매에 썼
다.[16]

생리 제품은 오래전에 문화적 담론의 일부가 되었다. 서구의 관점에서

---

* brother와 snowflake를 합친 말로 진보적 태도에 쉽게 분
노하는 남성을 가리킨다 - 옮긴이.

보면 생리를 창피하게 여기던 구시대적 관념은 우스울 따름이다. 21세기 광고는 바짝 붙는 흰색 반바지를 입고 백마를 타는 여성의 이미지가 삽입된 가운데 살균된 연구실에서 파란색 액체를 비유적으로 보여주던 이전의 광고를 조롱했다.[17]

그러나 세계 많은 지역에서는 아직도 위생 문제가 심각하다. 아루나찰람 무루가난탐Arunachalam Muruganantham의 사례를 보라. 인도 남부에서 중학교를 중퇴하고 어렵게 살던 그는 1998년에 아내가 어쩔 수 없이 더러운 천을 생리대로 쓰는 모습을 보고 위생적이고 저렴한 생리대를 만들어줘

야겠다고 결심했다. 그의 아내는 "오토바이도 닦지 않을" 천을 생리대로 써야만 했다.[18]

그는 간단한 생리대 제조 기계를 만들기 위한 실험을 시작했다. 이 기계는 인도 전역에 걸쳐 여성들에게 저렴한 생리대를 제공할 뿐 아니라 일자리까지 만들어줄 수 있었다. 그런데 정작 아내가 그를 버리고 떠나버렸다. 홀로 살던 그의 어머니도 마찬가지였다. 그가 하는 일이 너무나 창피스러웠기 때문이다.

무루가난탐은 현재 자신의 발명품 덕분에 많은 칭송을 받는다. 다행히 그의 아내인 샨티Shanthi도 돌아왔다. 그래도 그가 겪어야 했던 시련은 세상의 많은 지역에서 아직 생리에 대한 오명이 얼마나 강하게 남아 있는지 짐작하게 한다.

유네스코UNESCO에 따르면 이런 오명은 사하라 사막 남부 아프리카에 사는 여학생 10명 중 1명이 생리 때 결석하는 한 가지 이유다.[19] 에드워드 클라크는 용인했을지 모르지만, 이는 심각한 문제다. 학업에 뒤처진 일부 여학생은 아예 학교를 중퇴하기 때문이다.[20]

오명만이 문제가 아니다. 깨끗한 물과 문을 잠글 수 있는 화장실이 부족한 것도 문제다. 물론 아루나찰람 무루가난탐이 해결하려고 노력한 문제도 있다. 일부 지역의 젊은 여성들은 다른 지역의 젊은 여성들이 당연하게 여기는 생리 제품을 살 형편이 못 된다. 윌리엄 포크너는 코텍스 시대에 소외받는 기분을 느꼈을지도 모른다. 그러나 그로부터 거의 1세기가 지난 뒤에도 많은 여성이 여전히 그 시대가 도래하기를 기다리고 있다.

28

#CCTV

페네뮌데Peenemünde는 페네강이 발트해와 만나는 독일 북부의 모래톱이다. 1942년 10월, 독일의 엔지니어들은 통제실에 앉아 텔레비전 화면을 지켜보고 있었다. 화면에서는 약 2.5킬로미터 떨어진 발사대에 설치된 실험용 무기를 근접 촬영한 장면이 실시간으로 나오고 있었다. 카운트다운이 시작되었다. 다른 텔레비전에서 나오는 광각 화면에서는 실험용 무기가 하늘로 솟아올랐다.[1] 실험은 성공적이었다. 그들은 미래를 바꿀 현장을 지켜보고 있었다. 하지만 아마도 그들이 상상하던 방식은 아니었을 것이다.

V-2 혹은 페르겔퉁스바펜Vergeltungswaffen, 즉 '보복 무기|vengeance weapon〉는 히틀러에게 승리를 안길 무기였다. 이 무기는 세계 최초 로켓 추진 폭

탄이었다. 게다가 음속보다 빨랐기 때문에 폭발하기 전까지는 날아온다는 사실을 알 수 없었다. 그러나 표적을 정확하게 겨냥할 수 없다는 결정적인 단점이 있었다. 결국 V-2는 수천 명을 죽였지만 전쟁의 향방을 바꾸지는 못했다.[2]

명민한 젊은 엔지니어로서 V-2를 개발한 베른헤르 폰 브라운Wernher von Braun은 미국에 항복하고 그들이 우주 개발 경쟁에서 이기도록 도왔다. 그가 실시한 로켓 실험이 인간을 달에 보내기 위한 첫걸음이었다고 말해도 그는 놀라지 않았을 것이다. 그것이 바로 그의 동기였기 때문이다.[3]

그러나 폰 브라운은 거대한 영향력을 미칠 또 다른 기술의 탄생도 지켜보게 될 줄 몰랐을 것이다. 그 기술은 바로 폐쇄회로 텔레비전, 즉 CCTV였다.

로켓 발사 통제실에 나오던 화면은 방송이 아니라 폐쇄회로를 통한 사적인 실시간 모니터링을 위해 전송된 동영상의 첫 사례였다. 페네뮌데의 수뇌부는 노예 노동자들을 죽을 지경으로 부렸지만, 자신이 사망자 명부에 오를 생각은 없었다. 그래서 텔레비전 엔지니어인 발터 브루흐Walter Bruch를 초빙해 안전한 거리에서 발사 과정을 관찰할 수 있도록 해달라고 요청했다. 이는 현명한 조치였다. 첫 실험 발사에서 V-2 로켓이 실제로 폭발하면서 브루흐가 설치한 카메라 중 한 대를 부숴버렸기 때문이다.[4]

브루흐의 발명품이 현재 정확히 얼마나 인기를 끌고 있는지 파악하기는 어렵다. 수년 전에 제시된 한 추정치에 따르면 전 세계에 설치된 감시 카메라의 수는 2억 4,500만 대로 약 30명당 1대꼴이다.[5] 또 다른 자료는 중국에서 곧 그 수치가 두 배 이상 증가할 거라고 예측한다.[6] CCTV 시장

이 빠르게 커지는 것만은 분명하다. 세계 CCTV 시장의 리더는 중국 정부가 지분을 일부 소유한 하이크비전Hikvision이다.[7]

중국은 이 모든 CCTV로 무엇을 하는 것일까? 한 가지 사례를 보자. 이런 광경을 상상해보라. 당신이 중국 샹양襄陽의 붐비는 도로를 건너려 하고 있다. 신호등이 바뀌기를 기다려야 하지만, 너무나 급해 무작정 차들 사이를 지난다. 며칠 후 당신은 무단횡단자라고 고발당하는 것은 물론 당신의 사진, 이름, 주민등록번호가 거대한 광고판에 뜬 것을 보게 된다.[8]

감시카메라의 용도는 이렇게 공개적으로 망신을 주는 데서 그치지 않는다. 감시카메라는 중국이 계획하는 ‘사회신용social credit’ 제도를 뒷받침할 것이다.[9] 이 국가적 제도가 어떻게 운용될지는 아직 분명하지 않다. 다만 공공부문과 민간부문의 데이터를 활용해 어떤 사람이 모범시민인지 여부를 가릴 점수를 매기기 위한 다양한 시도가 이뤄지고 있다.[10] 가령 부주의 운전을 하거나, 대금 납부를 연체하거나, 잘못된 정보를 퍼트리면 점수를 잃게 된다.[11] 점수가 높으면 공공 자전거를 무료로 이용하는 혜택을 받지만 점수가 낮으면 기차도 탈 수 없다.[12] 이 제도의 목적은 인센티브를 통해 바람직한 행동을 유도하며, 공식 문서가 시적으로 표현한 것처럼 "믿을 수 있는 사람은 천하를 마음대로 누비도록 해주고, 신용을 잃은 사람은 한 걸음도 떼기 어렵게 만드는 것"이다.[13]

이 제도는 발터 브루흐가 감시카메라를 발명한 지 7년 후에 발표된 특정한 소설을 연상시킬 것이다. 조지 오웰George Orwell은 『1984』에서 공공장소뿐 아니라 집에서도 모든 것이 감시되는 삶을 상상했다. 모든 주요 인물은 '텔레스크린telescreen'을 갖고 다녀야 하며, 빅 브라더는 이를 통해 그들을 감시한다. 그러나 소설을 보면 사람들이 원래 이 기계를 스스로 샀다는 암시가 나온다. 표리부동한 채링턴은 윈스턴에게 남는 방에 텔레스크린을 달지 않은 그럴듯한 이유를 설명해야 했을 때, "너무 비싼" 데다가 "필요성을 느끼지 못해서"라고 말한다.[14]

이 말은 내가 음성 제어 스마트 스피커에 대해 근래에 나눴던 대화를 상기시킨다. 세계적인 대기업들이 내게 팔려고 하는 이 스피커는 날씨를 묻거나, "알렉사Alexa, 중난방 장치 켜줘"라고 하거나, 냉장고에 무엇이 있는지 자동으로 확인할 수 있도록 해준다. 만화가 잭 와이너스미스Zach Weinersmith는 이 스피커의 가치 제안을 이렇게 정리한다.[15]

"당신이 하는 모든 말을 끊임없이 듣고, 그 정보를 저장하고, 거기서 이득을 취하지만 정작 당신은 그 정보에 접근하지 못하게 하는 기기를 당신의 집에 둬도 될까요?"

"그럼 나한테 많은 돈을 줘야 해요."

"아뇨, 당신이 돈을 주고 사야 해요."

"어…… 그럼 안 사요."

"이 기기는 당신이 언제 치즈볼을 먹고 싶어 할지 알고 30분 안에 드론으로 배달시켜줍니다."

"당장 주세요!"

아마존의 에코Echo와 구글의 홈Home 같은 기기가 인기를 끈 것은 인공 지능이 발전한 덕분이다. CCTV 카메라에 대한 수요가 늘어나는 현상의 이면에도 같은 이유가 존재한다. 사람의 눈과 뇌에 대한 수요는 언제나 존재하지만, 한 사람이 바라볼 수 있는 화면의 수에는 한계가 있다. 이제 는 알고리즘이 자동차 번호판을 읽을 수 있으며, 사람의 얼굴을 인식하 는 능력도 나아지고 있다. 소프트웨어가 보고, 듣고, 의미를 파악할 수 있 다면 감시 능력을 제한하는 것은 정보 처리 용량뿐이다.

이런 현실에 약간의 거부감을 느끼는 것이 타당할까, 아니면 느긋하게 앉아서 드론으로 배달되는 치즈볼을 즐겨야 할까?

그 답은 부분적으로 우리가 우리를 감시하는 대상을 얼마나 신뢰하느 냐에 좌우된다. 아마존과 구글은 우리가 나누는 모든 대화를 엿듣는 것 이 아니라고 급히 우리를 안심시켰다. 그들의 설명에 따르면 기기 자체가 워낙 똑똑해서 '알렉사'나 '오케이 구글OK Google' 같은 호출어를 말할 때만 우리의 말을 듣기 시작하며, 그다음부터 보다 강력한 서버가 우리의 의도를 파악할 수 있도록 클라우드로 오디오를 전송한다.[16]

그렇다면 우리는 범죄자나 베일에 가려진 정부기관이 이런 기기를 해킹하기 어려울 거라고 믿어야 한다. 그렇긴 하지만 정부가 우리의 일상적인 삶을 갈수록 많이 알게 된다는 사실에 모두가 멈칫하는 것은 아니다. 한 중국 여성은 호주의 ABC 방송과 가진 인터뷰에서 "우리 정부가 말하는 대로 공공장소의 모든 구석에 카메라가 설치되어 있다면 안전하다고 느껴요"라고 말했다.[17]

그래도 이 모든 기술이 실제로 얼마나 잘 작동하는지에 대한 곤란한 질문이 남는다. 샹양 교차로에 설치된 카메라가 얼굴 인식 기능을 가진 것처럼 보일 수 있지만 그렇지 않다. 알고리즘이 아직은 썩 믿을 만하지 않다. 그래서 공무원들이 촬영본을 보고 일일이 걸러내야 한다.[18]

그래도 방지 효과는 있어 무단횡단을 하는 사람이 줄었다. 여기서 다시 팬옵티콘의 아이디어가 작용한다. 즉, 사람들은 감시당한다고 생각하면 실제로 감시당하는 것처럼 행동하게 된다. 조지 오웰은 이 점을 완벽하게 이해했다. 누구라도 밀고자가 될 수 있다면 말을 조심하게 된다. 그리고 생각을 표현하는 것이 두렵다면 아예 생각을 하지 않는 편이 나을 수 있다.

CCTV가 잠재력을 제대로 발휘하려면 아직 갈 길이 멀지 모른다. 그러나 CCTV가 우리의 행동, 심지어 우리의 사고방식까지 바꾸기를 원하는 사람들에게는 그것이 그렇게 큰 장애물은 아닐 것이다.

#포르노

케이트 몬스터: 인터넷은 정말, 정말 굉장해.

트레키 몬스터: 그건 포르노를 위한 거야!

케이트 몬스터: 우리 집은 인터넷이 빨라서 기다릴 필요가 없어.

트레키 몬스터: 그건 포르노를 위한 거야!

    이는 브로드웨이 뮤지컬 〈애비뉴 큐Avenue Q〉에 나오는 노래, 〈인터넷은 포르노를 위한 것The Internet is for Porn〉의 첫 구절이다.[1] 순진한 유치원 교사 케이트 몬스터는 인터넷이 쇼핑을 하고 생일 축하 인사를 보내는 데 유용하다고 칭송하려 한다. 그러나 퉁명스러운 이웃인 트레키 몬스터는 사람들이 인터넷을 정말로 좋아하는 이유는 보다 은밀한 행위 때문이라고 주장한다.

트레키 몬스터의 말이 옳을까? 어느 정도 맞는 부분도 있지만 정말로 그
런 것은 아니다. 신뢰할 만한 통계에 따르면 인터넷 검색 7건 중 약 1건이
포르노와 관련 있다.[2] 이는 미미한 수준이 아니다. 그러나 7건 중 6건은
포르노와 관련 없다는 뜻도 된다. 방문자가 가장 많은 포르노 사이트 폰
허브Pornhub는 넷플릭스Netflix나 링크트인LinkedIn 같은 사이트만큼 인기가
있다. 물론 이는 상당한 인기다. 그래도 전 세계 순위가 28위에 그친다.[3]

〈애비뉴 큐〉는 2003년에 초연되었다. 그때는 인터넷 기준으로 한 세대
전이어서 트레키 몬스터의 말이 더 정확했을 수도 있다.

신기술은 종종 비싸고 안정성이 떨어진다. 그래서 얼리 어답터로 구성
된 틈새시장을 찾아야 한다. 그들의 이용은 기술이 발전하도록 돕는다.
그러다가 가격이 저렴해지고 안정성이 높아지면 더 큰 시장과 더 폭넓은
사용자를 찾게 된다. 인터넷을 비롯한 수많은 기술이 개발되는 과정에서
포르노가 이런 역할을 했다는 이론이 있다. 이 이론은 타당할까?

예술이 태동할 때부터 성은 주된 소재였다. 선사시대의 동굴 화가들은
궁둥이, 가슴, 음부, 우스울 정도로 거대한 남근을 선호한다는 점에서 볼
때 낙서를 하는 소년들과 뮤즈muse*를 공유했다.[4] 성교를 하는 남녀의 조
각상은 그 기원이 적어도 1만 1,000년 전, 고대 유대의 양치기들까지 거슬
러 올라간다.[5] 약 4,000년 전 메소포타미아의 미술가들은 성교를 하는 동
안 빨대로 맥주를 마시는 여성의 모습을 담은 점토판을 정성껏 만들었

---

* 영감의 근원 - 옮긴이.

다.[6] 그로부터 수천 년 후 페루 북부에 살던 모체Moche족은 도자기로 항문성교를 즐겨 묘사했다.[7] 인도의 카마수트라Kama Sutra도 같은 시기에 만들어졌다.[8] 이 밖에도 많은 사례가 있다.

그러나 사람들이 미술과 공예를 활용해 성애를 묘사했다고 해도 성애물이 해당 기술을 발전시킨 원동력은 아니다. 그렇다고 생각할 근거는 없다.

이 말에 반박하는 이론이 옳은지 검증할 수 있을 만큼 우리가 잘 아는 최초의 통신기술은 구텐베르크의 인쇄기일 것이다. 이 사례에서 해당 이론은 타당성을 잃는다. 물론 자극적인 책들도 인쇄되었지만 앞서 살폈듯이 주요 시장을 형성한 읽을거리는 종교 서적이었다.[9]

이보다 타당한 후보는 19세기로 훌쩍 건너뛰어 등장한 포르노다. 파리에서 포르노를 개척한 스튜디오들은 당국이 항상 용인하지는 않았던 완곡한 표현인 소위 '미술 연구'를 통해 쏠쏠한 수입을 올렸다. 고객들은 기술 발전에 필요한 돈을 댈 용의가 있었다. 한때는 에로틱한 사진 한 장을 사는 비용이 창녀를 사는 비용보다 많이 들었다.[10]

예술적 표현에서 차세대 주요 기술적 돌파구인 영화가 등장할 무렵 '포르노pornography'라는 단어는 현대적 의미를 얻었다. 이 단어는 '쓰기graphos'와 '창녀porne'를 뜻하는 그리스어에서 파생되었으며, 지금은 미국의 포터 스튜어트Potter Stewart 판사가 한 유명한 말처럼 "보면 아는 것"을 뜻하게 되었다.[11] 포르노가 사실 영화 산업을 추동한 것은 아니었다. 거기에는 명백한 이유가 있었다. 영화 제작에는 돈이 많이 들었다. 비용을 회수하려면 대규모 관중이 필요했다. 즉, 일반 대중에게 영화를 보여야 했다. 많은 사람이 집에서 은밀하게 야한 영화를 보는 데는 돈을 지불했지

만, 극장에서 야한 영화를 태연하게 볼 사람은 훨씬 적었다.[12]

1960년대에 핍쇼peep-show 부스의 형태로 한 가지 해결책이 등장했다. 이 부스는 동전을 투입구에 넣으면 영화를 틀어주는 밀폐된 공간이었다. 당시 부스 하나로 일주일에 수천 달러를 벌어들일 수 있었다.[13]

프라이버시를 보장하는 진정한 돌파구는 비디오카세트리코더 혹은 VCR 덕분에 열렸다. 저술가 패천 바스Patchen Barss는 『에로틱 엔진The Erotic Engine』에서 VCR과 함께 포르노가 "경제적, 기술적 동력원으로서 진가를 발휘하게 되었다"고 주장한다.[14]

처음에는 VCR을 팔기 어려웠다. 가격이 비싼 데다 VHS와 베타맥스Betamax라는 호환되지 않는 두 가지 형식으로 나왔기 때문이다. 곧 쓸모없어질지도 모르는 기기에 누가 큰돈을 쓰는 위험을 감수할까? 바로 집에서 성인용 영화를 정말로 보고 싶어 하던 사람들이었다. 1970년대 말에 판매된 비디오테이프 중 절반 이상이 포르노였다. 몇 년 지나지 않아 가족용 영화를 보고 싶어 하는 사람도 살 수 있을 정도로 VCR의 가격이 더 저렴해졌다. 그에 따라 시장이 확대되면서 포르노의 비중은 줄어들었다.[15]

케이블 텔레비전과 인터넷의 경우도 비슷했다. 나이 많은 독자들은 인터넷에 접속하려면 다이얼업 모뎀dial-up modem을 써야 했던 때를 기억할 것이다. 그때는 요즘엔 눈 깜짝할 사이에 다운로드할 수 있는 파일을 느리게 내려받으면서 전화요금이 많이 나올까봐 초조해했다. 그런데도 일반인들이 계속 인터넷을 쓰게 만든 것은 무엇일까? 짐작한 대로다. 1990년대에 유즈넷Usenet 토론 그룹을 대상으로 조사한 결과 회원들이 공유한 이미지 6장 중 5장은 포르노였다.[16] 또한 몇 년 후 채팅 사이트를 조사한 결

과에서도 비슷한 비중의 활동이 섹스에 할애된 것으로 나타났다.[17]

이처럼 과거에는 트레키 몬스터의 말이 크게 틀린 것은 아니었다. 또한 그가 케이트에게 시사한 대로 포르노에 대한 욕구는 더 빠른 연결속도, 즉 더 나은 모뎀과 더 높은 대역폭에 대한 수요를 추동했다. 그리고 이 욕구는 다른 영역에서도 혁신을 촉진했다. 포르노 사이트들은 동영상 파일 압축과 사용자 친화적인 결제 시스템 같은 웹 기술뿐 아니라 제휴 마케팅 프로그램 같은 사업 모델도 개척했다.[18] 이 모든 아이디어는 더 폭넓은 용도를 찾아냈으며, 인터넷이 확장하면서 점차 포르노보다는 다른 모든 것을 위한 역할을 늘렸다.

이제 인터넷은 포르노를 전문적으로 찍는 사람들을 힘들게 만든다. 인터넷에 무료로 제공되는 것이 너무 많아 신문 구독이나 뮤직비디오를 팔기가 힘들 듯 폰허브 같은 사이트에서 그냥 볼 수 있어 포르노를 팔기가 어려워졌다. 이런 포르노 중 대부분은 저작권을 어긴 것이지만 불법으로 업로드된 콘텐츠를 제거하는 일은 힘든 싸움이다.[19] 존 론슨Jon Ronson은 팟캐스트 시리즈인 〈나비효과The Butterfly Effect〉에서 포르노 제작자들의 고충을 들려준다.[20] 그래서 현재 떠오르고 있는 틈새 상품 중 하나가 '맞춤형' 포르노다. 어떤 고객은 아름다운 여인이 자신의 우표 컬렉션을 경멸스럽게 부수는 모습을 보려고 돈을 낸다.[21]

물론 콘텐츠 제작자들에게 나쁜 일이 애그리게이터aggregator* 플랫폼에는 좋은 일이다. 그들은 광고와 프리미엄 구독 서비스를 통해 돈을 번다.

---

* 여러 회사의 상품이나 서비스에 대한 정보를 모아 제공하는 사이트 - 옮긴이.

현재 포르노 업계의 주요 업체인 마인드긱Mindgeek이라는 회사는 폰허브 뿐 아니라 여러 다른 정상급 포르노 사이트를 보유하고 있다.[22]

〈애비뉴 큐〉에서 트레키 몬스터는 종일 인터넷으로 포르노만 본다. 그래서 그가 백만장자라는 사실을 밝히자 다른 등장인물들은 깜짝 놀란다. 그는 "불안한 시장에서 유일하게 안정적인 투자 대상은…… 포르노"라고 설명한다.[23]

이번에도 트레키 몬스터의 말은 거의 맞지만 완전히 맞는 것은 아니다. 물론 포르노는 돈이 된다. 그러나 돈을 버는 최선의 방법은 포르노를 보여주는 기술과 포르노가 가능하게 만드는 기술에 투자하는 것이다. 과거에는 파리의 사진 스튜디오나 VCR 혹은 고속 모뎀을 제작하는 회사가, 또한 지금은 콘텐츠를 제안하고 화면에 눈길을 붙들어두는 마인드긱의 알고리즘이 그 대상이 될 수 있다. 트레키 몬스터는 앞으로 어떤 노래를 부를까? 어쩌면 "로봇은 포르노를 위한 것"이라고 노래할지도 모른다.[24] 기술 발전을 가속화하는 데 성의 역할은 아직 끝나지 않았을 가능성이 높다.

#금주법

경제학자들은 이미지 문제를 안고 있다. 사람들은 우리가 뻔뻔하게 통계를 조작하고, 자신만만하게 형편없는 예측을 하며, 음주 파티에서 재미없게 노는 따위의 일들을 한다고 생각한다. 이런 비난 중 일부는 1세기 전에 아마도 세상에서 가장 유명한 경제학자였을 사람의 탓이다. 그의 이름은 어빙 피셔Irving Fisher다.

1929년 10월 주식 시장이 '영구적으로 높은 안정기'에 이르렀다고 주장한 사람이 바로 피셔다. 그로부터 9일 뒤 대공황으로 이어진 주가 폭락이 발생했다.[1] 파티의 경우 해줄 수 있는 가장 좋은 말은 피셔가 인심 후한 호스트였다는 것이다. 그의 디너파티에 참석한 한 손님은 이렇게 썼다. "내가 연이어 나오는 맛있는 코스 요리를 계속 먹는 동안 그는 채소와

생달걀만 먹었다." 피셔는 고기, 차, 커피, 초콜릿을 피할 정도로 건강에 집착했다.[2]

물론 피셔는 술을 마시지 않았다. 그뿐만 아니라 누구도 술을 마셔서는 안 된다고 생각했다. 경제학계 전체도 그렇게 생각하는 듯 보였다. 피셔는 논쟁에서 금주법에 적극적으로 반대하는 경제학자를 한 명도 보지 못했다고 주장했다.[3]

금주법은 미국 정부가 술의 제조와 판매를 불법화하려 든 불운한 시도였다. 1920년에 시행된 금주법은 국가의 5대 산업을 갑자기 불법으로 만드는 놀라운 개혁이었다.[4] 피셔는 금주법이 "세상에 새로운 시대를 불러온 조치로 역사에 기록될 것이며, 이 나라는 그 성과를 영원히 자랑스러워 할 것"이라고 예측했다.[5]

이 예측은 '영구적으로 높은 안정기'에 대한 예측만큼 틀리고 말았다. 역사학자들은 대개 금주법을 웃음거리로 간주했다.[6] 금주법은 너무나 폭넓게 무시되어 주류 소비가 약 5분의 1밖에 줄지 않았다.[7] 결국 금주법은 1933년에 폐기되었다. 시어도어 루스벨트Theodore Roosevelt 대통령이 취임 초기에 맥주를 재합법화하자 사람은 백악관 앞에 모여들어 환호성을 질렀다.[8]

금주법의 근원은 대개 계급에 기반을 둔 우월의식이 가미된 종교적 억압으로 추정된다.[9] 그러나 경제학자들은 생산성이라는 다른 문제도 고려했다. 술을 마시지 않는 국가들이 술에 취한 노동자들이 일하는 국가들을 경쟁에서 이기지 않을까? 피셔는 노동자들이 주말에 과음을 하고 숙취 때문에 결근을 하거나 '월요병Blue Mondays'에 시달리지 않을까 걱정했

다.[10]

피셔는 수치를 약간 자의적으로 만들어낸 듯하다. 가령 그는 금주법이 미국 경제에 60억 달러어치 효과를 미친다고 주장했다. 이 수치가 신중한 연구의 결과였을까? 그의 주장에 어리둥절해진 한 비판론자는 아니라고 말했다. 피셔는 빈속에 독주를 한 잔 마시면 효율성이 2퍼센트 떨어진다는 몇몇 사람의 말을 토대로 삼고, 노동자들이 일하기 전에 습관적으로 다섯 잔의 독주를 마신다고 가정했다. 그리고 2에 5를 곱해 술이 생산성을 10퍼센트나 깎아먹는다는 결론을 내렸다.[11] 약하게 표현해도 의심스러운 계산이 아닐 수 없다.

당시 경제학자들이 반세기 후에 게리 베커Gary Becker가 제시하는 '합리적 범죄rational crime'에 대한 통찰을 접할 수 있었다면, 금주법의 실패에 덜 놀랐을 것이다.[12] 베커는 어떤 일을 불법화하는 것은 단지 비용을 늘릴 뿐이며, 합리적인 사람은 그 비용을 다른 비용 및 혜택과 견줄 것이라고 설명했다. 여기서 말하는 비용은 잡혔을 때 받는 처벌로, 적발 가능성에 따라 조정된다. 베커는 자신의 이론을 몸소 실천했다. 나와 처음 만났을 때 그는 주차 위반 딱지를 떼일 위험이 있는 곳에 차를 주차했다. 그는 내게 "경찰들이 그렇게 자세히 보지는 않을 것"이라며 자신이 합리적 범죄를 저질렀음을 유쾌하게 인정했다.[13]

베커의 말에 따르면 '합리적 범죄'는 금지된 상품을 적절한 가격에 공급한다. 소비자들이 그 가격을 지불할지 여부는 경제학자들이 말하는 수요의 탄력성에 좌우된다. 가령 정부가 브로콜리를 금지했다고 가정하자. 암거래상들이 후미진 뒷마당에서 브로콜리를 키우고 어두운 골목에서

비싼 가격에 팔까? 그럴 가능성은 낮다. 브로콜리에 대한 수요는 탄력적이기 때문이다. 즉, 가격이 오르면 대다수 사람은 브로콜리 대신 콜리플라워나 양배추를 살 것이다.

반면 술의 경우에는 수요가 비탄력적인 것으로 드러났다. 그래서 가격이 올라도 많은 사람이 여전히 그 가격을 지불할 것이었다. 금주법은 알 카포네Al Capone처럼 합리적 범죄를 저지르는 사람에게는 반가운 것이었다. 그는 사업가적 관점에서 자신의 밀주 사업을 이렇게 변호했다. "나는 사람들이 원하는 것을 그들에게 줄 뿐입니다. 판매원을 보내 강권한 적이 없어요. 애초에 수요를 맞추기도 힘들었어요."[14]

합리적 범죄를 저지르는 사람들은 잡힐 가능성을 줄이고 싶어 한다. 한 가지 방법은 당국에 뇌물을 먹이는 것이다. 1928년에 필라델피아에서 진행된 조사에 따르면 수많은 경찰이 수상하게도 연봉의 50배에서 80배에 이르는 예금을 모았다. 한 경찰은 조사관이 믿어주기를 바라며 포커판에서 운 좋게 돈을 땄다고 주장했다.[15]

암거래상들은 다른 방식으로 인센티브를 바꾼다. 경쟁자들이 소송을 걸 수 없다면 무슨 수단이든 동원해서 한 지역을 독점하지 말아야 할 이유가 있을까? 그래서 금주법 이후 조직 폭력 사태가 증가했을 수 있다. 이 믿음은 분명 금주법이 폐기된 한 가지 이유였다.[16] 불법 상품은 운송할 때마다 일정한 위험을 수반한다. 그렇다면 도수를 높여 공간을 아끼는 편이 낫지 않을까? 금주법 시행 기간 동안 맥주 소비는 독주 소비에 비해 감소했다. 그러다가 금주법 폐지 이후 추세가 반전되었다.[17]

또한 품질을 낮춰 비용을 줄이지 못할 이유가 있을까? 불법으로 제조한 독한 '밀주moonshine'의 경우 라벨에 재료명을 기재할 필요가 없다. 금주법이 생산성에 어떤 영향을 미쳤는지에 대해서는 논쟁이 벌어지고 있다. 그러나 당시 한 고용주는 "직원들이 쉽게 구할 수 있는 술은 너무 질이 낮아 숙취에서 깨는 데 2~3일 걸린다"고 불평했다.[18] 그러니까 월요병을 없애기는커녕 화요일이나 수요일까지 술기운을 연장시킨 것이었다.

미국이 금주법을 시도한 유일한 국가는 아니었다. 아이슬란드, 핀란드, 패로 제도 같은 나라도 포함된다. 요즘 술을 엄격하게 금지하는 곳은 대개 이슬람 국가다.[19] 다른 나라들은 음주를 부분적으로 제한한다. 가령 필리핀의 경우 선거일과[20] 태국의 경우 불교기념일에는 공항 면세점 외에는 술을 살 수 없다.[21] 미국에도 여전히 '금주' 군郡이 있을 뿐 아니라,[22] 일요일에 주류 판매를 금지하는 지역 '안식령blue laws'도 남아 있다.[23]

경제학자 브루스 얀들Bruce Yandle은 이런 법들에 영감을 얻어 공공선택론이라는 경제학 분야에서 흔히 쓰이게 된 '밀주꾼과 침례교도bootleggers and Baptists'라는 용어를 만들어냈다.[24] 그 요지는 고귀한 정신을 가진 도덕주의자와 이익을 추구하는 냉소주의자들이 뭉친 의외의 연합이 규제를 지지하는 경우가 많다는 것이다.

대마 금지 조치를 생각해보라. 누가 이 조치를 지지하고 있는가? 바로 대마 흡연은 잘못된 것이라고 생각하는 '침례교도'들과 불법 거래로 이득을 얻는 합리적 범죄를 저지르는 '밀주꾼'들이다. 또한 규제 법안을 집행하는 대가로 급여를 받는 관료처럼 반약물법에 경제적 이해관계가 걸려 있는 사람들도 거기에 포함된다.[25]

근래에 이 연합은 힘이 약해졌다. 캘리포니아에서 캐나다까지, 오스트리아에서 우루과이까지 많은 지역에서 대마가 합법화 내지 비범죄화되었다.[26] 다른 지역에서도 논쟁이 불붙고 있다. 대마 생산자들에게 비용을 물리고 싶다면 판매 규제법을 집행하는 방식을 써야 할까, 아니면 합법화해 세금을 부과하는 방식을 써야 할까?

영국의 자유시장 싱크탱크인 경제문제연구소Institute for Economic Affairs는 수요의 탄력성을 파악하기 위한 수치를 산출했다. 연구소의 추정에 따르면 30퍼센트의 세금을 물리면 암시장을 거의 없애고 7억 파운드의 세수를 올릴 수 있다. 또한 금주법 폐기로 술이 더 안전해진 것처럼 약물이 더 안전해질 수 있다.[27]

지금은 대마 규제에 반대하는 경제학자를 쉽게 찾을 수 있다. 다섯 명의 노벨상 수상자는 '마약과의 전쟁'을 끝내고 대신 "엄격한 경제학적 분석으로 뒷받침되는 증거 기반 정책"을 추진하라고 요청했다.[28]

물론 이 증거는 생산성 문제도 다룬다. 일부 연구에 따르면 대마가 활동을 저해하지만 다른 연구에 따르면 별다른 영향을 미치지 않는다. 심지어 특이한 결과가 나온 한 연구에서는 대마를 피운 노동자의 시간당 산출량이 증가하기도 했다.[29] 어빙 피셔는 이 결과를 어떻게 받아들였을지 궁금하다.

#'좋아요' 버튼

레아 펄먼Leah Perlman은 만화를 그려서 '정서문해력emotional literacy'과 '자기애' 같은 주제에 대한 생각을 나눈다. 그녀는 페이스북에 만화를 올려 친구들에게서 "위안을 주고 사랑스럽다"는 평가를 받았다.[1]

그러던 차에 페이스북이 사용자들에게 무엇을 노출시킬지 결정하는 알고리즘을 바꾸었다. 소셜미디어가 생활의 큰 부분을 차지하는 사람들에게 이 변화는 충격으로 다가올 수밖에 없었다. 갑자기 당신의 콘텐츠가 더 적은 사람에게 보여지기 때문이다.

레아에게도 이런 일이 일어났다. 그녀의 만화가 받는 '좋아요' 수가 줄어들기 시작했다. 그녀는 바이스닷컴Vice.com과 가진 인터뷰에서 충분한 산소를 마시지 못하는 것 같았다고 말했다. 그녀는 온 마음과 영혼을 그

림에 쏟아붓고도 겨우 20개의 '좋아요'밖에 받지 못하는 것을 지켜봐야 했다.[2]

레아의 아픔에 공감하기는 쉽다. 사회적 인정은 중독성을 지닌다. 페이스북의 '좋아요'가 가장 순수한 형태로 정제된 사회적 인정이 아니면 무엇일까? 현재 연구자들은 우리의 스마트폰을 슬롯머신에 비유한다. 스마트폰과 슬롯머신은 우리 뇌의 같은 보상 경로를 자극한다. 더 많은 '좋아요', 새로운 알림, 심지어 구식 이메일까지, 우리는 레버를 당기면 무엇을 얻을지 알 수 없다.[3]

'좋아요' 수가 갑자기 줄자 레아는 페이스북에서 광고를 사기 시작했다. 즉, 더 많은 사람이 자신의 만화를 보도록 페이스북에 돈을 지불한 것이다. 그녀는 사람들의 관심을 받고 싶었지만 그 사실을 인정하기는 창피했다.[4] 심지어 2016년에는 자신의 페이스북을 관리하는 소셜미디어 관리자까지 고용했다. 초조함에 시달리기가 싫었기 때문이다.[5]

레아가 느끼는 수치심의 이면에는 아이러니가 있다. 그녀는 만화가가 되기 전에는 페이스북에서 개발자로 일했다. 바로 그녀가 일하던 팀이 2007년에 '좋아요' 버튼을 개발했다.

이 버튼은 현재 웹의 전반에 존재한다. 콘텐츠 창작자들은 당신이 좋아하는 콘텐츠를 페이스북 친구들에게 알리도록 유도한다. 유튜브YouTube부터 트위터Twitter까지 모든 곳에 비슷한 기능이 있다. 플랫폼에 이런 기능이 주는 혜택은 명백하다. 한 번의 클릭은 사용자의 참여를 끌어내는 가장 간단한 방식으로, 댓글을 쓰는 것보다 훨씬 쉽다. 그러나 이 아이디어가 바로 그 가치를 인정받지는 못했다. 페이스북의 대표 마크 저커버그

Mark Zuckerberg는 계속 제안을 반려했다. 우선 용어에 대한 논쟁이 있었다. '좋아요' 버튼은 '멋져요awesome' 버튼이 될 뻔했다.[6] 기호도 문제였다. '엄지 척'이 대다수 문화에서는 인정을 뜻하지만 일부 문화에서는 보다 거칠고 덜 친근한 의미를 지니기도 했다.[7]

마침내 2009년 2월 '좋아요' 버튼을 선보였다. 레아 펄먼은 이 버튼이 얼마나 빨리 인기를 얻었는지 기억하고 있다. 거의 즉시 50개의 댓글은 150개의 '좋아요'가 되었다. 사용자의 참여와 상태 업데이트, 콘텐츠가 모두 증가했다. "모든 게 그냥 통했다."[8]

다른 한편 미할 코신스키Michal Kosinski는 케임브리지 대학교에서 심리적 속성을 측정하는 심리측정학 박사 과정을 밟고 있었다. 그의 동료 학생은 '5대' 성격 특성인 개방성, 성실성, 외향성, 친화성, 정서적 안정성을 검사하는 페이스북 앱을 만들었다. 이 검사는 연구자들이 연령, 성별, 성적 지향 등 사용자의 페이스북 프로필에 접근할 수 있도록 해주었다. 이 검사는 큰 인기를 끌었다. 덕분에 데이터 세트가 수백만 명으로 불어났다. 연구자들은 그들이 '좋아요'를 클릭할 때마다 그 사실을 알 수 있었다.[9]

코신스키는 자신이 잠재적 통찰로 가득한 보물상자 위에 앉아 있다는 사실을 깨달았다. 가령 화장품 브랜드 맥MAC에 '좋아요'를 누르는 비율을 보면 동성애자 남성이 이성애자 남성보다 약간 높았다. 이는 하나의 데이터 포인트에 불과했다. 하나의 '좋아요'만으로는 그 사람이 동성애자인지 판별할 수 없었다. 그러나 더 많은 '좋아요'를 참고할수록 추정의 정확성이 높아졌다. 추정 대상에는 성적 지향뿐 아니라 종교, 정치적 성향 등도 포함되었다. 코신스키는 70개의 '좋아요'를 참고하면 그 사람에 대해 친구보다 많이 알 수 있으며, 300개의 '좋아요'를 참고하면 배우자보다 많이 알 수 있다고 결론지었다.[10]

페이스북은 이후 코신스키의 동료와 같은 앱 개발자들과 공유하는 데이터를 제한했다.[11] 그러나 여전히 당신이 누른 '좋아요'를 비롯해 더 많은 데이터를 팔 수 있는 조직이 있다. 바로 페이스북 자체다.[12] 또한 페이스북은 세계에서 가장 똑똑한 기계학습 개발자들을 고용해 결론을 이끌어낼 수 있다.

페이스북은 당신의 영혼을 들여다볼 수 있는 창으로 무엇을 할 수 있을까? 두 가지를 할 수 있다. 첫째, 페이스북에서 더 많은 시간을 보내도록 뉴스피드를 맞춤형으로 제공할 수 있다. 가령 당신에게 고양이 동영상이나, 고무적인 밈이나, 도널드 트럼프에게 분노하게 만드는 콘텐츠나, 도널드 트럼프의 정적들에게 분노하게 만드는 콘텐츠를 보여줄 수 있다. 이는 이상적이지 않다. 도널드 트럼프에 대해 다른 의견을 가진 사람들이 이성적인 대화를 나누는 일이 갈수록 어려워지기 때문이다.

둘째, 광고주들이 당신에게 타깃을 잘 맞추도록 돕는다. 광고 효과가 좋을수록 매출이 늘어난다.

타깃 광고는 새로운 것이 아니다. 인터넷과 소셜미디어가 등장하기 오래전에도 가령 스프링필드에 자전거 매장을 여는 사람은 「뉴욕 타임스」나 「굿 하우스키핑Good Housekeeping」이 아니라 『스프링필드 가제트Springfield Gazette』나 『사이클링 위클리Cycling Weekly』에 광고를 실었을 것이다. 물론 그래도 여전히 크게 효율적인 것은 아니었다. 대다수 『스프링필드 가제트』 독자는 자전거를 타지 않으며, 대다수 『사이클링 위클리』 독자는 스프링필드 근처에 살지 않을 것이기 때문이다. 그래도 그렇게 하는 것이 최선이었다.

페이스북이 단지 이 과정을 개선했을 뿐이며, 크게 걱정할 것은 없다는 의견도 있다. 광고주가 자전거와 관련된 콘텐츠에 '좋아요'를 누른 스프링필드 주민에게만 광고를 노출해달라고 요청하는 것에 이의를 제기할 수 있을까? 페이스북은 '연관 광고relevant advertising'라는 개념을 방어할 때 주로 이런 예를 언급한다.[13] 하지만 우리를 거북하게 만드는 다른 용도도 있을 수 있다. 임대 광고를 내면서 흑인들에게 보여주지 않는 것은 어떤가? 탐사보도 사이트인 프로퍼블리카ProPublica가 이런 일이 가능한지 시도했더니 실제로 가능했다. 페이스북은 당혹스러워하면서 일어나서는 안 되는 "기술적 장애"였다고 해명했다.[14]

그렇다면 광고주들이 자칭 '유대인 혐오자'들에게 도달할 수 있도록 해주는 것은 어떤가? 프로퍼블리카는 이것도 가능하다는 사실을 보여주었다. 이번에도 페이스북은 당혹스러워하면서 다시는 그런 일이 일어나지 않을 것이라고 말했다.[15] 이런 일은 우려를 자아낸다. 모든 광고주가 자전거 매장처럼 무해하지는 않기 때문이다. 가령 광고비를 내고 사용자들이 문맥을 파악하거나 사실관계를 파악하기 어려운 정치적 메시지를 퍼트릴 수도 있다. 케임브리지 애널리티카Cambridge Analytica라는 회사는 자신들이 2016년 대선에서 도널드 트럼프가 이기도록 만들었다고 주장했다. 그들이 부분적으로 활용한 방법은 '좋아요' 버튼의 힘을 활용해 개별 유권자를 겨냥하는 것이었다.[16] 이런 일이 가능할 것이라고 최초로 주장한 미할 코신스키로서는 우려스러운 상황이 아닐 수 없었다.[17]

정서적으로 취약한 10대들이 특히 침울할 때를 노려 부도덕한 마케터들이 제품을 선전한다는 생각은 어떤가? 2017년에 호주의 일간지 「오스트레일리언The Australian」은 이런 능력을 자랑하는 듯한 페이스북 내부 유출 문서를 보도했다.[18] 페이스북은 당혹스러워하면서 "관리 실수"가 있었으며, "감정 상태에 따라 광고 대상을 정해주는 도구를 제공하지 않는다"고 밝혔다.[19] 이 말이 사실이기를 바랄 뿐이다. 페이스북이 이전에 슬픈 소식과 행복한 소식을 취사선택해 사용자의 감정 상태를 조작한다고 인정한 적이 있기 때문이다.[20]

현실적으로 페이스북의 정신 조종 능력은 확실히 제한되어 있는 것처럼 보인다. 케임브리지 애널리티카 사태를 살핀 전문가들은 그들이 실제로 얼마나 영향력을 발휘했을지 의문을 제기한다.[21] 또한 분석가들이 밝힌 바에 따르면 온갖 표적화 수법에도 불구하고 페이스북 광고의 클릭률은 여전히 1퍼센트 미만이다.[22]

어쩌면 우리는 우리를 스크린 앞에 옭아매고 과도한 양의 주의를 빨아들여 더 많은 광고를 보게 만드는 페이스북의 명백히 뛰어난 능력을 더 걱정해야 할지도 모른다. 소셜 미디어가 만든 이 멋진 신세계에서 우리의 충동을 어떻게 관리해야 할까? 우리는 알고리즘이 우리에게 영향을 미치는 방식에 대한 정서문해력을 길러야 한다. 또한 사회적 인정이 산소처럼 필수적인 것으로 느껴진다면 더 많은 자기애가 답일지 모른다. 만약 이 주제를 다룬 좋은 만화를 보면 나는 꼭 '좋아요'를 누를 것이다.

힘을 모으다

#카사바 처리법

1981년에 모잠비크의 남풀라에서 한스 로즐링Hans Rosling이라는 젊은 스웨덴 의사는 혼란에 빠졌다. 갈수록 많은 사람이 다리 마비 증세로 그의 병원을 찾아왔다. 소아마비가 퍼지고 있는 것일까? 아니었다. 환자들의 증상은 어떤 의학 교과서에도 나와 있지 않았다. 그의 혼란은 불안으로 바뀌었다. 모잠비크가 내전에 휘말리고 있으니 화학무기 때문 아닐까? 그는 아내와 어린 자녀들을 안전한 곳으로 보내고 조사를 계속했다.[1] 이 수수께끼의 답은 다리 마비 증세가 발생한 이유뿐 아니라 가장 중대한 경제학적 질문, 즉 인간이 애초에 경제를 가지게 된 이유에 대해 조명해준다.

그러면 적절한 이야기의 흐름을 따라 나중에 다시 모잠비크로 돌아가기로 하자. 가장 처음은 오지 탐험이다. 1860년에 로버트 버크Robert Burke

와 윌리엄 윌스William Wills는 호주 내륙을 횡단하는 최초의 유럽 탐험대를 이끌었다. 버크와 윌스 그리고 그들의 동료인 존 킹John King이 복귀하는 도중에 식량이 모두 떨어졌다. 그들은 쿠퍼스크리크강에 발이 묶이고 말았다. 사막을 건너 '마운트 호플리스Mount Hopeless'라는 불길한 이름을 가진 가장 가까운 식민기지까지 충분한 물을 갖고 갈 방법이 없었다.[2]

윌리엄 윌스는 당시 상황을 이렇게 기록했다. "강을 떠날 수 없었다. 두 마리의 낙타는 죽어버렸고, 식량은 다 떨어졌다. 우리는 흑인들처럼 살아남으려고 최선을 다했지만 쉽지 않았다."[3]

윌스가 말한 '흑인들'은 현지의 얀드루완다Yandruwandha족을 가리키는 것이었다. 버크, 윌스, 킹에게는 너무나 힘든 환경에서도 그들은 잘 살아가는 듯 보였다. 그들은 탐험가들에게 네가래nardoo라는 클로버 같은 양치류의 씨앗 주머니를 으깨서 만든 빵을 주었다. 그러나 나중에 버크는 그들과 사이가 틀어졌고, 어리석게도 권총을 쏘아 쫓아버렸다.[4]

하지만 버크, 윌스, 킹은 이미 생존하기에 충분한 지식을 얻지 않았을까? 신선한 네가래를 찾은 그들은 직접 빵을 만들어보기로 했다. 처음에는 모든 것이 순조로운 듯했다. 네가래 빵은 식욕을 충족시켰다. 그러나 그들은 갈수록 허약해지는 것을 느꼈다. 윌스는 이렇게 썼다. 네가래는 "어떤 형태로 먹어도 나와 맞지 않았다…… 엄청난 설사를 했다".

결국 일주일이 채 지나기 전에 그와 버크는 죽고 말았다.[5]

나중에 밝혀진 바에 따르면 네가래를 안전하게 먹을 수 있도록 처리하기 위해서는 복잡한 과정이 필요하다. 네가래는 티아미나아제thiaminase라는 효소를 많이 함유하고 있다. 티아미나아제는 인체에 공급되는 비타민

B1을 분해해 음식에 들어 있는 영양분을 활용하지 못하게 만든다. 버크, 윌스, 킹은 배가 불렀지만 사실은 굶주리고 있었던 것이다.[6]

얀드루완다족은 네가래의 포자를 굽고, 물과 함께 갈고, 빵을 재에 노출시켰다. 이 각 단계는 티아미나아제의 독성을 줄였다. 이런 처리법은 곁눈질로 배울 수 있는 것이 아니었다.[7] 겨우 살아남은 존 킹은 얀드루완다족의 자비에 목숨을 맡겼다. 그들은 존 킹을 불쌍하게 여기고 몇 달 후 유럽의 구조대가 도착할 때까지 그를 먹여 살려주었다.

네가래는 식품으로서 특이한 종류에 속한다. 반면 카사바 뿌리의 경우는 다르다. 카사바 뿌리는 열대지방의 많은 나라에서 필수적인 칼로리 공급원이다. 아프리카의 자급 농민들에게는 특히 더 그렇다.[8] 그러나 카사바는 네가래처럼 독성을 지니고 있다. 또한 네가래처럼 안전하게 섭취하려면 지루하고 복잡한 처리 절차가 필요하다. 그렇지 않으면 사이안화수소hydrogen cyanide를 배출한다. 사이안화수소는 나치 독일이 죽음의 수용소에서 사용한 독가스인 치클론 베Zyklon B와 같은 성분을 지닌다.[9]

카사바를 특히 위험하게 만드는 점은 어느 정도 처리 과정을 통해 쓴맛과 즉각적인 사이안화물 중독 위험을 줄일 수 있다는 것이다. 그러나 오랜 시간이 걸리는 완전한 절차를 거쳐야만 서서히 중독되는 일을 피할 수 있다. 이런 만성 중독은 콘조Konzo라는 질환을 초래하며, 그 증상 중에는 갑작스러운 다리 마비가 포함되어 있다.[10]

유행병학자 줄리 클리프Julie Cliff는 마침내 모잠비크에 있는 한스 로즐링의 병원을 찾은 환자들에게 무슨 일이 생겼는지 알아냈다.[11] 그들이 식사용으로 먹은 카사바는 철저한 처리 과정을 거치지 않은 것이었다. 배고픔과 영양부족에 시달리던 그들은 카사바를 안전하게 만들 만큼 오래 기다릴 수 없었다.[12]

독성 식물은 어디에나 있다. 그냥 요리하기만 하면 먹을 수 있는 경우도 많다. 그렇다면 사람들은 카사바나 네가래를 정성껏 처리해야 한다는 사실을 어떻게 알게 되었을까?

진화생물학자 요제프 헨리히Joseph Henrich는 한 가지 답을 제시한다. 그의 설명에 따르면 어떤 한 사람이 알아내는 것이 아니다. 그 지식은 문화적이다. 우리의 문화는 생물학적 종의 진화와 비슷하게 시행착오 과정을 거쳐 진화한다.

생리적 진화와 마찬가지로 문화적 진화는 충분한 시간만 주어지면 대단히 정교한 결과물을 만들어낼 수 있다. 가령 어떤 사람이 카사바의 독성을 줄이는 한 가지 단계를 우연히 발견한다. 이 지식이 확산된 후 또 다른 단계가 발견된다. 이렇게 시간이 지나면 매번 약간의 효과를 더하는 과정을 거쳐 복잡한 절차가 진화한다.

수천 년 동안 카사바를 먹어온 아마존의 여러 부족은 독성을 완전히 제거하려면 많은 단계가 필요하다는 사실을 알게 되었다. 가령 문지르고, 갈고, 씻고, 끓이고, 굳은 상태로 이틀 동안 놔둔 다음 구워야 한다. 그들에게 이유를 물어보면 그들은 사이안화수소를 언급하지 않고, 단지 "이렇게 하는 것이 우리의 문화"라고 말한다.

카사바는 17세기가 되어서야 아프리카에 유입되었다. 그러나 그때 처리 지침서는 따라오지 않았다.[13] 사이안화물 중독 사고는 지금도 가끔 일어

난다. 문화적 학습이 아직 완전히 이뤄지지 않아 사람들이 중간 과정을 생략하기 때문이다.[14]

헨리히는 "문화적 진화는 종종 우리보다 훨씬 똑똑하다"고 말한다.[15]

이글루를 만드는 일이든, 영양을 사냥하는 일이든, 불을 피우는 일이든, 활을 만드는 일이든, 혹은 카사바를 처리하는 일이든 우리는 기본 원칙을 이해하는 것이 아니라 모방을 통해 모든 것을 익힌다. 한 연구에 참가한 사람들은 바퀴가 언덕을 최대한 빨리 굴러가도록 바큇살에 무게추를 달아보라는 요구를 받았다. 각 참가자가 시도한 최선의 방식은 다음 참가자에게 전달되었다. 이렇게 이전의 실험을 참고할 수 있었기 때문에 나중에 나선 참가자들은 훨씬 나은 결과를 얻을 수 있었다. 그러나 그들은 연구자들이 질문했을 때 어떤 바퀴가 다른 바퀴보다 빨리 굴러간 이유를 제대로 이해한 듯한 모습을 보이지 않았다.[16]

다른 연구에서는 흉내 내는 것을 뜻하는 'to ape'*가 아이러니하게도 잘못된 표현임이 드러났다. 모방 본능을 지닌 유인원은 인간뿐이다. 여러 실험 결과에 따르면 태어난 지 2년 6개월 된 침팬지와 인간은 지적 능력이 비슷하다. 그러나 모방을 통해 학습하는 과제가 주어진 경우에는 이야기가 달라진다. 즉, 인간이 침팬지보다 훨씬 모방을 잘한다.[17]

또한 인간은 침팬지와 달리 절차를 그대로 모방한다. 가령 시연자가 퍼즐을 푸는 모습을 보여주되 불필요한 과정을 넣으면 침팬지는 대개 쓸데없는 행동을 빼버린다. 반면 아동과 성인을 막론하고 인간은 무의미한 단

* ape는 유인원이라는 뜻이다 - 옮긴이.

계를 포함해 시연 과정을 맹목적으로 따라 한다. 심리학자들은 이를 '과잉 모방over-imitation'이라 부른다.[18]

이런 점에서는 침팬지가 똑똑한 것처럼 보일 수 있다. 그러나 카사바 뿌리를 처리할 때는 과잉 모방을 해야 한다. 헨리히의 말이 맞다면 인류 문명의 토대는 순수한 지능이 아니라 고도로 발달된 상호 학습 능력이다.[19] 우리 선조들은 몇 세대에 걸친 시행착오를 통해 유용한 아이디어를 축적했으며, 다음 세대는 그저 그 아이디어를 모방했다. 물론 이제 우리는 과학적 수단을 갖고 있다. 그러나 존 킹의 목숨을 구한 집단지성을 무시해서는 안 된다. 집단지성이 문명과 경제를 가능하게 만들었기 때문이다.

#연금

"노파들을 습관적으로 죽였어요. (…) 그들은 모두 큰 강가에서 죽었어요. (…) 나는 대개 그들이 완전히 죽을 때까지 기다리지 않고 묻었어요. (…) 노파들은 보통 나를 무서워했지요."

그럴 만도 하다. 이 말은 파라과이 동부에 사는 원주민 아체Aché족의 한 남성이 인류학자인 킴 힐Kim Hill과 마그달레나 우르타도Magdalena Hurtado 에게 한 말이다. 그는 할머니들은 집안일과 육아에 도움을 주지만 너무 늙어서 쓸모없어지면 감상에 빠질 필요가 없다고 설명했다. 흔히 쓰는 방식은 도끼로 머리를 자르는 것이다. 그러나 남자 노인에게는 다른 운명을 부여한다. 그들은 다시 돌아오지 말라는 말과 함께 마을에서 추방된다.[1]

우리는 노인들에게 어떤 의무를 지는가? 이는 인류의 역사만큼이나 오래된 질문이다. 그 답은 크게 달랐다. 적어도 지금까지 남은 전통 사회를 참고한다면 그렇다. 또 다른 인류학자 재러드 다이아몬드Jared Diamond는 아체족이 결코 유별난 것이 아니라고 말한다. 파푸아뉴기니에 사는 쿠알롱Kualong족은 아버지가 죽으면 아들이 어머니의 목을 졸라 죽이는 것이 엄숙한 의무다. 또한 북극에 사는 추크치Chukchi족은 내세에 보상받을 것이라며 노인들에게 자살을 권유한다.[2]

하지만 아주 다른 접근법을 취한 부족도 많다. 그들은 장로제 사회를 이루며, 젊은이들은 연장자의 말을 따른다. 심지어 일부 부족에서는 늙어이빨이 빠진 부모를 위해 자식이 음식을 씹어준다.[3]

이들 부족의 공통점은 몸이 허락하는 한 일을 해야 한다는 것이다.[4] 지금은 더 이상 그렇지 않다. 많은 사람이 특정 연령이 되면 정부나 이전 직장으로부터 돈을 받는다. 이는 현재 하고 있는 노동의 대가가 아니라 과거에 했던 노동에 대한 보상이다. 이 흥미로운 삶의 단계는 '은퇴'라 불리고, 그에 따라 받는 돈은 '연금'이라 불린다.

군인 연금의 기원은 적어도 고대 로마 시대까지 거슬러 올라간다. '연금pension'이라는 단어는 '보수payment'를 뜻하는 라틴어에서 나왔다. 그러나 연금은 19세기가 되어서야 군대를 넘어 일반 사회로 전파되기 시작했다.[5] 최초의 국민연금은 1890년 독일에서 생겨났다.[6]

노년에 사회적 보조를 받을 권리는 아직 세계화되지 않았다. 여전히 전세계 노년층 중 3분의 1은 연금을 받지 못한다.[7] 또한 연금을 받는다고 해도 생활하기에 충분하지 않은 경우가 많다. 그러나 많은 나라에서는 여러 세대에 걸친 사람들이 노년이 되면 좋은 보살핌을 받을 것이라 생각하며 살아왔다.

그러나 이런 기대를 충족하는 일이 점차 어려워지고 있다. 오랫동안 경제정책 전문가들은 연금 체계가 서서히 위기를 맞을 것이라고 경고해왔다.[8] 문제는 인구 구성에 있다. 반세기 전만 해도 부자 나라들의 모임인 OECD의 경우 65세 여성은 평균적으로 약 15년 더 살 것으로 기대되었다. 그러나 지금은 적어도 20년을 더 살 수 있다.[9] 한편 가족당 자녀 수는 2.7명에서 1.7명으로 줄었다. 미래 노동자를 공급하는 파이프라인이 말라가고 있는 것이다.[10]

이 모든 변화는 많은 함의를 지닌다. 그중에는 좋은 것도 있고, 나쁜 것도 있다. 하지만 연금의 경우 상황이 암울하다. 미래에는 부양해야 할 은퇴자가 크게 늘어나는 반면 부양에 필요한 세금을 낼 노동자는 크게 줄어들 것이다. 1960년대에는 전 세계 기준으로 노인 1명당 노동자의 비율이 거의 12명이었으나 지금은 8명 미만이며, 2050년에는 겨우 4명에 불과하게 될 것이다.[11]

지금은 정부 연금과 민간 연금이 모두 비싸 보인다. 그동안 고용주들은 서둘러 연금 혜택을 줄였다. 40년 전에 대다수 미국 노동자는 은퇴 시 받는 연금이 미리 정해져 있는 소위 '확정급여형' 연금에 가입해 있었다. 반면 지금은 확정급여형 연금의 비율이 10퍼센트도 되지 않는다.[12]

새로운 유형인 '확정기여형' 연금은 노동자가 받을 수 있는 급여가 아니라 고용주의 기여분을 미리 정한다. 논리적으로 이 연금이 확정급여형보다 액수가 반드시 적은 것은 아니다. 그러나 대개는 그러하며 종종 그 차이가 크다.

고용주들이 확정급여형 연금을 기피하는 이유를 이해하기는 쉽다. 연금 혜택을 제공하는 데 비용이 많이 들기 때문이다. 남북전쟁에 참전한 존 제인웨이John Janeway의 사례를 보자. 그의 군인연금은 사망 시 배우자에 대한 급여까지 포함하고 있었다. 그는 81세 때 18세 여성과 결혼했다. 군은 남북전쟁이 끝난 지 거의 140년이 지난 2003년에도 거트루드 제인웨이Gertrude Janeway에게 미망인 급여를 지급했다.[13]

전문가들은 앞으로 닥칠 문제를 예견한다. 상당수 노동자가 은퇴를 앞두고 있다. 그들이 직장 연금에서 받는 급여는 예상보다 적을 수 있다. 전세계 정부들이 노년을 앞두고 예금을 늘리도록 국민을 설득하는 이유가 거기에 있다.[14]

그러나 사람들이 먼 미래에 초점을 맞추도록 만들기는 쉽지 않다. 한 조사 결과에 따르면 은퇴를 가장 중요한 재정적 문제로 여기는 50대 이하 조사 대상자는 50대 이상 조사 대상자의 절반도 되지 않았다.[15] 처음으로 집을 사기 위해 혹은 어린 자녀를 키우기 위해 돈을 모을 때는 노년에 대비할 필요성을 크게 느끼지 못한다. 실제로 노인이 된 자신의 모습을 그리기도 어렵다. 만화 <심슨 가족>의 호머 심슨은 이런 심리적 장벽을 이렇게 표현한다. "그건 미래의 호머가 해결해야 할 문제야. 그 사람 참 안됐어."[16]

행동경제학자들은 영민한 해결책을 고안했다. 그 해결책에는 노동자가 직장 연금에 자동으로 가입하게 하거나, 미래의 임금 인상에 맞춰 예금을 늘려나가게 하는 것 등이 들어 있다. 이런 '넛지nudge'*는 효과가 좋다. 그래

---

* 강압이 아니라 은근한 심리적 유도를 통해 좋은 선택을 이끌어내는 것 - 옮긴이.

서 사람들은 연금에서 탈퇴할 수 있지만 대개 순전히 관성으로 계속 납입한다.[17]

그러나 이런 노력도 근본적인 인구 구성 문제를 해결하지는 못한다. 아무리 예금이 많아도 언제나 현재의 노동자들이 현재의 연금 수령자들을 부양할 부를 창출해야 한다는 사실을 바꿀 수는 없다. 그 방식이 세금을 내는 것이든, 은퇴자가 보유한 주택을 임대하는 것이든, 연기금이 대주주인 기업에서 일하는 것이든 말이다.

어떤 사람들은 노년에 대한 우리의 태도를 획기적으로 바꿔야 한다고 생각한다. 은퇴 자체를 '은퇴'시켜야 한다는 말도 나온다.[18] 어쩌면 우리는 선조들처럼 기운이 남아 있는 한 노동을 해야 할지도 모른다.

다만 고대 사회의 다양한 풍습은 우리에게 생각할 거리를 준다. 이 풍습들은 불편할 정도로 냉철한 상쇄관계에 따라 진화한 것으로 보이기 때문이다. 노인들이 자식이 대신 씹어주는 음식을 먹을지 혹은 큰 강가에서 도끼로 죽임을 당할지 여부는 그들이 부족에 제공하는 편익이 그들을 부양하는 비용보다 큰가에 좌우되는 것처럼 보인다. 아체족 같은 경우는 그 비용이 더 크다. 많이 돌아다녀야 하거나 음식이 부족한 경우가 많기 때문이다.[19]

오늘날의 사회는 과거보다 풍요롭고 정착되어 있다. 그래서 의지만 있으면 늘어나는 연금 비용을 감당할 수 있다. 그러나 다른 차이점도 있다. 과거 우리는 노인들에게 의존해 지식을 저장하고 아이들을 가르쳤다. 그러나 지금은 지식이 빠르게 낡는다. 게다가 학교와 위키피디아가 있는데 굳이 할머니가 필요할까?

노인을 존중하는 수준이 비용과 편익 사이의 어떤 균형에 무의식적으로 좌우되던 시대가 오래전에 지나갔기를 바란다. 그럼에도 여전히 품위 있는 만년을 보내는 것이 권리라고 믿는다면, 아마도 이를 최대한 분명하게 그리고 자주 말해야 할 것이다.

34

#쿼티

쿼티QWERTY 자판으로 QWERTY를 입력하기란 쉽지 않다. 왼손 새끼손가락으로 시프트shift 키를 누른 다음 다른 손가락들로 게걸음을 하듯 자판 윗줄을 눌러야 한다. Q-W-E-R-T-Y라고 말이다. 이 특이한 조합은 어색하다. 여기에 한 가지 교훈이 있다. 바로 키보드에 자판을 배열하는 방식이 중요하다는 것이다. 좋은 배열도 있고, 나쁜 배열도 있다.

많은 사람은 쿼티 배열이 나쁘다고 생각한다. 심지어 의도적으로 자판을 두드리는 것이 느리고 어색하도록 설계되었다고 생각한다. 정말 그럴까? 그리고 많은 사람 중에 왜 하필 경제학자들이 이런 주장을 할까? 사실 이 문제에는 언뜻 보기보다 많은 것이 걸려 있다.

우선 아무리 삐뚤어진 사람이라 해도 왜 입력 속도를 느리게 만들고 싶어 했을지 살펴보자. 1980년대 초에 나는 엄마에게 선반 위에 놓여 있던 엄마의 타자기를 내려달라고 부탁했다. 이 기적의 기계를 사용하면 형편 없는 손글씨를 쓸 필요가 없다는 사실이 좋았기 때문이다.

나는 자판을 세게 두드렸다. 작은 손가락으로 타자를 치기란 쉽지 않았다. 자판을 두드리면 작은 골프채처럼 생긴 막대가 키보드 뒤에서 튀어올라왔다. 이 막대가 잉크 리본을 때리면 종이에 잉크가 눌리면서 글씨가 찍혔다. 활자막대라 불리는 막대의 끝에는 좌우가 바뀐 활자가 한 쌍씩 새겨져 있었다. 나는 장난스러운 시행착오를 거쳐 동시에 여러 키를 두드리면 모든 활자막대가 동시에 한 곳을 때린다는 사실을 발견했다. 마치 두세 명의 골퍼가 같은 공을 치려고 하는 것 같았다. 아홉 살짜리 소년에게는 이런 장난이 재미있었다. 물론 전문 타자수가 그랬다면 아쉬운 결과물이 나왔겠지만 말이다.

실제로 전문 타자수는 이런 문제에 직면할 수 있다. 뛰어난 타자수는 분당 60개의 단어를 치는 일이 크게 어렵지 않다. 그러기 위해서는 매초 대여섯 개의 활자가 같은 곳을 때려야 한다. 그래서 타자기를 고장 내지 않으려면 속도를 늦출 필요가 있다. 그것이 쿼티가 한 역할처럼 보인다.

하지만 쿼티가 정말로 입력 속도를 늦추려고 만들어졌다면 영어에서 한 쌍으로 가장 많이 쓰이는 T와 H가 왜 서로 가까이, 겹지 바로 아래에 놓여 있을까? 이 대목에서 이야기가 조금 복잡해진다.

쿼티 자판의 아버지인 위스콘신주의 인쇄업자 크리스토퍼 레이섬 솔스Christopher Latham Sholes는 1868년에 첫 타자기를 시카고에서 포터스 텔레그래프 칼리지Porter's Telegraph College를 운영하던 에드워드 페이슨 포터

Edward Payson Porter에게 팔았다. 이 사실은 진실을 파악할 수 있는 단서를 제공한다. 쿼티 배열은 모스부호를 옮기는 전신수의 편의성을 위해 설계되었다. Z가 S와 E 근처에 있는 이유가 거기에 있다. Z와 SE는 미국식 모스 부호에서 구분할 수 없기 때문이다. 그래서 전신수는 이 글자들 위에 손가락을 두고 문맥에 의존해 글자를 선택했다.[1]

이처럼 쿼티 자판은 입력 속도를 늦추려고 설계된 것이 아니었다. 그렇다고 당신과 나의 편의성을 위해 설계된 것도 아니었다. 그런데 왜 우리는 이것을 계속 쓰는 것일까?

간단한 답은 쿼티가 1880년대에 벌어진 패권 다툼에서 이겼기 때문이다. 총기 제작사인 레밍턴앤드선E. Remington and Sons이 숄스의 설계를 이어받았다. 그들은 자판 배열을 확정하고 125달러 가격으로 시장에 내놓았다. 오늘날의 가치로 치면 3,000달러 정도로, 타자기를 쓰는 비서들에게는 여러 달 치 수입에 해당했다.[2]

그 당시 레밍턴 타자기만 있었던 것은 아니다. 숄스는 '타자기를 발명한 쉰두 번째 사람'으로 불렸다. 그러나 결국 쿼티 키보드가 승자로 부상했다. 레밍턴은 약삭빠르게 쿼티 키보드로 타자 강의를 제공했다. 그래서 1893년에 네 가지 주요 경쟁 자판 배열과 통합되었을 때 사람들은 모두 쿼티를 소위 '일반 배열'로 받아들였다.[3]

1880년대 미국에서 시장의 패권을 두고 벌어진 이 짧았던 다툼이 아이패드의 키보드 배열을 결정했다. 당시에는 누구도 지금 우리에게 무엇이 이득인지 생각하지 않았다. 그럼에도 그들의 행동이 우리의 행동을 지배하고 있다. 이런 일들은 독자적인 추진력을 갖는다.

　이는 아쉬운 일이다. 보다 논리적인 배열이 존재하기 때문이다. 대표적인 사례로는 오거스트 드보락August Dvorak이 개발해 1932년에 특허를 받은 드보락Dvorak이 있다. 이 배열은 자주 쓰는 손(왼손용 혹은 오른손용 배열이 있음)을 중시하며, 가장 많이 쓰는 키를 모아서 배치한다. 미국 해군은 1940년대에 실험을 통해 드보락이 훨씬 우월하다는 사실을 증명했다. 드보락 배열을 쓰도록 타자수들을 훈련시키면 그 비용의 몇 배에 이르는 혜택을 볼 수 있었다.

　그렇다면 우리는 왜 모두 드보락으로 옮겨가지 않았을까? 문제는 전환 과정을 조율하는 데 있었다. 쿼티는 오거스트 드보락이 태어나기 전부터 보편적으로 쓰던 배열이었다. 대다수 타자수는 쿼티로 타자를 배웠다. 비싼 타자기에 투자하는 모든 고용주는 자연히 대다수 타자수가 쓰는 배열을 선택하기 마련이었다. 여기서 규모의 경제가 발동되었다. 쿼티 타자기는 더 저렴하게 만들 수 있었고, 따라서 더 저렴하게 살 수 있었다. 모두가 쿼티로 타자를 배웠다. 모든 사무실에서 쿼티를 썼다. 드보락 자판은 전혀 가능성이 없었다.

이제 우리는 왜 이 사례가 중요한지 감을 잡을 수 있다. 선도적인 경제사가 폴 데이비드Paul David는 쿼티가 경제학자들이 말하는 '고착lock-in'의 대표적인 사례라며, 우리가 언제나 쿼티 같은 표준에 고착된다고 주장했다.

이는 타자기에 해당하는 말이 아니다. 마이크로소프트 오피스와 윈도, 구매자와 판매자를 잇는 온라인 소매 사업에 대한 아마존의 장악력, 소셜 미디어에 대한 페이스북의 지배력을 말하는 것이다. 당신의 모든 친구가 인스타그램Instagram이나 와츠앱WhatsApp 같은 페이스북 앱을 쓴다면 당신도 쿼티 타자수처럼 꼼짝없이 고착되지 않을까? 당신이 다른 앱으로 옮겨가고 싶다고 생각하는 것은 전혀 문제가 되지 않는다. 혼자서는 할수 없기 때문이다. 이는 중대한 문제다. 고착은 독점 기업의 친구이자 경쟁의 적으로, 규제 당국의 강경한 대응을 요구한다.

그러나 이 문제에는 상반된 주장이 존재한다. 어쩌면 지배적 표준들은 고착 때문이 아니라 대안이 우리가 상상하는 것만큼 강력하지 않아서 지배적인지도 모른다. 드보락 키보드의 우월성을 증명한 해군의 연구를 살펴보자. 경제학자인 스탠 리보위츠Stan Liebowitz와 스티븐 마골리스Stephen Margolis는 이 연구를 파헤친 후 심한 결함이 있다고 결론지었다. 그들은 또한 이 연구를 감독한 사람의 이름을 보고 눈썹을 치켜올렸다. 그 사람은 해군의 대표적인 시간 동작time-and-motion* 전문가 오거스트 드보락 소령이

---

* 특정 작업에 필요한 시간과 동작 - 옮긴이.

었다.[4]

리보위츠와 마골리스는 드보락의 설계가 나을 수도 있다는 사실을 부정하지 않는다. 사실 세상에서 가장 빨리 영문 타자를 치는 사람도 드보락 키보드를 쓴다. 단지 그들은 이것이 사회 전체가 더 우월한 표준으로 옮겨 가고 싶어 해도 그 과정을 조율하지 못한 사례라는 것을 믿지 않을 뿐이다. 요즘 대다수 사람은 키보드 배열을 쉽게 바꿀 수 있는 기기로 이메일을 쓴다. 윈도, iOS, 안드로이드 모두 드보락 배열을 제공한다. 그래서 당신이 쓰고 싶다면 같이 바꾸자고 동료나 다른 고용주 혹은 비서 학원을 설득할 필요가 없다. 그냥 쓰면 된다. 다른 사람들은 그 사실을 알지도 못할 것이다.

하지만 대다수 사람은 여전히 쿼티를 고수한다. 더 이상 문이 고착되어 있지 않아도 우리는 탈출할 생각을 하지 않는다.

고착은 현재 애플, 페이스북, 마이크로소프트를 비롯해 세계에서 가장 강력하고 가치 있는 기업들의 입지를 굳혀주는 듯하다. 어쩌면 이 자물쇠는 한때 쿼티 표준이 그렇게 보였던 것처럼 열 수 없는 것일지도 모른다. 혹은 소비자들이 지겨워하는 순간 쇠지레에 떨어져나가버릴 수도 있다. 사실 사용자들이 이제는 추억이 된 마이스페이스MySpace에 고착되었다는 우려가 제기된 것도 오래전 일이 아니다.[5] 오늘날의 경제와 관련해 가장 중요한 질문 중 하나는 기술 표준의 자물쇠가 튼튼하냐 아니면 허술하냐에 대한 것이다.

#랭스트로스 벌통

경제학자들이 벌 혹은 적어도 벌에 대한 생각을 사랑한다는 사실은 잘 알려져 있지 않다. 영국 왕립경제학회Royal Economic Society의 로고는 꿀벌이다. 네덜란드 출신의 런던 사람 버나드 맨더빌Bernard Mandeville이 1732년에 펴낸 유명한 초기 경제학 저서 『꿀벌의 우화The Fable of the Bees』는 꿀벌을 들어 경제를 설명하며 분업과 보이지 않는 손 같은 현대의 경제학 개념들을 예견한다.[1]

또한 노벨 경제학상 수상자인 제임스 미드James Meade는 까다로운 경제 이론을 설명할 예를 찾다가 꿀벌에게서 영감을 얻었다.

그 까다로운 경제 이론은 경제학자들이 말하는 소위 '긍정적 외부효과positive externality'다. 이는 환경오염과 상반되는 것이다. 즉, 자유시장이

바람직한 일을 충분히 하지 못해서 대신 정부가 보조하는
것이다.

제임스 미드는 사과와 벌의 관계에서 긍정적 외부효과의
완벽한 예를 찾았다. 그는 1952년 발표한 논문에서 과수원과 양봉장이
같이 있는 지역을 예로 들었다. 만약 사과 농가가 사과나무를 더 심으면
꿀을 더 생산할 수 있으므로 양봉가가 혜택을 입는다. 하지만 사과 농가
는 긍정적 외부효과에 따른 혜택을 누리지 못한다. 그래서 모두에게 최선
이 되는 수준까지 사과나무를 많이 심지 않는다. 미드에 따르면 이는 "사
과 농가가 양봉가에게 벌의 먹이에 대한 대가를 물릴 수 없다는 단순한
사실 때문"이다.[2]

눈을 감으면 초여름의 아지랑이, 시원한 사과나무 그림자, 바삐 돌아다
니는 벌들의 날개 소리 등 미드가 제시한 상황이 생생하게 그려진다. 그
러니 이 사례가 오랫동안 전해질 만도 하다. 그러나 이 사례는 선명한 이
미지를 떠올리게 해주기는 하지만 완전히 잘못되었다. 사과꽃에서는 꿀
을 거의 생산하지 못한다. 제임스 미드가 벌에 대해 몰랐던 것은 이것만
이 아니다.

미드의 보다 근본적인 오류를 이해하려면 인간과 꿀벌의 역사를 간략
히 살펴볼 필요가 있다. 오랜 옛날에는 양봉이 이뤄지지 않았다. 야생벌
들이 지은 벌집을 훔쳐서 꿀을 취했을 뿐이다. 동굴 벽화에서 그 모습을
확인할 수 있다.[3]

그러다가 약 5,000년 전에 양봉이 시작되었다.[4] 그리스인, 이집트인, 로
마인 들은 벌을 즐겨 키웠다. 중세에 접어들어 양봉가들은 '스켑skep'이

라는 벌꿀집을 썼다. 스켑은 짚을 둥글게 꼰 띠를 원통형으로 쌓은 전형적인 엮음 벌꿀집이었다.스켑 벌꿀집의 문제점은 꿀을 채취하려면 벌들을 제거해야 한다는 것이었다. 그래서 대개 유황 연기로 중독시킨 벌들을 털어내고 꿀을 퍼냈다. 그다음에는 적절한 때 다른 봉군蜂群을 구해야했다. 사람들은 이 방식이 낭비가 심하고 우리에게 꿀을 줄 뿐 아니라 식물을 수분受粉시키는 벌들을 함부로 대한다고 생각하기 시작했다. 결국 1830년대 미국에서 "벌을 죽이지 말라"는 모토와 함께 봉권운동bee-right movement이 등장했다.

더 나은 벌집을 만드는 것은 특히 벌을 비롯한 모두에게 좋은 일이었다. 1852년에 미국 특허청은 로렌조 랭스트로스Lorenzo L. Langstroth라는 목사가 개발한 이동식 벌집에 특허번호 9300A를 부여했다. 현재 이 벌집은 대개 그냥 랭스트로스 벌집이라 불린다.[5]

랭스트로스 벌집은 위쪽에 개방부가 있으며, 벌꿀 틀이 거꾸로 매달린 나무상자다. 벌꿀 틀은 16분의 5인치(약 8밀리미터)라는 절묘한 간격으로 신중하게 배치되어 있다. 간격이 이보다 크거나 작으면 벌들이 따로 걸리적거리는 구조를 더하기 시작한다. 여왕벌은 바닥에 있는 '여왕벌 격리판'에 갇혀 있다. 이 격리판은 그물 형태로 되어 있으며, 여왕벌은 나가지 못하지만 일벌은 드나들 수 있다. 그래서 애벌레들은 벌집과 분리된다. 벌집은 쉽게 끄집어낼 수 있다. 벌집을 원심분리기에 넣어 꿀을 흩뿌리고, 걸러내며, 모으는 방식으로 수확이 이뤄진다. 랭스트로스 벌집은 경이로운 설계와 효율성으로 양봉의 산업화를 이뤄냈다.[6]

제임스 미드는 이 산업화를 제대로 이해하지 못했다. 벌꿀은 철저히 가

축화된 동물이다. 랭스트로스 벌집을 쓰면 벌들을 옮길 수 있다. 농민들이 벌집을 작물 근처에 두도록 양봉가와 금전적 계약을 맺지 못할 이유는 없다. 제임스 미드가 유명한 사례를 든 지 수십 년 후 또 다른 경제학자 스티븐 청Steven Cheung은 거기에 호기심을 갖게 되었다. 그래서 우리 경제학자들이 자주 하지 않는 일을 했다. 그는 관련된 사람들에게 직접 연락해서 실제로는 어떤 일이 일어나는지 물었다.[7] 알고 보니 사과 농가는 수분의 대가로 양봉가에게 돈을 지불했다. 다른 작물의 경우는 양봉가가 화밀花蜜을 수확할 권리에 대한 대가를 실제로 지불했다. 이 시장은 미드가 존재해야 하지만 그럴 수 없다고 말한 그 시장이었다. 한 가지 예로, 박하는 벌의 도움이 필요하지 않지만 좋은 꿀을 생산하게 한다.

이처럼 사과와 벌은 긍정적 외부효과의 좋은 예가 아니다. 시장에서 상호작용이 일어나기 때문이다. 게다가 해당 시장의 규모가 크다. 요즘 그 중심지는 캘리포니아의 아몬드 산업이다. 아몬드 농장은 거의 4,000제곱킬로미터의 면적을 차지하며 아몬드 농가는 50억 달러의 매출을 올린다.

심지어 이는 출하 가격에 불과하다.[8] 아몬드는 꿀벌을 필요로 한다. 1만 제곱미터당 5개의 봉군이 필요하며, 한 봉군을 임대하는 비용은 약 185달러다.[9] 랭스트로스 벌집들은 한데 단단히 묶여 트레일러트럭의 뒤에 실린다. 트럭 1대당 400개의 벌집이 실려 매년 봄 캘리포니아에 있는 아몬드 농장으로 향한다. 이동은 벌들이 자는 밤에 이뤄진다.

이처럼 이동하는 벌집이 얼마나 많은지 놀라울 정도다. 미국에 있는 200만 개의 상용 벌집 중 85퍼센트가 수백억 마리의 벌을 담고 이동한다.[10] 대형 양봉 업체는 각각 1만 개의 벌집을 관리한다.[11] 그들은 캘리포니아에서 워싱턴주의 체리 과수원으로 갔다가 펜실베이니아주의 호박밭이나 메인주의 블루베리 농장으로 향하기도 한다.[12] 양봉을 농촌의 목가적인 활동으로 본 미드의 상상은 크게 잘못된 것이었다. 양봉은 거의 전적으로 산업화되었으며, 수분受粉은 철저히 상업화되어 있다.

여기서 수수께끼가 등장한다. 생태학자들은 전 세계 많은 지역에서 야생벌의 개체 수가 빠르게 줄고 있는 것을 걱정한다. 누구도 그 이유를 정확히 모른다. 가능한 원인으로는 기생충과 살충제 그리고 벌들이 여왕벌만 홀로 놔두고 사라져버리는 불가사의한 '봉군붕괴증후군colony collapse disorder' 등이 있다. 사육되는 벌들도 비슷한 문제에 직면해 있다. 그래서 단순한 경제원리가 작용할 것이라고, 즉 벌의 공급이 줄면서 수분 서비스의 요금이 오를 것이라고 예상할 수 있다.

하지만 경제학자들이 보는 현실은 전혀 다르다. 봉군붕괴증후군은 벌 시장의 모든 실질적인 척도에 영향을 거의 미치지 못하는 듯하다. 농가는 수분의 대가로 비슷한 금액을 지불하고 특별히 번식되는 여왕벌의 가격도 거의 변하지 않았다. 산업적 양봉 업체들은 번식, 여왕벌 교환, 봉군 분할, 우량벌 구입 등 그들이 의지하는 벌의 개체 수를 유지하기 위한 전략을 개발해낸 듯하다. 벌꿀 혹은 아몬드, 사과, 블루베리 품귀 현상이 일어나지 않는 이유가 거기에 있다. 어쨌든 아직까지는 그렇다.[13]

벌의 개체 수를 적어도 어느 정도는 보존하게 만드는 경제적 동기를 칭송해야 할까? 아마 그럴지도 모른다. 또 다른 관점은 애초에 자연계를 통제하고 수익화하려는 현대 경제의 오랜 노력이 문제를 일으켰다는 것이다. 단작單作 농업이 생태계를 바꾸기 전에는 수분을 위해 랭스트로스 벌집을 들여와 주위에 둘 필요가 없었다. 현지의 야생 곤충들이 공짜로 그일을 해주었기 때문이다.

따라서 자유시장이 사회에 필요한 것을 제공하지 않아서 긍정적 외부효과를 기대해야 하는 사례를 찾는다면 야생벌과 다른 곤충에게 도움을 주는 토지 활용 방안을 고려할 수 있다. 가령 야생화가 자라는 벌판을 조성할 수도 있다. 실제로 일부 정부는 제임스 미드가 조언했을 법한 대로 이런 사업을 보조하고 있다.[14]

#댐

이집트의 수도 카이로에서 멀지 않은 곳에 사드엘카파라 Sadd el-Kafara 댐이 있다. 이 댐은 길이가 100미터가 넘고, 높이가 14미터에 이르며, 수만 톤의 암석과 흙으로 되어 있다. 또한 약 50만 세제곱미터의 물을 저장할 수 있다. 현대적 기준으로 보면 평범한 규모지만, 사드엘카파라는 건설된지 거의 5,000년이나 되었다.[1]

게다가 엄청난 실패작이기도 했다. 고고학자들은 이 댐이 거의 한꺼번에 터졌다고 믿는다. 당시 홍수로 불어난 물이 흘러넘치면서 하류 면을 빠르게 깎아내는 바람에 하류 면이 모래성처럼 무너지면서 중심부가 완전히 파괴되었다. 누가 이 댐을 짓도록 명령했는지는 모른다. 단지 백성들이 엄청난 타격을 입었을 거라고 상상할 뿐이다.

고대 이집트인들이 댐을 지으려고 시도한 것을 탓할 수는 없다. 물은 귀했고, 강우량은 들쭉날쭉했다. 갑작스러운 호우는 말 그대로 하늘에서 쏟아지면서 귀중한 자원을 그저 안겼을 것이다. 그런 다음 지중해를 향해 흘러나갔을 것이다. 댐을 지으면 이 물을 필요할 때까지 저장할 수 있었을 것이다.

고대 이집트만 불규칙한 강우량에 대처하려고 시도한 것은 아니다. 세계 인구 중 다수는 물의 가용성이 계절에 따라 달라지거나 갈수록 예측하기 어려워지는 지역에 살고 있다. 선진국에서 당연시하는 연중 풍부한 물은 종종 댐과 저수지로 구성된 수자원 관리 시스템에 의존한다.

이런 시스템이 없는 곳은 가혹한 상황에 시달린다. 케냐는 1990년대 말에 가뭄 때문에 GDP의 10퍼센트 이상을 잃었다. 그 뒤에는 홍수 때문에 더 심한 경제적 손실을 입었다.[2] 댐이 가뭄과 홍수를 모두 관리할 가능성을 제공한다는 점을 감안하면 수천 년 동안 유혹적인 프로젝트였던 것이 별로 놀랍지 않다.

댐은 보너스로 수력발전소까지 겸비할 수 있다. 그러면 가둬진 물이 지닌 중력 포텐셜gravitational potential*로 터빈을 돌려 친환경 전력을 생산할 수 있다. 수력발전은 원자력발전, 태양광발전, 풍력발전 혹은 조력발전보다 큰 전력원이며, 많은 지역에서는 셋 모두를 합친 것보다 크다.[3] 그러니 좋아하지 않을 이유가 있을까?

하지만 중국 중부에 있는 허난河南 지역 주민들은 할 말이 있다. 그들은

---

* 중력 작용으로 발생하는 위치 에너지 - 옮긴이.

반차오板橋 댐의 하류에 산다. 1950년대에 지어진 이 댐은 바로 균열 징후를 드러냈다. 당국은 보강 작업 후 이 댐을 '강철 댐'이라 부르면서 절대 무너질 일이 없다고 장담했다. 그러나 1975년 8월, 무너지고 말았다. 주민들은 "수룡水龍이 덮치는 것" 같았다고 당시 상황을 묘사했다. 수룡으로 불린 물결의 높이는 몇 미터나 되었고, 폭도 최종적으로 12킬로미터에 이르렀다. 이 사고로 수만 명이 죽었다. 한편에서는 거의 25만 명이 사망했을 것으로 추정하기도 했다.

이 비극은 오랫동안 중국에서 국가적 비밀에 부쳐졌다.[4] 체르노빌 사고를 무색하게 만드는 엄청난 재난이었는데도 말이다. 그럼에도 중국 정부는 대체용 댐을 짓기로 결정했다(반차오 재난은 규모 때문에 두드러졌을 뿐이다. 1949년부터 1980년까지 사회주의 국가 중국에서 약 3,000개의 댐이 무너졌다).[5]

부유한 나라에서도 댐은 인명을 앗아가는 인재를 일으켰다. 만수 시 저수용량이 1,000억 톤이 넘는 대규모 저수지는 지진을 일으킬 수 있다. 이보다 훨씬 적은 저수지도 치명적인 산사태를 일으킬 수 있다.[6] 프랑스에 있는 말파세Malpasset 댐은 1959년에 유선형 콘크리트 외벽의 한쪽 모서리 부분 지반이 수압에 쓸려가면서 균열이 발생했다. 이 사고로 총 423명이 죽었다. 4년 후 이탈리아에서는 새로 지은 바이온트Vaiont 댐이 서서히 채워진 물의 무게가 산사태를 일으키면서 내륙 쓰나미에 무너지고 말았다. 이 사고로 거의 2,000명이 죽었다.[7]

댐은 제2차 세계 대전과 한국전쟁 때 군사적 목표물이 되었다. 그러나 민간인이 희생당할 위험 때문에 지금은 댐을 공격하는 것이 전쟁 범죄로 간주된다. 앞에서 살펴봤듯이 거기에는 타당한 이유가 있다.[8] 댐을 반드시 무기로 파괴할 필요도 없다. 브라질과 파라과이 경계에 있는 이타이푸 Itaipu 댐의 하류에는 아르헨티나의 수도 부에노스아이레스가 있다. 그래서 수문을 동시에 전부 개방하면 부에노스아이레스가 잠기게 된다.[9]

그러나 현대의 댐에 불안한 명성을 안긴 것은 재난의 위험이 아니다. 문제는 댐이 상하류의 생태계를 바꾸면서 미치는 피해다.

이집트의 아스완하이Aswan High 댐은 이런 피해를 일으킨 대표적인 사례로 오랫동안 손꼽혔다. 나일강을 가로막은 이 댐은 500킬로미터에 이르는 저수지를 형성한다. 『이코노미스트』는 그에 따른 여러 가지 영향을 제시한다. 거기에는 "부레옥잠 폭증, 빌하르츠 주혈흡충증bilharzia 발생, 관개용수로 오염, 이집트부터 레바논까지 해안 침식을 보충할 퇴적물의 내륙 축적" 등이 포함된다.[10]

여기에 누비아의 고대 사원들이 물에 잠기거나, 고지대로 이전되거나, 아예 통째로 마드리드, 뉴욕, 토리노의 박물관으로 옮겨진 것은 언급되지도 않았다. 사원만 원래 터전을 잃은 것이 아니다. 10만 명 이상이 강제로 이주해야 했다.[11]

그러나 일부 전문가는 이 모든 비용에도 불구하고 해당 프로젝트가 압도적인 성공이었다고 주장한다. 아스완하이 댐은 이집트와 수단에서 안정적인 관개를 가능하게 만들었다. 이는 작은 일이 아니다. 덕분에 2년 안에 건설 비용을 충당할 만한 편익을 얻었다. 또한 1980년대의 심각한 가뭄뿐 아니라 재난을 불러온 1988년의 홍수로부터 이집트를 보호해주었다.

모든 댐은 승자와 패자를 낳고 관리해야 할 긴장을 초래한다. 노벨 경제학상을 받은 두 명의 여성 모두 댐을 연구했다. 엘리너 오스트롬Elinor Ostrom은 네팔의 댐들이 물과 노력을 공유하는 상하류 지역사회의 전통적인 협력관계를 무너뜨렸음을 보여주었다.[12] 또한 에스테르 뒤플로Esther Duflo는 인도의 대형 댐들이 관개를 통해 일부 지역사회에는 도움을 주었지만 다른 지역사회에는 빈곤을 가중시켰다는 사실을 밝혀냈다.[13]

댐 건설로 피해를 보는 패자들은 대개 다른 국가에 산다. 전 세계 땅의 거의 절반은 국경을 지나는 강으로 배수를 하기 때문에 국제적인 긴장이 발생한다.[14] 에티오피아에서 건설되고 있는 르네상스Renaissance 댐이 최근의 사례다. 2022년에 완공될 예정인 이 댐은 아프리카 최대 수력발전 댐이 될 것이다. 문제는 이 댐이 아스완하이 댐의 상류에 있어 이집트로 흘러가는 나일강의 물길을 제한할 수 있다는 것이다. 당연히 이집트는 불쾌해하고 있다.[15]

그러나 정치인에게는 패자에 대한 보상이 언제나 우선순위는 아니다. 그들은 종종 상징성을 더 신경 쓴다. 그 이유는 쉽게 알 수 있다. 사드엘카파라와 반차오처럼 붕괴 사고를 낸 댐은 끔찍한 판단 오류를 말해준다. 초기 소련의 드네프로스트로이Dneprostroi 댐부터 세계 최대 수력발전 댐 자리를 놓고 이타이푸Itaipu 댐과 경쟁하는 현대 중국의 싼샤三峽 댐에 이르기까지 정치 지도자들은 잘 지어진 댐이 장대한 전략적 비전의 증거물로 우뚝 서주기를 바란다.

한편에서는, 아스완하이 댐이 오랫동안 나쁜 평판에 시달린 근원은 냉전 시대의 선전으로 거슬러 올라간다고 믿는다. 당시 이집트 대통령인 나세르Nasser는 미국으로부터 댐 건설에 필요한 지원을 받지 못하자 소련에 도움을 요청했다. 그는 그 비용을 지불하기 위해 수에즈 운하의 국유화에 나섰다. 이는 수에즈 위기로 이어졌다. 그러니 서구의 지도자들은 아스완 하이 댐이 나세르의 업적으로 홍보되는 것을 원할 리 없었다.[16]

댐은 복잡한 방식으로 경제에 변화를 일으킨다. 많은 댐은 그 편익을 피해자들과 평등하게 나눌 수만 있다면 전반적으로 볼 때 건설할 만한 가치를 지닐지도 모른다. 그러나 댐을 국가적 활력의 상징으로 보면 이처럼 난잡한 현실을 간과하기 쉽다. 인도의 초대 수상 자와할랄 네루 Jawaharlal Nehru는 1948년에 초대형 히라쿠드 Hirakud 댐 건설 사업 때문에 강제이주당한 사람들을 대상으로 아마도 의도한 것보다 더 솔직했을 연설을 했다. 그는 "어차피 고통받을 거라면 나라의 이익을 위해 고통받는 것이 옳습니다"라고 말했다.

이 말을 듣고 위안을 얻은 사람이 있었는지는 확실치 않다.[17]

하나뿐인 지구

#불

"협곡은 거대한 굴뚝으로 변했다. 엄청나게 많은 화물열차가 동시에 지나가듯 굉음을 내며, 협곡을 통해 바람과 불길이 휘몰아쳤다. 연기가 너무 짙고 열기가 너무 강해 숨을 쉬기 어려웠다. (…) 그때 산에 있던 우리가 보기에는 온 세상이 불타는 것 같았다. 많은 사람이 정말로 세상이 종말을 맞았다고 생각했다."[1]

이 일이 일어난 것은 1910년 8월 20일이다. 삼림관리인 에드 펄래스키Ed Pulaski는 나중에 '대화재Big Blowup'로 알려지는 큰불에 둘러싸였다. 펄래스키는 자신의 임무가 아이다호 북부의 삼림을 보호하는 것이 아니라 소방관들을 구하는 것으로 바뀌었음을 깨달았다. 그는 말을 타고 사방을 돌아다니며 최종적으로 45명을 모았다.

불길과 강풍을 이기지 못한 나무들이 사방에서 쓰러졌다. 짙은 연기 때문에 앞을 보기가 거의 불가능했다. 내가 산길에 익숙하지 않았다면 우리는 절대 살아서 빠져나오지 못했을 것이다. 사납게 타오르는 불길에 완전히 둘러싸여 있었기 때문이다. 나의 유일한 바람은 멀지 않은 곳에 있는 오랜 광산의 갱도까지 가는 것이었다. 우리는 그곳을 향해 달렸다. 도중에 한 사람이 넘어지는 나무에 깔려 죽었다. 우리는 아슬아슬하게 광산에 도착했다. 우리가 광산에 들어가자마자 불길이 우리가 온 길 위를 휩쓸었다.[2]

펄래스키는 의식을 잃었다. 다음 날 아침 그는 앞을 볼 수 없었다. 그의 손은 화상을 입었다. 그래도 5명을 제외한 나머지 사람들과 함께 살아 있었다. 대화재는 86명을 죽이고 80만 채의 집을 지을 수 있는 나무를 불태웠다.[3] 또한 이 화재는 국가적 경각심도 일깨웠다. 삼림청은 모든 산불을 최대한 빨리 진화하겠다고 약속했다.[4]

이는 현명하지 않은 시도였지만(그 이유는 나중에 설명할 것이다), 그래도 이해는 할 수 있다. 불은 두려운 것이다. 동시에 현대 경제에 필수적인 요소이기도 하다. 그 이야기는 훨씬 오래전으로 거슬러 올라간다.

지구 역사의 초기 90퍼센트 동안에는 전혀 불이 없었다. 화산이 분화하기는 했지만 용암이 불타는 것은 아니었다. 불은 화학반응에 따른 연소과정에서 생기는 것이기 때문이다.[5] 불이 타오르는 데 필요한 산소와 연료를 모두 만드는 것은 생명체. 화석 증거에 따르면 불에 타는 식물은 약 4억 년 전에 진화했다. 이 식물들은 부분적으로 화산 때문에 그리고 주로 번개 때문에 때때로 불에 탔다. 근래 위성 관측 결과를 보면 번개가 놀라울 정도로 흔하다는 사실을 알 수 있다. 하루에 무려 800만 번 정도 번개가 친다. 여전히 번개는 무분별한 바비큐나 부주의하게 버린 담배꽁초보다 더 많은 산불을 일으킨다.[6]

불은 지형을 만들었고, 따라서 진화에 영향을 미쳤다. 불은 약 3,000만 년 전에 초원을 확산시켰다. 불이 없었다면 초원은 관목 지대나 숲으로 되돌아갔을 것이다. 초원은 지금의 인간으로 진화한 호미닌hominin의 등장에 중요한 역할을 한 것으로 여겨진다.[7]

우리 선조들이 불을 다스리기 전에 경제가 어떠했을지 상상해보라. 일단 금속 제품이나 금속 연장으로 만든 제품은 모두 없어야 한다. 금속은 용광로에서 태어나기 때문이다. 유리도 마찬가지다. 그다음에는 운송이나 발전發電을 위해 화석 연료를 태우는 일을 수반하는 모든 것을 잊어야 한다. 또한 생산에 필요한 열을 내기 위해 불이 요구되는 재료를 사용하는 모든 것도 잊어야 한다. 가령 플라스틱이나 하버보슈법Haber-Bosch process으로 만든 비료로 키운 식물이 거기에 포함된다. 벽돌이나 자기도 가마에서 불로 굽는 것이므로 안 된다. 그러면 남는 것이 별로 없다. 날카로운 돌로 자른 날것의 유기농 식품 정도나 남을까? 이런 것들은 전혀 '경제'라고 부를 수 없다.

우리 선조들이 정확히 언제 그리고 어떻게 불을 다스리게 되었는지는 논쟁의 여지가 있다. 그러나 유명한 디즈니의 영화 〈정글북Jungle Book〉에서 묘사된 대로 원숭이 킹 루이가 모글리에게 '인간의 붉은 불'을 만드는 비밀을 가르쳐달라고 부탁했을 가능성은 낮다.[8] 사실은 침팬지들도 산불이 어떻게 퍼질지 아주 잘 아는 듯하다.[9] 또한 다른 종들은 사냥 기회를 기민하게 활용하는 것으로 알려져 있다.[10] 심지어 일부 육식조들은 불타는 나뭇가지를 옮겨서 다른 곳에 불을 일으킨 다음 도망치는 먹잇감을 덮친다.[11]

우리 선조들도 부싯돌로 불꽃을 일으키는 방법을 알아내기 수십만 년 전부터 산불을 비슷하게 활용했을 가능성이 높은 것으로 보인다.[12] 어쩌면 그들은 천천히 타는 동물의 똥을 넣어서 불을 계속 살렸을지도 모른다.[13] 그들이 사냥, 보온, 포식자 방어에 불을 활용하게 될 것은 명백하다.[14] 그들은 불로 요리도 하게 될 것이다. 영장류학자 리처드 랭엄Richard Wrangham은 조리한 음식이 더 많은 에너지를 제공한 덕분에 인간이 더 큰 뇌를 진화시킬 수 있었다고 주장한다.[15] 한편 고고학자 존 가울렛John Gowlett은 불을 '사회적 뇌' 가설과 연결 짓는다. 이 가설은 인간이 커지는 사회적 압력에 대응하기 위해 더 큰 뇌를 진화시켰다는 것이다. 밤에 모닥불 주위에서 갖는 모임은 우리 선조들에게 사회화할 수 있는 더 많은 시간을 주었을 것이다.[16]

이런 추정들이 사실에 얼마나 가깝든 간에 우리는 경제적 발전을 이룩하는 과정에서 공장부터 내연기관, 주방의 가스 오븐까지 여러 특수한 공간에 불을 가두었다. 역사학자 스티븐 파인Stephen Pyne은 이를 '연소 전이 pyric transition'라고 부른다.[17] 이 전이가 아직 일어나지 않은 곳에서는 문제가 생긴다. 개발도상국의 경우 수백만 명이 실내에서 불을 피워 요리하는 데 따른 공기 오염으로 사망한다.[18] 파인은 이 전이가 산불에 대한 공포를 심화시켰다고 주장한다. 기후변화로 인해 앞으로 더 많은 산불이 발생할 것이다. 위성 관측은 산불을 이해하는 데 도움을 주지만, 변화하는 기후와 식생의 패턴은 산불에 대한 예측을 어렵게 만든다.[19]

에드 펄래스키의 영웅적 행동이 있고 나서 산불을 신속하게 진화하는 것이 그렇게 좋은 생각은 아니라는 합의가 형성되는 데 반세기가 걸렸다. 문제는 언젠가는 통제할 수 없는 산불이 발생하기 마련이라는 것이다. 이런 산불은 작은 산불을 급히 끄지 않았다면 진작 타버렸을 고목들을 태우면서 번지기 때문에 더욱 파괴적이다.

그 사이에 안일한 태도가 자리 잡는다. 우리는 캘리포니아부터 호주까지 조만간 산불이 일어날 황야 가까운 곳이나 그 안에 점점 더 많은 집을 짓는다. 전문가들이 작은 산불은 그냥 두는 것이 현명하다고 조언해도, 화재 발생 지역 인근에 사는 주민들은 그럴 생각이 별로 없을 것이 명백하다.[20] 앤드루 스콧Andrew Scott이 『불타는 지구Burning Planet』에서 주장한 대로 "근래에 불에 대한 과학적 이해는 더욱 깊어졌지만, 보다 넓은 대중적 인식으로는 이어지지 못했다".

일부 경제학자는 산불이 더 폭넓은 현대적 역학의 한 사례일 뿐이라고 생각한다. 그 역학은 작은 문제를 더 잘 다루게 되는 것이 안전감을 키우고, 그것이 역설적으로 훨씬 큰 문제가 발생할 위험을 초래한다는 것이다. 그레그 입Greg Ip은 이러한 분석을 2007~2008년에 발생한 금융위기에 적용했다. 그의 설명에 따르면 정책 결정자들이 작은 위기를 진화하는 데 대단히 유능해지면서 사람들이 과도한 자신감을 갖게 되었다. 그래서 비우량 주택담보대출 채권에 모든 돈을 거는 것처럼 멍청한 위험을 감수했다. 그러다가 진화할 수 없는 위기가 발생하자 이 나쁜 베팅들은 전 세계로 번지는 대화재에 기름을 끼얹었다.[21]

#석유

서신은 발송되었다. 훗날, 세계 최초로 석유 시추기술을 발명하게 되는 에드윈 드레이크Edwin Drake의 마지막 재정적 후원자는 마침내 인내심을 잃었다. 서신의 내용은 "빚을 갚을 것, 포기하고 집으로 돌아올 것"이었다.[1]

드레이크는 '석유rock oil'를 찾으려 애쓰고 있었다. 그가 찾던 석유는 때로 펜실베이니아주 서부의 지표면 근처로 흘러나오던 갈색 원유였다. 그는 이 석유를 램프에 사용하는 등유로 정제할 계획이었다. 그러면 갈수록 비싸지는 고래기름을 대체할 수 있었다. 또한 휘발유처럼 쓸모가 적은 부산물도 얻을 수 있었다. 구매자를 찾지 못할 경우 부산물은 버리면 그만이었다.

서신이 발송되었지만, 시추용 드릴이 높은 압력을 받는 원유로 가득한

지하 유전을 뚫을 때까지 드레이크는 그 서신을 받지 못했다. 1859년 8월 27일, 지하 21미터 지점에서 원유가 솟구치기 시작했다. 이로써 고래들은 목숨을 건졌고, 세계는 변화를 앞두게 되었다.

몇 년 뒤 이 유전에서 남쪽으로 불과 몇 킬로미터 떨어진 곳에서 변화의 단초가 드러났다. 1864년에 펜실베이니아주 피트홀Pithole에서 석유가 터졌다. 「뉴욕 타임스」에 따르면 당시 피트홀 "10킬로미터 안에는 주민이 50명도 채 되지 않았다". 그러나 1년 뒤에는 주민이 최소 1만 명으로 늘었으며 50개의 호텔과 미국에서 가장 바쁜 우체국, 2개의 전신국, 10여 개의 유곽도 생겼다.[2]

소수는 큰돈을 벌었다. 그러나 진정한 경제는 복합적이고 자립적이어야 했다. 피트홀의 경제는 어느 쪽에도 해당하지 않았다. 결국 또 다른 1년이 지나기 전에 피트홀은 사라졌다. 피트홀에 있던 목조 건물은 불태워지거나 해체되어 오일 시티Oil City라는 창의적인 이름이 붙게 되는 16킬로미터 거리의 다음 유전 발견지로 옮겨졌다.[3]

피트홀의 석유 호황은 오래 지속되지 않았다. 그러나 석유에 대한 우리의 갈증은 갈수록 심해졌다. 현대 경제는 석유에 절어 있다.

석유는 세계 에너지원의 3분의 1 이상을 차지한다. 이는 석탄보다 큰 비중이다. 또한 원자력, 수력, 재생 에너지원을 합친 것보다 크다. 석유와 천연가스는 전력의 4분의 1 이상을 공급한다.[4] 그리고 대다수 플라스틱의 원료이기도 하다.

여기에 수송 부문도 있다. 에드윈 드레이크는 휘발유를 살 사람이 있을지 알지 못했다. 그러나 내연기관이 곧 이 문제를 해결할 참이었다. 1904년 무렵 스탠더드오일Standard Oil은 미국 정유 시장의 90퍼센트 이상을 장악했다. 석유가 너무나 중요했기 때문에, 미국 정부는 스탠더드오일을 분할하기로 결정했다. 그 결과 엑손Exxon, 모빌Mobil, 셰브론Chevron, 아모코Amoco 등이 생겼다.[5] 승용차부터 트럭까지, 화물선부터 제트기까지 석유에서 추출한 원료가 지금도 우리 그리고 물건들을 움직이게 한다.[6]

그러니 유가가 세상에서 가장 중요한 가격일 만도 하다. 1973년에 일부 중동 국가가 여러 부국에 석유 수출을 금지하자 유가가 단 몇 개월 만에 배럴당 3달러에서 12달러로 치솟았다. 뒤이어 세계적 불경기가 발생했다. 이때가 마지막이 아니었다. 1978년, 1990년, 2001년에도 유가 급등 후 미국에 불경기가 뒤따랐다. 일부 경제학자는 심지어 기록적인 고유가가 2008년의 세계적 불경기에도 중요한 역할을 했다고 믿는다. 원래는 그 원인으로 금융위기만 지목되었다. 즉, 석유가 좌우하는 대로 경제가 따라갔던 것이다.[7]

그러면 왜 우리는 이토록 석유에 심하게 의존하게 되었을까? 대니얼 예긴Daniel Yergin이 쓴 권위 있는 역사서 『황금의 샘The Prize』은 처칠이 빠진 딜레마에 대한 이야기로 시작한다. 1911년에 왕립 해군의 수장이 된 처칠은 영토 확장에 나선 독일의 도전에 맞설 신형 전함의 원료를 무엇으로 할지 결정해야 했다. 선택지는 안전하게 확보할 수 있는 웨일스 지역의 석탄이나 먼 페르시아, 현대의 이란에서 실어와야 하는 석유였다. 굳이 불안한 공급지에 의존할 필요가 있을까? 석유를 연료로 쓰는 전함은 더 빨리 가속하고, 더 높은 속도를 오래 유지하며, 더 적은 인원으로 연료를 보충할 수 있고, 대포와 탄약을 넣을 공간을 더 많이 만들 수 있었다. 한마디로 석유가 석탄보다 나은 연료였다. 처칠이 1912년 4월에 단행한 '국운을 건 도박'은 이후 석유에 대한 우리의 의존을 유도하고 국제 정치를 좌우한 같은 논리에 따른 것이었다.[8]

처칠의 결정 이후 영국 재무성은 BP의 전신인 앵글로페르시안 석유회사Anglo-Persian oil company의 지분 과반을 사들였다. 1951년에 이란 정부는 이 회사를 국유화했다.[9] 영국은 자기네 회사라며 반발했고, 이란은 자기 나라의 석유라고 대꾸했다. 뒤이은 수십 년 동안 이 논쟁은 전 세계에 걸쳐 반복되었다.

일부 국가는 석유 덕분에 잘 풀렸다. 사우디아라비아는 부국이 되었다.

국영 석유기업인 아람코^{Aramco}는 애플, 구글, 아마존보다 가치가 높다.[10] 그럼에도 사우디아라비아의 경제가 일본이나 독일의 경제처럼 복합적이고 정교하다고 생각할 사람은 없다.* 사우디아라비아는 규모가 더 큰 피트홀과 비슷하다. 이라크부터 이란까지, 베네수엘라부터 나이지리아까지 다른 산유국들은 석유가 발견된 이후에도 부유해진 경우가 드물다. 경제학자들은 이를 '석유의 저주'라고 부른다.[11]

1960년대 초 베네수엘라의 석유부 장관이었던 후안 파블로 페레스 알폰소^{Juan Pablo Pérez Alfonzo}는 보다 생생한 표현을 썼다. 그는 1975년에 "석유는 악마의 배설물이다. 우리는 악마의 배설물에서 허우적대고 있다"고 말했다.[12]

석유가 많은 것이 왜 문제일까? 석유를 수출하면 화폐의 가치가 오른다. 그래서 석유를 제외한 모든 것이 수입하기에는 저렴해지는 반면 자국에서 생산하기에는 너무 비싸진다. 즉, 제조업이나 복잡한 서비스 같은 다른 경제 부문을 개발하기가 어렵게 된다. 한편 정치인들은 종종 자신과 우군을 위해 석유를 독점하려 혈안이 된다. 독재정치도 드물지 않다. 소수는 부를 누릴 수 있지만 이런 경제는 얄팍하고 취약하다. 적어도 피트홀에서는 유전이 말랐을 때 사람들이 떠날 수 있었다. 그러나 아예 나라를 등지기는 그렇게 쉽지 않다.

---

* MIT의 경제복합성관측소(Observatory of Economic Complexity)가 발표한 경제복합성 순위에 따르면 사우디아라비아는 32위다. 반면 1인당 국민소득 순위는 14위다. 카타르는 이보다 더 극단적이어서 세계에서 가장 부유한 나라지만 복합성 측면에서는 66위에 불과하다. - 옮긴이.

석유를 대체할 대상이 나오기를 바라는 한 가지 이유가 거기에 있다. 물론 기후변화가 또 다른 이유다. 그러나 석유는 지금까지 배터리에 자리를 물려주지 않으려고 끈질기게 버텨왔다. 그 이유는 계속 이동하는 기계는 에너지원을 갖고 다녀야 하기 때문이다. 그래서 에너지원이 가벼울수록 좋다. 1킬로그램의 휘발유는 60킬로그램의 배터리만큼 많은 에너지를 갖고 있다.[13] 또한 사용한 뒤 사라지는 편리한 점도 있다. 반면 방전된 배터리는 충전된 배터리만큼 무겁다. 그래도 전기차는 결국 돌파구를 열기 시작했다. 다만 전기제트기는 전기차보다 힘든 난제다.

석유가 고갈될 것처럼 보이던 시기도 있었다. 소위 '피크 오일peak oil'론은 유가를 계속 밀어올리면서 친환경 재생 경제로 넘어가게 만드는 추진력을 우리에게 안겼다. 하지만 지금은 우리가 정말로 그 길을 가기를 원한다면 더 강한 의지가 필요한 듯 보인다. 석유 시장은 유압 파쇄식 채굴 혹은 '프래킹fracking'의 급격한 성장으로 변화했다. 프래킹은 물과 모래, 화학약품을 고압으로 분사해 암반을 파쇄하고 석유와 천연가스를 빼낸다. 그래서 전통적인 탐사와 채굴 방식보다 제조업에 더 가깝다. 즉, 표준화를 통해 빠른 생산성 향상 효과를 누릴 수 있다. 또한 유가에 따라 채굴을 시작하거나 멈출 수도 있다. 1980년부터 2015년 사이 소비된 석유보다 새로 발견된 석유가 두 배나 많다.[14]

우리 모두는 여전히 악마의 배설물에서 허우적대고 있다. 그리고 악마의 배설물은 갈수록 그 깊이가 깊어지는 듯하다.

39

#고무경화법

흑백사진에는 목재 데크의 모서리에 쭈그리고 앉아 두 개의 물체를 내려다보는 남자의 모습이 보인다. 이 물체들이 무엇인지 언뜻 파악할 수는 없다. 배경에는 야자수와 다른 두 명의 남자가 더 있다. 한 명은 팔짱을 끼고 있고, 다른 한 명은 허리에 두 손을 올린 채 어두운 표정으로 누군지 모르지만 친구 혹은 사진 찍는 사람을 바라보고 있다.

이 사진을 찍은 사람은 앨리스 실리 해리스Alice Seeley Harris다. 1904년, 당시 콩코자유국의 바린가라는 곳에 있는 선교 기지에서 찍은 것이다. 남자의 이름은 은살라Nsala다. 그가 앨리스에게 설명한 바에 따르면 그의 아내와 아이들은 방금 살해당했다. 그는 나뭇잎 다발을 열며 여기 그 증거가 있다고 말했다. 거기에는 공격자들이 남겨놓은 그의 다섯 살 난 딸 보알리Boali의 사체 일부가 있었다.

딸의 잘린 손과 발을 바라보는 은살라의 모습을 담은 앨리스의 사진은 유럽을 동요시켰다. 그녀가 코닥 카메라로 찍은 것과 같은 잔혹한 광경은 사방에 넘쳐났다.[1] 아이들은 손이 잘렸다. 여성들의 목에는 사슬이 채워졌다. '시코트chicotte'로 불리는 흉악한 하마가죽 채찍으로 채찍질당한 사람들은 대개 살아남지 못했다.[2]

팸플릿으로 인쇄되고 대중 모임에 전시된 앨리스의 끔찍한 이미지들은 세계 최초 사진을 통한 인권 캠페인이 되었다.[3] 뒤이은 공적 압력 때문에 결국 레오폴드Leopold 벨기에 국왕은 조지프 콘래드Joseph Conrad의 소설 『암흑의 핵심Heart of Darkness』에서 유명하게 묘사된 식민지에 대한 통제의 고삐를 늦춰야 했다. 이 소설의 주인공인 커츠가 외친 대로 그것은 "공포!"였다.[4]

그러면 레오폴드가 다스린 콩고는 왜 그토록 끔찍했을까?

이야기는 70년 전인 1834년 뉴욕으로 거슬러 올라간다. 가난하고 몸이 아프지만 초인적으로 낙관적인 젊은이 찰스 굿이어Charles Goodyear가 록스베리 인디아 고무 회사Roxbury India Rubber Company의 문을 두드렸다. 그는 가족이 하던 철물 사업이 망하면서 채무자 감옥에 들어갔다 나왔다. 하지만 발명을 통해 금전적 어려움에서 벗어날 수 있다고 확신했다. 그의 최신 아이디어는 공기 주입식 고무 튜브를 위한 개량된 공기 밸브였다.

록스베리 인디아 고무 회사를 찾아간 일은 굿이어의 생각과 달리 전개되었다. 사장은 밸브가 마음에 들지만 곧 회사가 망할 것 같다고 털어놓았다. 그는 고무 사업에 뛰어든 것을 후회했다.[5]

그 사장만 그런 것이 아니었다. 미국 전역에서 투자자들은 신축성과 유연성이 뛰어나고 기밀성을 갖췄을 뿐 아니라 방수까지 되는 기적의 신물질에 돈을 묻었다. 그러나 지금은 모든 것이 끔찍하게 잘못되어가고 있었다.

사실 고무는 그렇게 새로운 것이 아니었다. 이미 남아메리카에서는 오래전부터 알려져 있었고, 1490년대 유럽에 처음 소개되었다. 당시 표현에 따르면 원주민들은 "나무를 자르면 나오는 우유로 일종의 왁스"를 만들었다.[6] 이 '우유'가 바로 나무의 내피와 외피 사이에서 나오는 유액이었다.

이후 소량의 고무가 유럽으로 넘어갔지만 대개 호기심의 대상으로 치부되었다. 그러다가 1700년대 한 프랑스 탐험가가 '카우트추크caoutchouc'라는 현지 명칭을 전파했다. '우는 나무'라는 뜻이었다. 현재 주로 쓰이는 명칭은 영국의 과학자 조지프 프리스틀리Joseph Priestley가 붙인 것이다. 그는 고무rubber를 문지르면rub 종이에 묻은 연필 자국을 지울 수 있다는 사실을 발견했다.

그러다가 1820년대에 고무는 진지한 관심을 받게 되었다. 점점 많은 고무가 브라질에서 실려와 코트, 모자, 신발, 고무 튜브가 되었다. 뒤이어 실로 무더운 여름이 찾아왔고, 고무 사업에 뛰어든 사람들은 고무 재고가 악취 나는 점액질로 녹아버리는 광경을 경악하며 지켜보았다.[7]

굿이어는 자신이 움켜쥘 기회를 보았다. 누구든 고무가 열기뿐 아니라 잘 부서지게 만드는 냉기를 견디도록 해줄 방법을 개발하면 떼돈을 벌 수 있었다. 그는 그 일을 할 적임자였다. 사실 화학을 배운 적도 없고 돈도 없었지만, 그렇다고 하지 못하란 법은 없었다.

굿이어는 몇 년 동안 아내인 클라리사와 늘어나는 아이들을 데리고 이

도시 저 도시로 떠돌았다. 그들은 갈수록 살기에 좋지 않은 집을 빌렸고, 줄어드는 가재도구를 전당포에 맡겼으며, 빚이 늘어나 때로는 채무자 감옥에 끌려갔다. 그럼에도 굿이어는 언제나 빌붙어살 새로운 친척이나 곧 돌파구가 열릴 것이라고 설득할 투자자를 찾아냈다. 클라리사가 아이들에게 밥을 먹이지 않을 때면 굿이어는 냄비에 고무와 함께 마그네슘이나 석회 혹은 탄소 분말 등 생각할 수 있는 모든 것을 넣고 섞었다. 한번은 주방에 질산 연기가 가득 차는 바람에 몇 주 동안 침대 신세를 진 적도 있었다.[8]

결국 굿이어는 답을 찾아냈다. 바로 황과 함께 고무를 가열하는 것이었다. 이 공정은 현재 가황이라 불린다. 오랫동안 고생한 클라리사에게는 안 된 일이지만, 실험에 성공한 남편은 특허를 보호할 소송을 하기 위해 더 많은 돈을 빌렸다. 사망할 당시 그의 부채는 20만 달러에 달했다. 그러나 굿이어의 끈기는 고무를 밀폐, 절연, 충격 흡수를 위한 벨트, 호스 개스킷을 비롯한 산업 경제의 핵심으로 밀어넣었다.[9]

1880년대 말 아일랜드에 살던 스코틀랜드인 존 보이드 던롭John Boyd Dunlop이 킬러 앱을 제공했다. 바로 타이어였다. 수의사이던 그는 아들의 세발자전거를 가지고 충격을 완화할 방법을 찾다가 타이어를 개발했다. 자전거 제조사들은 곧 타이어의 이점을 확인했다. 신생 자동차 업계도 마찬가지였다. 그에 따라 고무 수요가 급증했다. 유럽 식민국들은 아시아의 방대한 지역을 밀어내고 '고무나무'로 더 폭넓게 알려진 '헤베아 브라질리엔시스Hevea brasiliensis'를 심는 작업에 나섰다.[10]

그러나 새로 생긴 이 고무나무 대농장에서 고무나무를 키우려면 시간이 걸렸다. 또한 소박한 민들레를 비롯한 수백 종의 다른 식물도 양은 다르지만 유액을 생산했다.[11] 콩고의 열대우림에는 당장 수요를 맞추는 데 활용할 수 있는 덩굴식물들이 있었다.[12]

그 고무를 어떻게 하면 최대한 많이, 빠르게 채취할 수 있을까? 양심의 가책만 받지 않는다면 그 답은 잔인할 정도로 간단했다. 부락에 무장 병력을 투입해 부녀자와 아이들을 납치한 다음, 남자들이 충분한 고무를 바치지 않으면 납치한 이들의 손을 자르거나 가족을 몰살하는 것이었다.[13]

바린가에서 은살라가 앨리스 실리 해리스를 만난 이후 상황이 조금 바뀌었다. 이제는 전 세계 고무의 절반 이상이 우는 나무가 아니라 솟구치는 석유에서 나온다.[14] 천연고무가 인기를 끌면서 합성고무를 만들려는 시도가 시작되어 제2차 세계 대전 동안 본격적으로 추진되었다. 아시아에서 들어오던 공급 라인이 끊어지자 미국 정부는 업계에 대안을 개발하라고 촉구했다.[15] 합성고무는 종종 더 저렴하며 때로 더 뛰어나다. 거기에는 자전거 타이어를 만드는 합성고무도 포함된다.[16]

그러나 일부 용도의 경우 여전히 헤베아 브라질리엔시스를 이길 수 없다.[17] 전 세계 고무 수확량의 약 4분의 3은 대형 차량용 타이어에 쓰인다.[18] 우리가 더 많은 승용차, 트럭, 항공기를 만들수록 바퀴를 감쌀 더 많은 고무가 필요하다. 여기에는 문제가 없지 않다. 고무나무는 물을 많이 먹는다. 환경주의자들은 물 부족과 생물다양성 문제를 우려한다. 실제로 아시아 동남부의 열대우림은 점차 대농장으로 바뀌고 있다.

아프리카에서도 같은 일이 일어나고 있다. 가령 바린가에서 열대우림을 지나 북서쪽으로 1,000킬로미터쯤 가면 카메룬의 메요메살라에 닿는다. 메요메살라 인근에서는 중국 정부가 지분의 과반을 보유한 세계 최대 고무 가공 기업이 고무나무를 심기 위해 수십 제곱킬로미터의 땅을 밀어내고 있다. 이 기업은 윤리적 소싱ethical sourcing을 추구한다고 말한다. 하지만 부락민들은 잃어버린 땅에 대한 보상을 제대로 받지 못했다고 말한다.[19]

이처럼 고무는 여전히 논쟁을 불러일으킨다. 다만 지금은 손이 아니라 나무를 잘라낼 뿐이다. 이것도 나름대로 진전이라 할 수 있다.

#워디언 케이스

스코틀랜드인 로버트 포천Robert Fortune은 중국인 하인이 초라할 정도로 작은 수의 식물을 가지고 배로 돌아오자 "심하게 짜증"을 냈다. 이 하인은 산속까지 들어가지 않고 해안가 너머까지만 간 것이 분명했다. 포천은 이 하인이 "대다수 중국인처럼" 게으르다고 생각했다. "특히 그는 그런 성향이 더 강했다." 하지만 이 하인은 반발했다. 중국 동남부 산속에 사는 사람들이 위험하다는 말을 들었다는 것이다. 포천은 그의 말을 쓸데없는 소리로 치부하며 그러면 같이 가보자고 말했다.

배의 선장은 경호를 위해 선원을 몇 명 딸려 보내주겠다고 제안했다. 포천은 필요 없다며 사양했다. 현지 주민들이 산으로 걸어가는 그를 보더니 "친추Chinchew족에게 강도질이나 죽임을 당할 거라고 겁을 주면서 말렸을 때” 불안감이 고개를 들기 시작했다. 뒤이어 그는 현지 주민들이 모두 무기를 지니고 있음을 알아차렸다. 하인은 자기방어용이라고 설명했다. 하지만 포기하기에는 너무 늦은 상태였다. 포천은 “애써 태연한 얼굴로 계속 가기로 결심했다”.

처음에는 모든 일이 순조로웠다. 당시에는 외국인이 드물어 많은 사람이 포천에게 몰려들었다. 하지만 그들은 “대체로 호의적”이었다. 그는 표본 상자를 채워나갔다. “남녀노소를 막론하고 300~400명의 중국인이 놀라운 얼굴로 그 모습을 바라보았다.” 그러나 곧 포천은 기민한 솜씨로 소매치기에게 털렸고, “겁에 질린” 하인은 칼을 든 강도들에게 둘러싸였다. 그가 “더없이 조심스럽게 채집한 불쌍한 식물들은 모두 사방으로 흩날렸다”.

그러나 이 일도 젊은 포천의 자신감을 꺾지는 못했다. 얼마 후 그는 지금 가려는 지역이 해적들로 가득하다는 경고를 들었다. 이번에도 그는 “쓸데없는 소리 마시오! 해적이 우리를 공격할 일은 없소”라고 소리쳤다. 이후 어떤 일이 일어났는지는 미루어 짐작할 수 있다.

그래도 포천은 무사히 상하이로 돌아와 “식물을 담은 8개의 유리 상자를 영국으로 보냈다”. 그는 “치즈윅의 학회 정원에 아네모네 자포니카 Anemone japonica가 활짝 피어 있다는” 데 만족스러워하며 400페이지에 달하는 원정 회고록을 끝맺었다.[1]

포천은 치즈윅 사람들, 즉 지금은 왕립원예학회Royal Horticultural Society가 된 런던원예학회Horticultural Society of London가 고용한 식물 채집꾼이었다. 그가 말한 유리상자는 식물 채집을 한결 수월하게 만들었다. 워디언 케이스 Wardian case로 불린 이 상자는 10년 전인 1830년대에 런던 이스트엔드의 의

사이자 양치류 애호가 너새니얼 백쇼 워드Nathaniel Bagshaw Ward가 개발한 거였다. 워드는 런던의 공기가 너무 오염되어 양치류를 키우는 데 애를 먹고 있었다.[2]

워드의 발명품은 단순했으며, 돌이켜보면 뻔했다. 유리, 목판, 유리 접합용 퍼티, 페인트로 구성된 워디언 케이스는 사실상 밀폐된 미니 온실이 었다. 그래서 빛을 투과시켰으며, 검댕은 가두고 연기는 배출했다. 또한 습기를 보존하기 때문에 물을 줄 필요가 없었다. 이는 기술적 개가가 아니라 탐구심의 결과였다. 사람들은 흔히 개방된 공간에서 식물을 키워야 한다고 생각했다. 그러나 워드는 밀폐된 공간에서 키우면 어떨지 호기심을 품었다.

실험 결과 양치류들은 잘 자랐다. 워드는 곧 식물 채집꾼들을 힘들게 한 문제를 해결할 수 있을지 모른다는 사실을 깨달았다. 그 문제는 바로 긴 항해 동안 식물을 살려두는 방법을 찾는 것이었다. 식물을 갑판 아래에 두면 햇빛을 받지 못해 시들었고, 갑판에 두면 짠 바닷물 때문에 시들었다.[3] 또한 배에 물이 부족해지면 선원들은 자신들의 갈증부터 채웠다.[4]

워드는 본격적인 실험을 준비했다. 그는 호주까지 식물을 넣은 두 개의 상자를 실어 보냈다. 몇 달 후 선장으로부터 "축하의 말"을 전하는 편지가 왔다. 대다수 양치류는 "생생하게 살아남았을" 뿐 아니라 "상자를 밀어내려고 할 정도로 쑥쑥 자랐다". 이 배는 호주의 식물이 가득한 상자를 싣고 돌아왔다. 이번에도 모든 식물이 완벽하게 생생했다.[5]

워드는 『작은 유리상자 속에 심은 식물의 생장에 관하여On the Growth of

Plants in Closely Glazed Cases』라는 책을 썼다. 그는 자신의 발명품이 큰 파급력을 미칠 것이라고 확신했다. 그의 확신은 옳았지만, 그가 예상한 방식은 아니었다. 그는 "부유층과 중산층들"이 자신의 상자를 구입해 집에서 식물을 키우는 모습을 상상했다. 그러면 빈곤층이 농촌에서 식물을 채집해 오는 "새롭고 건강한 산업 분야"가 생길 것이었다. 그는 사람도 양치류처럼 오염된 런던을 벗어나는 데서 혜택을 받을 거라고 생각했으며, 홍역에서 폐결핵까지 다양한 병에 걸린 사람들이 치료를 위해 찾는 밀폐된 대형 온실을 상상했다.

워드는 자신의 상자가 전 세계에 걸쳐 농업, 정치, 교역을 변화시킬 줄은 전혀 몰랐다. 하지만 예측했어야 마땅하다. 식물 채집이 초본성 다년생 식물만 대상으로 삼은 적은 없었기 때문이다. '현대 식물 채집의 아버지'인 조지프 뱅크스 경Sir Joseph Banks은 곡물을 한 식민 기지에서 다른 식민 기지로 옮기는 데 따른 경제적 이익을 잘 알고 있었다.[6]

1700년대 말 뱅크스는 런던의 큐 왕립식물원Kew Gardens을 일종의 제국 식물 중개소로 만들었다. 윌리엄 블라이William Bligh 제독이 바운티호HMS Bounty를 이끌고 비극의 항해에 나서도록 만든 사람도 뱅크스였다. 이 항해는 악명 높은 선상 반란으로 끝나고 말았다. 블라이는 서인도 제도로 빵나무 열매를 전달하러 가던 길이었다. 뱅크스는 빵나무 열매가 노예들에게 먹일 저렴한 식품이 되기를 바랐다.[7]

워디언 케이스 덕분에 식물을 다른 곳으로 옮겨 심는 일이 순조롭게 진행되었다. 한 수입업자의 말에 따

르면 이전에는 20포기 중 19포기가 바다에서 죽었으나, 워디언 케이스를 쓸 경우에는 20포기 중 19포기가 살아남았다.[8]

가령 워디언 케이스는 전 세계에 캐번디시 바나나Cavendish banana를 퍼뜨렸다. 요즘 매장에서 볼 수 있는 바나나가 바로 이 품종이다. 윌리엄 캐번디시William Cavendish는 당시 원예학회 회장이었다.[9]

워디언 케이스는 브라질의 고무 산업을 파괴했다. 고무 가격이 너무 높자 영국 외무성은 모험심 강한 아마추어 식물학자를 아마존으로 보내 고무나무 씨앗을 빼내오는 일을 맡겼다. 이 씨앗을 큐 왕립식물원에서 발아시킨 뒤 묘목 상태로 동아시아에 보냈다. 이후 브라질은 식민지의 대농장과 경쟁할 수 없었다.[10]

또한 워디언 케이스는 차 시장에 대한 중국의 장악력을 무너뜨리는 데도 도움을 주었다. 워드는 영국이 1차 아편전쟁에서 승리한 해에 책을 출간했다. 당시 중국은 차를 수출하는 대가로 인도에서 재배한 아편을 받기를 거부했다. 그러자 영국은 중국이 생각을 바꾸게 만들려고 함선을 보냈다. 그 이유는 쉽게 알 수 있다. 차에 대한 세금이 영국 정부가 거둬들이는 세수의 거의 10분의 1을 차지했기 때문이다.[11]

사실상 영국을 대리해 인도를 다스리던 동인도회사는 예비 대책이 필요하다고 판단했다. 그것은 인도에서 더 많은 차를 재배하는 것이었다. 세라 로즈Sarah Rose는 『중국의 모든 차를 준다 해도For All the Tea in China』라는 책에서 "인도의 히말라야산맥은 중국의 고급 차 생산지와 비슷했다"고 썼다.[12]

그러기 위해서는 중국에서 차나무를 빼내와야 했다. 그 일을 할 사람은 한 명뿐이었다. 로버트 포천은 첫 원정에서 머리를 깎고 가발을 쓴 다음 중국옷을 입으면 눈에 띄지 않는다는 사실을 알게 되었다. 그는 "전반적으로 나는 중국인과 흡사했다"고 썼다.[13] 적절하게 위장한 그는 마침내 새로운 고용주를 위해 거의 2만 그루의 차나무를 실어 날랐다.[14]

워디언 케이스가 미친 가장 중대한 영향은 먼 지역에서 유럽까지 식물을 들여올 수 있게 만든 것이 아니라, 유럽에서 더 많은 사람이 먼 지역까지 갈 수 있게 만든 것일지도 모른다. 워디언 케이스 덕분에 키나cinchona나무가 남미에서 인도와 스리랑카로 실려왔다.[15] 이 나무껍질에서 추출된 퀴닌quinine은 말라리아를 치료하는 데 도움을 주었다. 그래서 유럽인들은 덜 불안해하며 열대지방으로 모험을 떠날 수 있었다. 일부 역사학자들은 퀴닌이 없었다면 아프리카가 식민지화되지 않았을 거라고 생각한다.[16] 모든 여행자가 로버트 포천처럼 위험에 둔감하지는 않기 때문이다.

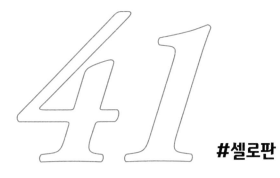

41

#셀로판

네가 최고야! 넌 마하트마 간디.

네가 최고야! 넌 나폴레옹 브랜디.

이것은 미국의 작곡가 콜 포터^{Cole Porter}가 1934년에 쓴 곡의 가사다. 그가 사랑하는 대상과 비교한 다른 것은 무엇이었을까? 어느 여름날? 아니다.

넌 스페인의 여름밤 보라색 빛……

넌 셀로판이야.[1]

투명한 식품 포장의 최신 소재라. 당연히 비교될 만하다! 하지만 요즘은 그럴 일이 없을 것이다. 단지 덜 감미로운 '저밀도 폴리에틸렌'이라는 표현이 어울리지 않기 때문만은 아니다.

플라스틱 포장은 평판이 나쁘다. 영국의 「가디언」이 독자들을 상대로 짜증 나고 불필요한 포장의 사례를 알려달라고 요청하자 제보가 쏟아졌다. 수축 포장된 오이, 딱딱한 플라스틱 통에 든 사과, 작은 봉지에 담긴 멜론 조각, 주머니에 든 바나나 등이 그 사례였다.[2] 대자연이 이미 그 자체로 포장된 바나나를 주지 않았는가? 그렇다면 다른 모든 포장은 너무나 명백한 낭비로 보인다.

이 당연해 보이는 사실은 나중에 다시 살필 것이다. 일단 더 순진했던 시절부터 포장에 대한 이야기를 시작해보자. 사람들이 쓰레기 매립지나 바다 혹은 먹이사슬에 넘쳐나는 플라스틱을 걱정하기 이전 말이다.[3] 1904년, 프랑스의 보주에 있는 고급 레스토랑에서 한 나이 든 단골이 깨끗한 리넨 테이블보 위로 레드와인을 쏟았다. 근처 테이블에 스위스의 화학자 자크 브란덴베르거Jacques Brandenberger가 앉아 있었다. 프랑스 섬유 회사에서 일하던 그는 웨이터가 테이블보 가는 모습을 보면서 "그냥 닦기만 하면 되는 섬유를 만들 수 없을까?" 생각했다.[4]

하지만 그 일은 쉽지 않았다. 그는 테이블보 위에 셀룰로오스를 뿌려보았지만 투명한 판 모양으로 벗겨져버렸다. 그럼 이 투명한 판을 판매할 시장이 있지 않을까? 제1차 세계 대전 무렵 그는 용도를 찾아냈다. 바로 방독면의 눈 부분이었다. 자신의 발명품에 셀로판이라는 이름을 붙인 그는 1923년 미국의 화학 제품 회사 듀폰DuPont에 특허권을 넘겼다.[5] 셀로판의 초기 용도는 초콜릿, 향수, 꽃 포장이었다.[6] 어쩌면 이런 낭만적인 함의가 콜 포터에게 영감을 주었을지도 모른다.

그러나 듀폰은 문제에 부딪혔다. 일부 고객사가 불만을 제기한 것이다. 그들은 셀로판이 방수성을 지녔다는 말을 들었고, 실제로도 그랬다. 하지만 습기까지 막아주지는 못했다. 그 결과 사탕은 서로 달라붙었고, 칼은 녹슬었으며, 시가는 말라버렸다.[7] 듀폰은 스물일곱 살의 화학자 윌리엄 헤일 차치William Hale Charch를 고용해 해결책을 찾는 일을 맡겼다. 그는 1년이 채 지나기 전에 한 가지 해결책을 찾아냈다. 바로 나이트로셀룰로스, 밀랍, 가소제, 혼합제로 구성된 아주 얇은 막을 셀로판에 입히는 것이었다.[8]

그 결과 판매가 급증했다. 타이밍도 완벽했다. 1930년대에 슈퍼마켓은 변화하고 있었다. 고객들은 더 이상 줄을 서서 점원에게 어떤 식품을 원하는지 말하지 않았다. 그냥 선반에서 제품을 골랐다. 내용물이 보이는 포장은 히트를 쳤다.[9] 한 연구에 따르면 크래커를 셀로판으로 포장했더니 판매량이 절반 이상 늘었다.[10] 사실 듀폰은 자신들이 해당 연구를 실시했다고 인정했다. 그래도 유통 업체들은 비슷한 조언을 많이 들었다. 미국 유통 전문지 『프로그레시브 그로서The Progressive Grocer』는 이름과 달리 그다지 진보적이지 않은 제목의 기사에서 "그녀는 눈으로 고기를 산다"고 지적했다.[11]

사실 육류 코너는 셀프서비스를 하기가 가장 어려웠다. 문제는 육류의 경우 일단 자르면 빠르게 변색된다는 것이었다. 시험 결과 손님들이 줄을 서서 직원에게 일일이 무엇을 살지 말하지 않고 셀프서비스로 사면 판매량이 30퍼센트나 늘었다. 이처럼 큰 이득이 있으니 해결책이 나올 수밖에 없었다. 바로 핑크색 조명과 항산화 첨가제, 그리고 적절한 양의 산소만 통과시키는 개량된 셀로판이 그것이었다. 1949년에 나온 듀폰의 광고에는 이런 내용이 적혀 있었다. "기분 좋게 고기를 사는 새로운 방법, 바로 다른 식품들처럼 셀프서비스로 사는 것입니다. 미리 절단하고, 무게를 달고, 가격표를 붙이고, 셀로판으로 싼 고기를 매장에서 바로 사세요."[12]

그러나 셀로판은 곧 다우케미컬Dow Chemical의 폴리염화 비닐리덴 같은 경쟁 제품에 밀려 인기를 잃었다. 폴리염화 비닐리덴은 셀로판처럼 우연히 발견되어 전쟁에서 처음 쓰였다. 제2차 세계 대전 동안 전투기의 기체가 부식되지 않도록 보호하는 것이 목적이었다. 또한 폴리염화 비닐리덴은 셀로판처럼 많은 연구개발을 거친 후에야 식품에 활용되었다. 초기 제품은 암녹색에 냄새도 지독했다. 다우케미컬은 이 문제를 해결해 '사란 랩Saran wrap'이라는 이름으로 출시했다. 이 제품은 현재 비닐 랩 혹은 포장 랩으로 더 폭넓게 알려져 있다.[13]

폴리염화 비닐리덴이 건강에 해롭다는 불안이 생긴 후 현재 포장 랩은 종종 저밀도 폴리에틸렌으로 만들어진다. 다만 이 제품은 점착성이 조금 떨어진다.[14] 저밀도 폴리에틸렌은 또한 현재 전 세계에서 금지되고 있는 일회용 슈퍼마켓 봉지를 만드는 재료이기도 하다.[15] 그렇다면 고밀도 폴리에틸렌은 뭐지, 하는 의문이 생길 것이다. 고밀도 폴리에틸렌으로는 우유통 같은 것을 만든다. 하지만 탄산음료 통은 만들 수 없다. 탄산음료는 폴리에틸렌 테레프탈레이트로 만든 통, 즉 페트병에 담는다.[16] 아직 헷갈리지 않는다면 플라스틱 용기가 이런 물질뿐 아니라 이축연신 폴리프로필렌이나 에틸렌 초산 비닐 같은 다른 물질을 여러 층으로 겹쳐서 만드는

경우가 늘어나고 있다는 사실을 생각해보라.[17]

전문가들은 그렇게 되는 이유가 있다고 말한다. 소재가 다르면 다른 특성을 지닌다. 그래서 여러 층으로 겹치면 더 얇고 더 가벼운 포장으로 같은 성능을 얻을 수 있다. 하지만 복합 포장 소재는 재활용하기가 어렵다. 그 상쇄 관계를 헤아리기는 쉽지 않다. 더 무겁지만 재활용 가능한 포장이 실제로 얼마나 많이 재활용되느냐에 따라 더 가볍지만 재활용하기 힘든 포장이 사실상 쓰레기를 덜 만들 수 있다.[18]

플라스틱 포장 문제를 들여다보면 이처럼 통념과 어긋나는 결론이 항상 나온다. 일부 포장은 어리석은 낭비에 불과하다. 하지만 오이를 수축 포장하는 것이 정말로 어리석을까? 오이를 수축 포장하면 14일 동안 신선하게 유지되지만, 그냥 두면 3일밖에 가지 못한다.[19] 1.5그램짜리 비닐 랩과 먹지도 못하고 상해버린 오이 중에서 어느 쪽이 더 나쁠까? 이렇게 보면 갑자기 포장 문제가 뻔한 것이 아니게 된다.

비닐 주머니는 바나나가 금세 갈색으로 변하거나 감자가 녹색으로 변하지 않도록 막아준다. 또한 포도송이에서 떨어진 포도를 흘리지 않게 해준다.[20] 약 10년 전에 영국의 한 슈퍼마켓은 모든 과일과 채소를 포장 없이 판매하는 실험을 했다. 그 결과 쓰레기 배출량이 두 배로 늘었다.[21] 정말로 바람직하지 않은 것은 슈퍼마켓들이 뒤에서 몰래 플라스틱을 쓰고 진열하기 전에 벗겨내는 것이다. 그러면 플라스틱 쓰레기의 양은 같은데 그에 따른 혜택은 줄어든다.

슈퍼마켓 선반에 오른 뒤에만 문제가 되는 것은 아니다. 선반에 오르는 과정에서도 쓰레기가 발생한다. 한 슈퍼마켓은 비닐 랩을 씌운 용기에 사과를 담는다는 비판을 들었다. 그래서 커다란 골판지 상자에 담아서 사과를 팔아보려고 했다. 그러나 운송 과정에서 손상되는 사과가 너무 많아 실제로 판매되는 사과 하나당 더 많은 포장을 하게 되었다.[22] 영국 정부의 보고서에 따르면 매장에 도착하기 전에 폐기되는 식품의 비율은 3퍼센트에 불과하다. 개발도상국의 경우에는 그 비율이 50퍼센트에 이를 수 있다. 이토록 큰 차이가 나는 부분적인 이유는 식품을 포장하는 방식이 다르다는 것이다.[23] 식품을 재배하는 곳에서 멀리 떨어진 도시에 사는 사람이 늘고 있기 때문에 이 문제는 중요하다.

심지어 두려움의 대상인 일회용 비닐봉지도 보는 것만큼 악당은 아닐지 모른다. 슈퍼마켓에서 파는 튼튼한 재사용 쇼핑백은 대개 폴리프로필렌 부직포로 만든다. 이 소재는 환경에 미치는 피해가 적다. 다만 일 년 동안 적어도 일주일에 한 번은 사용해야 그만한 효과를 얻는다. 이는 다양한 종류의 쇼핑백을 제조하고 폐기하는 데 따른 환경적 영향을 측정한 네덜란드 정부의 보고서에 나오는 내용이다.[24] 설령 당신이 쓰는 재사용 쇼핑백이 친환경 천으로 만들어졌다고 해도 뽐낼 필요는 없다. 연구 결과에 따르면 2만 번 정도 사용해야 그 효용을 다할 수 있다.[25] 이는 반세기 동안 매일 슈퍼마켓에 가야 가능하다.

시장은 대중의 욕구를 알리는 훌륭한 수단이다. 1940년대에 미국인들은 간편하게 미리 썰어놓은 고기를 원했다. 보이지 않는 손은 그 일이 가능하도록 만드는 기술을 제공했다. 그러나 쓰레기를 줄이려는 우리의 욕구는 시장의 힘을 따르지 못할지도 모른다. 워낙 복잡한 문제인 데다가 계산대에서 이뤄지는 우리의 선택이 뜻하지 않게 도움보다 더 많은 해를 끼칠 수 있기 때문이다. 우리는 다만 정부와 압력단체를 통해 우회적으로 메시지를 보내고, 그들과 함께 선의로 이뤄지는 업계의 노력이 합리적인 답을 찾아내기를 바랄 뿐이다.[26]

한 가지는 확실하다. 포장을 없애는 것이 답은 아니다. 그보다 방습 셀로판을 탄생시킨 것과 같은 연구개발 과정을 거친 더 나은 포장이 답일 것이다. 어쩌면 콜 포터는 결국 중요한 단서를 알려준 것인지도 모른다.

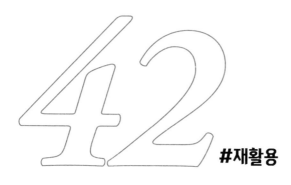

#재활용

홍콩에서 주장강珠江 어귀를 거슬러 올라가 선전深圳을 지나면 산업도
시인 둥관東莞에 닿는다. 이곳에는 축구장 300개를 합친 것보다 큰 세계
최대 규모의 제지 공장이 있다.[1] 이 공장을 보유한 기업은 재활용 업체인
나인드래건스Nine Dragons다. 창업주인 장인Zhang Yin은 『포브스』가 선정한
세계 최고 자수성가 여성 부호에 이름을 올린 적이 있다.[2]

나인드래건스는 지금은 아닐지 모르지만 물량 기준으로 최대 수입 업
체다.[3] 그렇다면 어떤 물품을 수입할까? 대개는 별로 쓸모없는 쓰레기가
뒤섞인 폐지다. 나인드래건스는 미국 사람들과 다른 나라 사람들이 재활
용 쓰레기 수거함에 넣은 물건들을 수입해 부적합한 것들을 골라내는 일
을 중심으로 사업 모델을 구축한 여러 중국 회사 중 하나다.[4] 이는 중요한

작업이다. 쓰레기가 너무 오염되면 재활용할 수 없다.

또한 이 일은 자동화하기가 어렵다. 어쩌면 미래에는 픽사Pixar 영화에 나오는 월EWall-E처럼 로봇이 쓰레기를 신속하게 걸러낼지도 모른다. 그러나 지금은 사람이 필요하다. 그래서 부자 나라들은 쓰레기를 외국으로 실어 보내기 시작했다. 재활용 업체가 이익을 낼 수 있을 만큼 낮은 임금을 받고 쓰레기 분류 작업을 할 만큼 가난한 노동자들이 있는 나라가 그 대상이었다.[5]

1980년대부터 최근까지 이 시스템은 원활하게 돌아갔다. 빠른 경제성장을 이룬 중국은 수많은 공산품을 수출했다. 수출품을 실어간 배들은 텅 빈 채로 돌아올 수 없어 중국에서 재활용할 쓰레기를 저렴하게 실어 날랐다.[6] 덕분에 장인 같은 사업가는 떼돈을 벌었다.

하지만 나라가 부유해지면서 중국 정부는 더 이상 전 세계에서 부실하게 분류한 쓰레기를 버리는 하치장이 되지 않겠다고 결정했다. 그래서 2017년에 국검National Sword이라 불리는 새로운 정책을 발표했다. 이 정책이 너무나 엄격해 대다수 전문가는 실현 가능성이 없다고 보았다. 그러나 그해 12월 31일에 중국 정부는 갑작스럽게 이 정책을 결행해, 앞으로 부적합 쓰레기의 비중이 0.5퍼센트를 넘지 않는 잘 분류된 쓰레기만 받기로 했다. 이는 커다란 변화였다. 과거에는 오염률이 40배 이상 높았다.[7] 결국 중국으로 실려가는 쓰레기의 양이 급감했다.[8]

각국 정부와 재활용 업체들은 급히 대응에 나섰다. 아직도 부실하게 분류된 쓰레기를 받아줄 만큼 가난한 다른 나라를 찾아야 할까? 혹은 분류 작업을 하는 노동자들의 임금을 높일 수 있도록 세금을 늘려야 할까? 아니면 다른 대책을 찾아야 할까?

재활용의 역사를 간략하게 살핀 뒤 이 수수께끼로 다시 돌아가도록 하자. 우선 재활용과 재사용을 구분할 필요가 있다. '줄이고reduce, 재사용하고reuse, 재활용하자recycle'라는 구호가 이 순서대로 나열된 데는 이유가 있다. 유리병의 경우를 보자. 유리병은 씻어서 다시 쓰는 편이 부수고 녹여서 새병으로 만드는 것보다 합리적이다.

재사용 사례는 종이 이전에 쓰인 파피루스로 거슬러 올라간다. 고대 그리스어 '팔림프세스트palimpsest'는 말 그대로 '깨끗하게 긁어내어 다시 사용한다'는 뜻이다.[9] 재활용의 경우, 로마인들은 오래된 동상을 녹여 새로운 동상을 조각했다.[10] 또한 1,000년 전에 일본인들은 낡은 종이를 펄프로 만들어 재생지를 제작했다.[11] 제지 회사에 팔 폐신문지 같은 쓰레기를 주워서 근근이 살아가는 일은 수 세기 동안 이뤄졌다.[12] 그러나 이런 활동을 이끈 것은 모두 돈을 아끼거나 벌려는 노력이었다. 원자재는 그냥 버리기에 너무나 큰 가치를 지니고 있었다. 올바른 일이기 때문에 재활용해야 한다는 생각은 훨씬 근래에 나온 것이다.

쓰레기에 대한 태도가 변한 양상을 확인하려면 『타임』 1955년 8월호에 실린 「일회용 생활Throwaway Living」이라는 기사를 보라. 이 기사는 일회용 제품을 쓰는 생활을 비난하는 것이 아니라 축복한다. 그래서 '일회용품은 집안일을 줄여준다'는 부제가 달려 있다. 기사에 첨부된 사진을 보면 한 가족이 쓰레기통을 종이접시나 플라스틱 수저 같은 것들로 채우며 웃고 있는 모습이 나온다. 또한 기사에는 이런 것들을 일일이 씻으려면 "40시간이나 걸리지만, 어떤 가정주부도 그럴 필요가 없다"는 내용이 나온다. 일회용 알루미늄 접시 혹은 간편한 석면 스탠드까지 갖춘 일회용 바비큐 통을 쓰면 되는데 굳이 설거지할 필요가 있을까?[13]

　'인디언의 눈물The Crying Indian'로 알려진 텔레비전 광고는 적어도 미국에서는 분위기를 바꾸는 데 도움을 주었다.[14] 1971년에 처음 선보인 이 광고는 쓰레기로 오염된 강을 따라 카누를 타고 가는 원주민의 모습을 보여준다. 그가 카누에서 내려 고속도로 옆에 서자 지나가는 운전자들이 패스트푸드 쓰레기가 든 봉지를 그의 발치에 내던진다. 그의 모습과 함께 이런 내레이션이 나온다. "한때 이 나라가 지녔던 자연의 아름다움을 깊이 존중하는 사람들도 있지만 그렇지 않은 사람도 있습니다. 인간이 시작한 오염, 인간이 멈출 수 있습니다." 뒤이어 카메라를 향하는 원주민의 얼굴에서 한 줄기 눈물이 뺨을 타고 흘러내린다.[15]

　그러나 이 광고에는 보기와 다른 이면의 진실이 있었다. 인디언 역할을 한 배우가 알고 보니 이탈리아 이민 2세대였다는 것만이 아니다.[16] 이 광고에 제작비를 댄 단체는 음료 업계와 포장 업계의 주요 기업들로부터 후원을 받고 있었다. 당시에는 공병 보증금 제도가 일반적이었다. 그래서 탄산음료를 사서 마신 뒤 빈 병을 돌려주면 약간의 돈을 돌려받을 수 있었다. 이 제도는 쓰레기를 수거하는 데 필요한 유인책과 실행 절차를 제공하는 것은 제조 업체의 책임임을 전제했다.[17]

　'인디언의 눈물' 광고가 전하는 메시지는 달랐다. 쓰레기 문제의 책임은 '사람들'에게 있었다. 실제로 공병 보증금 제도는 사라졌다. 재활용 실행 절차는 지자체의 문제가 되었다.[18] 역사학자 피니스 더너웨이Finis Dunaway는 "거대한 시스템의 문제를 개인의 책임에 대한 질문으로" 돌리

는 것은 잘못이라고 주장한다. 재활용의 실질적인 효과보다 도덕적 만족감을 추구하게 만들기 때문이다.[19]

이 주장은 보스턴 대학교의 행동경제학자들이 실시한 연구 결과와 호응한다. 그 연구 결과에 따르면 사람들은 재활용이 가능하다는 사실을 알면 더 함부로 낭비를 일삼는다.[20] 재활용에 비용이 안 든다면 아무 문제가 아니지만, 당연히 그렇지 않다.

경제학자 마이클 멍거Michael Munger도 비슷한 주장을 한다. 그의 주장에 따르면 쓰레기 처리를 그냥 자유시장에 맡겨서는 안 된다. 실제 처리 비용을 물리면 사람들은 불법적으로 쓰레기를 버리고 싶은 유혹을 느낀다. 따라서 정부에서 보조할 필요가 있다. 그러나 이는 『타임』이 보여준 행동을 부추기게 된다. 즉, 사람들이 쓰레기를 마구 버리는 비용을 사회가 감당해야 한다. 그렇다면 어떻게 해야 그들이 재활용하도록 유도할 수 있을까? 한 가지 해결책은 '인디언의 눈물' 광고처럼 도덕적으로 호소하는 것이다.

하지만 멍거는 자유주의 싱크탱크인 케이토 연구소Cato Institute를 위해 쓴 논문에서 이 방법은 문제를 초래한다고 지적했다. 우리가 해야 할 일은 유리병, 플라스틱 커피컵 등 각 쓰레기에 대해 재활용과 다른 대안의 편익을 냉정하게 비교하는 것이다. 현재 잘 설계된 쓰레기 매립장은 대단히 안전하며, 거기서 나오는 메탄가스를 발전에 활용할 수 있다.[21] 현대적인 폐기물 소각로는 비교적 친환경적인 전력원이다.[22] 이런 대안들을 살피지 않고 재활용을 도덕적 선으로 바꾸기만 한다면, 이 일이 언제 멈출까?

이 질문은 중국의 국겁 정책이 제기한 수수께끼로 우리를 다시 데려간다. 한편에서는 재활용 제도를 완화해 골판지나 알루미늄 캔처럼 재활용하는 것이 타당하다고 모두가 동의하는 쓰레기만 수집해야 한다고 말한다.[23] 이는 분류를 수월하게 만드는 한 가지 방법이다.

하지만 그렇게 하면 퇴보하는 것처럼 보일 수 있다. 대만 사람들은 쓰레기 분리수거를 매우 잘한다. 그런데 왜 다른 나라 사람들은 하지 못할까?[24] 어쩌면 시스템적인 해답이 필요할지도 모른다. 규제 당국은 공병 보증금 제도 같은 새로운 사업 모델을 촉구해 제조 업체들이 자사 제품을 재활용하기 위한 유인책과 실행 절차를 숙고하게 만들 수 있다. 현재 '순환경제the circular economy'라는 유행어 아래 이런 논의가 진행되고 있다.[25]

물론 기술이 구원자로 나설 수도 있다. 영국의 한 스타트업 기업은 재활용하기 힘든 복합 플라스틱을 그 원천인 석유로 되돌릴 수 있다고 말한다.[26] 호주의 한 쇼핑몰은 투입되는 쓰레기를 감지해 자동으로 분류하는 인공지능 쓰레기통을 얼마 전에 선보였다. 심지어 이 쓰레기통은 월E처럼 생겼다.[27] 또한 최첨단 분류 설비는 레이저와 자석, 공기 분사air jet를 활용해 다양한 재활용 쓰레기를 분류한다.[28]

이런 모든 기술은 아직 중국의 저비용 노동자들과 경쟁할 수 없다. 어쩌면 그 대안을 차단하는 것이 관련 업계에 필요한 혁신을 촉진할지도 모른다.

#난쟁이 밀

1900년대 초에 갓 결혼한 캐시 존스Cathy Jones와 캐피 존스Cappy Jones는 미국 코네티컷주를 떠나 멕시코 야키 밸리의 북서부에서 농부로서 새 삶을 일구려 했다. 애리조나주와 접한 국경에서 수백 킬로미터 남쪽에 있는 이곳은 별로 알려지지 않은 지역으로, 건조하고 먼지투성이에다 대부분 빈곤했다. 그러나 존스 부부는 여기서 터전을 잡고 두 명의 딸을 낳았다. 1931년에 캐피가 죽은 뒤에도 캐시는 계속 머물기로 결정했다.

캐시의 집에서 멀지 않은 곳에 주지사가 야심 차게 설립한 농업연구소인 야키밸리실험소Yaqui Valley Experiment Station가 있는데, 입구에는 인상적인 돌기둥이 세워져 있었다. 관개수로도 만들어졌다. 한동안 이 연구소는 소, 양, 돼지를 기르고 오렌지, 무화과, 자몽을 키웠다. 그러나 결국 폐쇄되고 말았다. 1945년이 되자 밭에는 잡초들이 무성하게 자랐고, 담장은 무너졌으며, 유리창은 깨지고, 지붕 타일은 사라졌다. 연구소 안에는 쥐 떼가 들끓었다.

그 무렵 캐시는 이상한 소문을 들었다. 어떤 정신 나간 미국인이 전기도, 화장실도, 수도도 쓸 수 없는 이 황폐한 연구소에 캠프를 차렸다는 것이었다. 게다가 그는 기계도 가져오지 않아 괭이로 땅을 파고 있었다.[1]

캐시는 무슨 일인지 알아보려고 차를 몰고 그곳으로 갔다. 알고 보니 미국 아이오와주에서 온 그 청년은 록펠러 재단에서 일하고 있었다. 그가 온 목적은 많은 곡물을 망치는 맥류줄기녹병stem rust에 강한 밀을 재배하는 것이었다. 원래 그가 캠프를 차리려고 했던 더 먼 남쪽에선 봄에 파종해 가을에 수확해야 하지만, 기후가 다른 이곳에서는 가을에 파종해 봄에 수확할 수 있었다. 그래서 몇 달 동안 캠프를 옮겨 다니면 다양한 환경에서 자라는 품종을 찾을 수 있을지 몰랐다. 또한 실험 속도도 두 배로 높일 수 있었다.

다만 한 가지 문제가 있었다. 그곳은 멕시코 정부가 지정한 연구 가능 지역이 아니었다. 그래서 재단의 윗사람들은 원한다면 가도 좋지만 트랙터를 사고, 주거지를 만들 비용은 대줄 수 없다고 말했다. 공식적으로 재단은 아무것도 모르는 일이었다. 결국 그는 아내와 어린 자녀를 멕시코시티에 남겨두고 혼자 떠나왔다.

캐시는 굳은 결심을 하고 온 아이오와주 출신 청년에게 동정심을 품었다. 그는 나중에 "존스 부인이 도와주지 않았다면 살아남지 못했을 것"이라고 말했다. 그녀는 그를 매주 초대해 식사를 대접했을 뿐 아니라 목욕과 세탁도 할 수 있게 해주었다. 또한 스페인어를 가르쳐주고, 인근 도시에서 필요한 물건을 살 수 있도록 차로 데려다주었다. 그리고 23년 뒤, 이 도시의 중심가는 그를 기리기 위해 '노먼 볼로그 박사 길'로 이름을 바꾸었다.

같은 해인 1968년, 스탠퍼드 대학교의 생물학자 파울 에를리히Paul Ehrlich는 커다란 파장을 일으킨 『인구 폭탄The Population Bomb』이라는 책을 출간했다. 그는 이 책에서 인도나 파키스탄 같은 가난한 나라에서 식량 공급 속도보다 빠르게 인구가 늘어나고 있다고 지적했다. 그의 예측에 따르면 1970년대에 "수억 명이 굶어 죽을 것"이었다.[2]

다행히 에를리히의 예측은 틀렸다. 노먼 볼로그Norman E. Borlaug가 하고 있던 일을 몰랐기 때문이다. 이 정신 나간 미국인은 멕시코시티와 야키 밸리를 오가며 수천 종의 밀을 재배하고, 세심하게 그 특성을 기록하며 보낸 세월의 대가로 나중에 노벨상을 받았다. 그는 어떤 종이 맥류줄기녹병에 강하거나 약한지, 수확량이 많지만 빵 맛이 없는 종은 무엇인지 등을 기록했다. 또한 그는 좋은 특성을 지닌 품종들을 교배하며 나쁜 특성은 하나도 물려받지 않고 좋은 특성만 물려받기를 바랐다.

이는 힘든 작업이었다. 그러나 결국 성과를 안겼다. 볼로그는 '난쟁이' 밀이라는 새로운 품종을 만들어냈다. 이 품종은 맥류줄기녹병에 강하면서 수확량이 많았으며, 무엇보다 줄기가 짧아 바람에 쓰러지지 않았다. 그는 추가 실험을 통해 수확량을 극대화하는 방법을 찾아냈다. 가령 간격을 얼마나 두고 심어야 하는지, 깊이를 어느 정도로 심어야 하는지, 비료를 얼마나 줘야 하는지, 관개를 얼마나 해야 하는지 파악했다.

1960년대에 볼로그는 전 세계를 돌며 신품종을 알렸다. 이것은 쉬운 일이 아니었다. 많은 사람이 다른 방식이 가능하다는 생각을 하지 못했다. 파키스탄에서 실험 재배를 한 연구소의 소장은 안타깝게도 수확량이 적었다고 알려왔다. 볼로그는 그 이유를 확인했다. 그들은 그의 지시를 무시하고 너무 깊이, 너무 멀리 띄워 심은 데다가 비료를 주지 않고 제초 작업도 하지 않았다. 이 사실을 지적하자 연구소장은 당황해하며 "파키스탄에서는 이렇게 밀을 심는다"고 대꾸했다. 반세기 동안 파키스탄의 밀 수확량은 일정해서 4,000제곱미터당 360킬로그램을 넘긴 적이 없었다. 반면 멕시코의 농가들은 3배가 넘는 수확량을 기록하고 있었다. 그렇다면 멕시코의 방식을 시도해볼 가치가 있지 않을까? 한 저명한 학자는 아니라며 이렇게 주장했다. "이 수치가 파키스탄의 밀 생산량이 절대 늘지 않을 것임을 증명하고 있어요!"

볼로그는 상대가 누구든 말이 통하지 않는 사람들을 직설적으로 쏘아붙였다. 인도에서는 부총리와 고함을 지르며 설전을 벌인 적도 있었다.[3] 그의 열변은 통했다. 마침내 개발도상국들이 볼로그가 개발한 종자와 재배법을 받아들이기 시작했다. 1960년부터 2000년까지 개발도상국의 밀 수확량은 3배로 늘었다. 옥수수와 쌀에 대해서도 비슷한 작업이 이루어졌다.[4] 이는 '녹색 혁명'으로 불렸다. 에를리히는 대규모 기아 사태가 발생할 것이라고 예측했다. 실제로 세계 인구는 2배 이상 늘었다.[5]

인구과잉에 대한 우려는 결코 완전히 사라지지 않는다. 어쩌면 당연한 것인지도 모른다. 인구과잉은 경제학에서 가장 오래된 문제 중 하나로, 그 기원은 세계 최초 '정치경제학' 교수 토머스 로버트 맬서스Thomas Robert

Malthus까지 거슬러 올라간다.[6] 맬서스는 1798년에 『인구론An Essay on the Principle of Population』을 펴냈는데, 이 책에 담긴 주장은 단순했다. 인구는 2, 4, 8, 16, 32처럼 기하급수적으로 증가하는 반면, 식량 생산량은 그렇지 않다. 따라서 조만간 식량보다 인구가 많아져 그다지 유쾌하지 않은 결과를 맞을 수밖에 없다.[7]

다행스럽게도 맬서스는 사람들이 부유해지면서 더 적은 자녀를 원하는 경향이 생기고, 그에 따라 인구 증가율이 느려진다는 점을 과소평가한 것으로 드러났다. 파울 에를리히가 심각한 예측을 한 1968년은 인구 증가율이 정점을 찍은 해이기도 했다.

맬서스는 또한 노먼 볼로그 같은 사람의 힘을 너무 과소평가했다. 시간이 지나면서 인간의 창의성은 식량 생산량이 인구 증가율을 따라잡게 만들었다.

적어도 지금까지는 그랬다. 하지만 세계 인구는 지금도 증가하고 있다.[8] 한 추정치에 따르면 인구 증가율과 보조를 맞추려면 식량 생산량이 매년 2.4퍼센트씩 늘어야 한다. 하지만 현실은 그렇지 않다. 진전은 느려졌고, 기후변화, 물 부족, 비료와 농약 사용에 따른 오염 등 여러 문제가 쌓이고 있다. 녹색 혁명 자체가 이런 문제들을 악화시켰다. 심지어 한편에서는 녹색 혁명이 인구가 계속 증가하게 만드는 빈곤을 지속시켰다고 말한다. 많은 소작농은 비료와 관개에 필요한 비용을 감당하지 못했다.[9]

현재 80대인 파울 에를리히는 자신의 예측이 틀린 것이 아니라 시대를 앞서갔을 뿐이라는 입장을 견지한다.[10] 맬서스가 지금까지 살아 250살 정도 되었다면 같은 말을 했을 것이다. 한 전문가는 저술가인 찰스 만

Charles Mann에게 이렇게 말했다. "신품종 개발자들은 50년 동안 모자에서 토끼를 꺼내는 마술을 부려왔습니다. (…) 이제는 토끼가 떨어지기 시작했어요."[11]

정말 그럴까? 유전자 조작이 가능해진 뒤 주로 병충해나 제초제에 대한 저항성을 높이기 위한 노력이 이루어졌다. 이런 노력은 수확량을 늘려주지만 그것이 직접적인 목표는 아니었다. 그러나 이제는 변화가 일어나고 있다.[12] 농학자들은 노먼 볼로그가 했던 일을 훨씬 빨리 할 수 있는 크리스퍼CRISPR 같은 유전자 편집 도구를 이제 막 탐구하기 시작했다.[13]

볼로그는 신품종이 초래한 문제에 사람들이 잘 대처하지 못하는 모습을 보았다. 그래도 그는 이런 단순한 질문을 던졌다. 불완전한 방식이라도 더 많은 식량을 생산할 것인가, 아니면 사람들이 굶도록 내버려둘 것인가?[14] 앞으로 우리는 이 질문을 계속 던져야 할 것이다.

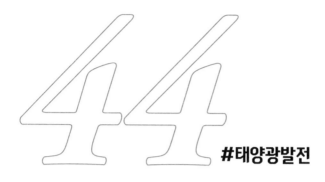

#태양광발전

소크라테스는 이상적인 집은 겨울에 따뜻하고 여름에 시원해야 한다고 믿었다. 이처럼 생각이 분명하니, 이 위대한 철학자가 어떻게 명성을 얻었는지 쉽게 알 수 있다.[1]

당시 이런 바람을 이루기는 말처럼 쉽지 않았다. 그러나 수많은 근대이전 문명은 소크라테스의 기준을 충족하는 방법을 찾아냈다. 소크라테스가 알고 있었을 그리스의 도시국가들, 기원전 7세기의 중국, 현재 미국 남서부에 살았던 원주민 푸에블로 인디언들이 거기에 포함된다. 각 문명은 겨울에 낮게 뜬 해로부터 햇빛을 받는 한편, 여름에는 그늘이 최대한 많이 생기도록 건물을 설계했다.[2]

이런 설계는 모두 훌륭하지만 현대의 산업경제를 이끌 태양광발전과 달랐다. 별다른 진전 없이 수천 년이 흘러갔다. 1980년에 발간된 『황금빛 광선A Golden Thread』은 수 세기에 걸쳐 햇빛을 영리하게 활용한 건축기법과 설계를 찬양하면서 1970년대 석유파동으로 타격을 입은 현대 경제가 고대인의 지혜를 배워야 한다고 촉구했다.

가령 3,000년 전에 중국에서 사용된 포물면 거울parabolic mirror은 태양 광선을 모아서 핫도그를 구울 수 있었다. 태양열 시스템은 겨울에 태양열을 활용해 공기나 물을 데움으로써 난방비를 줄여준다. 현재 이런 시스템은 전 세계적으로 난방에 필요한 에너지 수요의 약 1퍼센트를 충족한다.[3] 이는 없는 것보다는 낫지만 태양에너지 혁명이라고 부르기는 힘들다.

『황금빛 광선』은 1980년에 틈새 기술이었던 태양광발전 혹은 태양전지를 간략하게 언급한다. 이는 태양광을 활용해 전기를 생산하는 기술이다. 광기전 효과photovoltaic effect는 새로운 것이 아니다. 일찍이 1839년에 프랑스 과학자 에드몽 베크렐Edmond Becquerel이 처음 발견했다. 또한 1883년에는 미국의 공학자 찰스 프리츠Charles Fritts가 뉴욕시에서 최초로 고체 태양전지를 만든 데 이어 최초로 지붕 태양전지 배열기를 만들었다.

셀레늄selenium이라는 고가의 원소로 만든 이 초기 전지들은 가격이 비싸고 비효율적이었다. 그래서 아예 실용적인 용도를 찾기가 어려웠다. 당대 물리학자들은 태양전지가 작동하는 방식을 제대로 알지 못했다. 그들에게는 아인슈타인이라는 동료 물리학자가 1905년에 제시한 통찰이 필요했다(아인슈타인은 빛의 입자인 광자가 원자핵 주위를 도는 전자를 이탈시켜 전류로 순환하게 만든다는 사실을 깨달았다).

1954년이 되어서야 미국 벨 연구소Bell Labs 연구원들이 우연히 돌파구

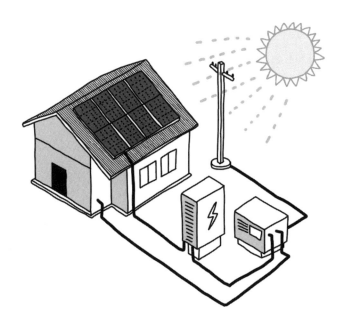

를 열었다. 그들은 순전히 운으로 실리콘 성분을 태양광에 노출하면 전류가 생성된다는 사실을 발견했다. 셀레늄과 달리 실리콘은 저렴했다. 게다가 계산 결과 효율성도 15배나 더 높았다.[4]

신형 실리콘 태양전지는 위성에 적합했다. 미국 위성인 뱅가드Vanguard 1호는 1958년에 최초로 6개의 태양전지판을 달고 궤도에 올랐다.[5] 우주에서는 언제나 태양이 빛난다. 또한 어차피 태양광 외에 다른 무엇으로 수백만 달러짜리 위성에 전력을 공급할 것인가? 하지만 지구에서는 태양전지를 본격적으로 사용할 방법이 거의 없었다. 여전히 비용이 너무 많이 들었기 때문이다.

뱅가드 1호에 달린 태양전지판은 수천 달러의 비용으로 0.5와트를 생산했다. 1970년대 중반에 태양전지판의 비용은 와트당 100달러로 내려갔다. 그래도 전구를 밝힐 만큼 충분한 전지를 갖추려면 1만 달러가 필요했다. 비용은 계속 줄어들어, 2016년 무렵에는 와트당 0.5달러 수준이 되었고 계속 빠르게 줄어들었다.[6] 수천 년 동안 느리게 진전되었으나 이후 상황이 갑자기 빠르게 변했다.

이런 변화를 예견했어야 한다. 1930년대 T. P. 라이트Wright라는 미국의 항공공학자는 항공기 공장의 작업 과정을 유심히 관찰해, 특정 유형의 항공기를 많이 조립할수록 조립 속도가 빨라지고 비용이 저렴해진다는 사실을 증명하는 보고서를 펴냈다. 노동자들은 경험을 쌓았고, 특수 공구가 개발되었으며, 시간과 자재를 아끼는 방법이 발견되었다. 라이트의 계산에 따르면 누적 생산량이 2배 될 때마다 단위 비용이 15퍼센트씩 줄어들었다. 그는 이 현상을 '학습곡선the learning curve'이라고 불렀다.[7]

30년 후 보스턴컨설팅그룹Boston Consulting Group, BCG의 경영 컨설턴트들은 반도체에 이어 다른 제품에서도 라이트의 법칙을 재발견했다.[8] 근래에는 옥스퍼드 대학교 경제학자와 수학자들이 트랜지스터부터 맥주까지 50여 종의 제품에 걸쳐 학습곡선 효과에 대한 설득력 있는 증거를 발견했다. 거기에는 태양전지도 포함되었다. 학습곡선은 때에 따라 완만하기도 하고 가파르기도 하지만 언제나 존재했다.[9]

태양전지의 경우에는 학습곡선이 상당히 가팔랐다. 그래서 생산량이 2배 늘어날 때마다 비용은 20퍼센트 이상 줄었다. 이 사실은 중요한 의미를 지닌다. 생산량이 아주 빠르게 늘어나기 때문이다. 전 세계적으로 2010년부터 2016년 사이 태양전지 생산량이 2010년 이전보다 100배로 늘었다.[10] 태양광발전의 주요 요소인 배터리도 가파른 학습곡선을 따르고 있다.

학습곡선은 기술의 속성을 말해주는 믿을 만한 사실일지도 모른다. 그러나 역설적으로 기술적 변화를 예측하기 어렵게 만드는 피드백 고리를 만들기도 한다. 대중적인 제품은 저렴해지고, 더 저렴해진 제품은 대중화된다.

모든 신제품은 어떤 식으로든 비용이 많이 드는 초기 단계를 거쳐야 한다. 태양광발전은 초기에 상당한 정부 보조를 받아야 했다. 독일의 경우 환경적이라는 이유로 보조금이 지원되었다. 보다 근래에는 중국이 관련 기술을 습득하기 위해 태양전지를 대량으로 생산하겠다는 의지를 보였다. 그에 따라 미국의 오바마 행정부는 수입 태양전지판이 너무 비싼 것이 아니라 부당할 정도로 저렴해졌다고 불만을 제기했다.

근래에 형성된 초저금리는 태양광발전을 전력 시스템의 주류로 끌어들이는 데 도움을 주었다. 저금리는 태양전지판을 임대해 설치하는 일을 매력적으로 만들어준다. 이후 수십 년 동안 약간의 청소 비용과 유지 비용 외에는 거의 추가 비용 없이 전력을 생산할 수 있기 때문이다.

태양전지판은 전력망이 부실하고 불안정적이지만 일조량이 풍부한 빈국에서 활용하기에 특히 유망하다. 가령 인도 총리 나렌드라 모디Narendra Modi는 2014년에 취임했을 때 발전소급 대규모 태양광발전 단지뿐 아니라 전기가 거의 혹은 전혀 들어가지 않는 농촌 마을에 소규모 발전설비를 건설하겠다는 야심 찬 계획을 발표했다.[11]

긴 학습곡선을 지나온 지금은 양호한 전력망을 갖춘 부유한 지역에서도 태양광발전이 경쟁력을 얻게 되었다. 일찍이 2012년부터 일조량이 풍부한 미국 여러 주에서는 태양광발전을 통해 화석 연료로 생산한 것보다 싸게 전력을 판매하는 계약이 맺어졌다.[12]

이는 태양광발전이 화석 연료를 쓰는 기존 인프라에 심각한 위협이 되었다는 신호다. 그 이유는 친환경이라서가 아니라 저렴하기 때문이다. 가령 2016년 말에 네바다주에서는 여러 대형 카지노 체인이 주 발전소에서 전기를 끌어다 쓰다가 대부분 재생 에너지원을 활용한 전력을 사서 쓰기로 방침을 바꾸었다. 이것은 기업의 이미지를 개선하기 위한 조치가 아니라, 1억 5,000만 달러를 위약금으로 지불한 뒤에도 돈을 아낄 수 있기 때문이었다.[13]

일부 업계 전문가들은 태양광발전이 너무 저렴해져 대형 석유 회사들이 필름 사업을 하다가 망한 이스트먼 코닥Eastman Kodak의 길을 걸을지 모른다고 생각한다.

이런 변화는 우리가 생각한 것보다 빨리 일어날 수도 있고 아닐 수도 있다. 밤에는 해가 빛나지 않고, 겨울에 대비해 전력을 보관하는 문제는 여전히 큰 과제로 남아 있다. 소크라테스가 우리에게 주의를 준 대로 가장 현명한 사람은 자신이 아무것도 모른다는 사실을 안다. 그러나 학습 곡선은 태양광발전이 궁극적으로 승리할 가능성이 높다고 말한다. 더 많이 보급될수록 비용이 더 저렴해지고, 비용이 더 저렴해질수록 더 많이 보급되기 때문이다. 소크라테스의 말에도 불구하고 이는 성공의 비결처럼 보인다.

CHAPTER
8

로봇 군주들

#홀러리스
천공 카드 기계

아마존, 알파벳, 알리바바, 페이스북, 텐센트Tencent는 2019년 여름 기준, 세계에서 가장 가치가 큰 10대 기업에 속한다. 이들 기업은 모두 생긴 지 25년이 채 되지 않았으나, 각자의 방식으로 데이터를 통해 돈을 벌었다.[1]

그러니 데이터를 '새로운 석유'라 부를 만도 하다.[2] 2011년까지만 해도 10대 기업 중 5개가 석유 회사였다.[3] 그러나 지금은 엑손모빌ExxonMobil만 남아 있다.

앞선 비유는 완벽하지 않다.[4] 데이터는 여러 번 활용할 수 있지만 석유는 한 번밖에 쓰지 못한다. 다만 정제되지 않은 거친 상태에서는 누구에게도 그다지 쓸모없다는 점에서는 데이터와 석유가 비슷하다. 즉, 가치 있는 것을 얻으려면 가공해야 한다. 엔진에 넣으려면 경유가 필요하고, 결정을 내리려면 통찰이 필요하다. 소셜 미디어 타임라인에 어떤 광고를 넣을지, 페이지 상단에 어떤 검색 결과를 올릴지 등을 결정해야 한다.

당신이 이런 결정을 해야 한다고 상상해보라. 어떤 사람이 알파벳의 자회사인 구글이 운영하는 유튜브로 동영상을 시청하고 있다. 이어서 볼 동영상으로 무엇을 추천할 것인가? 흥미를 자극하면 다른 광고를 내보낼 수 있다. 반대로 관심을 끌지 못하면 그 사람은 다른 사이트로 옮겨갈 것이다.

당신은 필요한 모든 데이터를 갖고 있다. 그 사람이 지금까지 시청한 다른 모든 동영상을 보라. 어떤 것에 관심을 가졌는가? 그다음에는 다른 사용자들이 해당 동영상 다음에 무엇을 시청했는지 보라. 여러 대안을 가늠하고 가능성을 계산하라. 현명하게 선택하면 그 사람은 또 다른 광고를 볼 것이다. 잘했다. 당신은 알파벳에 20센트 정도를 벌어주었다.[5]

물론 데이터 처리를 인간에게 맡기는 것은 엄청나게 비효율적이다. 이런 사업 모델에는 기계가 필요하다. 데이터 경제의 힘은 데이터에서만 나오는 것이 아니라 데이터와 알고리즘의 상호작용에서 나온다.

1880년대 젊은 독일계 미국인 발명가가 사람보다 빨리 데이터를 처리하는 기계에 가족들의 관심을 끌려고 노력했다. 이미 설계는 마쳤지만, 실험을 하려면 돈이 필요했다. 그가 설계한 기계는 피아노와 약간 비슷했다. 다만 건반 대신 달러 지폐 크기에 여러 구멍이 뚫린 카드를 넣는 홈이 있었다. 전면에는 새 카드를 삽입하면 그에 따라 돌아가는 40개의 다이얼이 배치되어 있었다.

허먼 홀러리스Herman Hollerith의 가족은 이 기계를 이해하지 못했다. 그들은 서둘러 투자하기는커녕 웃음을 터뜨렸다. 홀러리스는 그들을 용서

하지 않았다. 그는 그들과 절연했다. 그의 아이들은 아버지 친척들이 있다는 사실을 모른 채 자랐다.[6]

홀러리스의 발명품은 대단히 구체적인 문제에 대응하는 것이었다. 미국 정부는 10년 단위로 인구총조사를 실시했다. 이는 새로운 것이 아니었다. 각국 정부는 오랫동안 누가 어디에 살고 무엇을 보유하고 있는지 알고 싶어 했다. 세금을 걷고 징집하는 데 도움이 되기 때문이었다. 미국 건국의 아버지들은 모든 지역이 의회에서 동등한 대표권을 갖도록 인구총조사를 근거로 선거구를 나눠야 한다고 말했다.[7]

그러나 이왕 전국에 수많은 조사원을 파견할 것이라면 갈수록 많은 것을 묻고 싶어질 수밖에 없다. 사람들이 어떤 직업에 종사하는지, 어떤 질병이나 장애를 가졌는지, 어떤 언어를 쓰는지 등과 같은 것 말이다. 19세기 관료들은 지식이 힘이라는 사실을 21세기 플랫폼 기업들만큼 잘 알았다. 그러나 1880년 인구총조사에서 관료들은 소화할 수 없는 양의 데이터를 모았다. 조사 범위는 도서관, 양로원, 범죄 통계뿐 아니라 다른 많은 주제로 확대되었다. 1870년에 인구총조사에 사용된 설문지는 5종이었다. 그러나 1880년에는 그 수가 215종으로 늘어났다.[8] 곧 설문 결과를 집계하려면 몇 년 걸릴 것이라는 사실이 명백해졌다. 다음 번 인구총조사를 시작할 때쯤에야 겨우 끝낼 정도였다. 누구든 집계 속도를 높일 수 있다면 수지맞는 정부 계약을 따낼 것이 확실했다.

젊은 홀러리스는 1880년 인구총조사에 참여했다. 그래서 문제점을 잘 알았다. 또한 그는 특허청에서 일하며 특히 빠르게 성장하는 철도와 관련된 발명을 하면 돈이 된다는 사실을 알게 되었다.[9] 그는 새로운 열차 브레이크를 발명해 돈을 벌어보기로 결심했다. 결과적으로 그의 열차 여행은 브레이크 문제 대신 인구총조사 문제를 해결하는 데 도움을 주었다.

당시에는 열차표를 도난당하는 일이 잦았다. 그래서 철도 회사들은 열차표가 실제 구매자의 것인지 식별하는 창의적인 방법을 찾아냈다. 바로 '천공식 인상착의 표시법punch photograph'으로, 차장이 인상착의를 묘사하는 여러 개의 항목 중 하나를 골라 구멍을 뚫는 것이었다. 홀러리스가 회고한 바로는 가령 "옅은 색 머리카락, 짙은 색 눈동자, 큰 코 등"을 표시했다.[10] 만약 짙은 색 머리카락에 작은 코를 가진 도둑이 이 열차표를 훔치면 멀리 가지 못할 것이었다.

홀러리스는 이 시스템을 관찰한 뒤 인구총조사용 설문에 대한 사람들의 답변도 카드에 뚫은 구멍으로 나타낼 수 있다는 사실을 깨달았다. 그러면 집계 문제를 해결할 수 있었다. 천공 카드는 1800년대 초부터 기계를 제어하는 데 사용되었기 때문이다. 자카르Jacquard 직조기는 천공 카드를 활용해 문양이 들어간 천을 짜냈다. 홀러리스가 해야 할 일은 자신이 구상한 인구총조사용 천공 카드를 처리할 '집계기tabulating machine'를 만드는 것이었다. 이 피아노처럼 생긴 기계의 내부에는 스프링을 단 핀들이 있었다. 이 핀들이 카드 위로 내려졌을 때 구멍이 뚫려 있으면 전기회로가 연결되어 해당하는 다이얼이 한 칸씩 움직였다.

다행스럽게도 관료들은 홀러리스의 가족보다 더 많은 호감을 드러냈다. 그들은 집계기를 임대해 설문지를 더 늘린 1890년 인구총조사를 집계했다.[11] 관련 문서의 무게만 약 200톤에 이르렀다.[12] 홀러리스의 집계 시스템은 과거의 시스템에 비해 집계 기간을 몇 년이나 앞당겼고, 비용도 수

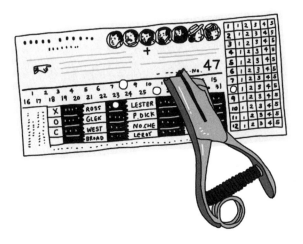

백만 달러나 줄여주었다.[13]

보다 중요한 점은 데이터를 조사하는 일을 더 쉽게 만들었다는 것이었다. 당신이 40세에서 45세 사이 기혼자이고 목수로 일하는 사람들을 찾고 싶어 한다고 가정하자.[14] 이 경우 200톤의 문서를 일일이 뒤적거릴 필요가 없다. 그냥 집계기를 설치하고 카드를 계속 넣기만 하면 된다. 홀러리스는 "익히 알려진 전기 릴레이relay를 간단하게 활용하면 모든 가능한 조합을 확보할 수 있다"고 설명했다.[15]

각국 정부는 곧 인구총조사를 넘어선 용도를 발견했다. 역사학자 애덤 투즈Adam Tooze는 "전 세계에 걸쳐 관료들은 전지全知의 꿈을 꾸게 되었다"고 말했다.[16] 미국 최초 사회복지연금은 1930년대에 천공 카드를 통해 지급되었다.[17] 또한 이후 10년 동안 천공 카드는 홀로코스트를 조직하는 데

도움을 주었다는 악명을 얻었다.[18]

기업들도 재빨리 잠재력을 간파했다. 보험 회사들은 계리, 발전 회사들은 요금 청구, 철도 회사들은 운송, 제조 회사들은 판매 및 비용 관리에 천공 카드를 활용했다.[19] 홀러리스의 태뷸레이팅 머신 컴퍼니Tabulating Machine Company가 만든 기계는 불티나게 팔렸다. 아마 여러분은 이 회사가 여러 차례 합병을 거친 최종적인 이름을 들어봤을 것이다. IBM은 천공 카드가 자기 저장장치에, 집계기가 프로그래밍이 가능한 컴퓨터에 자리를 내준 뒤에도 시장 선도기업으로 남았다. IBM은 몇 년 전에도 세계 10대 기업에 여전히 이름을 올렸다.[20]

그렇다면 데이터의 힘을 홀러리스의 고객들도 분명히 알았는데, 왜 1세기가 더 지나서야 데이터 경제가 당도했을까? 그 이유는 현재 석유에 비견되는 데이터가 새로운 면을 갖고 있기 때문이다. 구글과 아마존 같은 기업은 수많은 조사원이 없어도 데이터를 수집할 수 있다. 우리는 휴대전화를 사용하거나, 음성인식 인공지능AI 비서 알렉사에게 조명을 켜달라고 요청할 때마다 데이터를 흔적으로 남긴다.

이런 종류의 데이터는 미리 정해져 천공 카드에 구멍으로 정확하게 표시된 인구총조사에 대한 답변처럼 깔끔하게 정돈되어 있지 않다. 그래서 의미를 이해하기가 더 어렵다. 반면 그 양은 상상할 수 없을 정도로 많다. 알고리즘이 개선되고 우리가 삶의 더 많은 부분을 온라인에서 영위하면서 기업들은 관료들의 꿈을 빠르게 실현하고 있다.

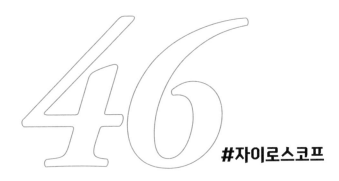

#자이로스코프

1744년 10월 3일, 영국 해협에는 폭풍이 일고 있었다. 존 발첸John Balchen 제독의 지휘 아래 프랑스 함대를 포르투갈 해안에서 쫓아낸 영국 전함들은 위험을 향해 직진하고 있었다. 겨우 항구로 귀환한 배에 탔던 한 선원은 이렇게 썼다. "강풍을 만나 돛과 삭구가 모조리 파괴되는 바람에 우리는 파도의 자비에 목숨을 맡길 수밖에 없었다. 4일에는 3미터짜리 파도가 선창을 덮쳐 상황이 아주 나빠졌다. 모두의 얼굴에 죽음에 대한 공포가 어렸다. 금방이라도 파도에 잡아먹힐 것 같았기 때문이다."[1]

한 배는 실제로 파도에 잡아먹혔다. 바로 발첸 제독이 지휘하던 기함 빅토리호HMS Victory였다. 잉글랜드의 빅토리호는 플리머스에서 80킬로미터 떨어진 지점에서 100미터 깊이 해저까지 침몰했다. 당시 그 배에는

1,100명의 승선원과 함께, 소문에 따르면 상당수의 포르투갈 금괴가 실려 있었다고 한다.[2] 배의 잔해는 계속 해저에 누워 있다가 2008년에 보물 사냥꾼들에게 발견되었다. 그들은 금괴를 찾고 싶어 했다. 그러나 그 배에는 경제적으로 훨씬 중요한 물건이 실려 있었다. 그것은 현재 잠수함부터 위성까지, 화성 탐사 로버부터 당신의 호주머니에 든 휴대전화까지 모든 것의 위치를 안내하는 데 활용된 아이디어를 구현하려는 최초의 시도였다.

이 아이디어를 떠올린 사람은 존 서즌John Serson이었다. 사고 발생 1년 전 그는 런던 근처에서 왕실 요트에 올라 두 명의 해군 고위 장교와 유력한 수학자에게 자신의 아이디어를 설명할 기회를 얻었다. 선장이기도 했던 서즌은 거의 문맹이었다. 그러나 나중에 『젠틀맨 매거진The Gentleman Magazine』이 평한 바에 따르면 "창의적인 기계공"이었다. 서즌의 아이디어는 아이들의 장난감인 팽이에서 영감을 얻은 것이었다. 선원들은 4분의로 해와 수평선의 각도를 재서 배의 위치를 파악하는데, 아지랑이나 연무 때문에 수평선을 항상 볼 수는 없다는 것이 문제였다.

서즌은 배가 휘청대고 흔들려도 수평을 유지하는 인위적인 수평선을 만들면 어떨까 생각했다. 『젠틀맨 매거진』은 그 내용을 이렇게 정리했다.

> 그는 축과 직각을 이루는 상단부가 원형 금속판으로 된 일종의 팽이를 만들었다. 그가 예상한 대로 팽이가 빠르게 돌아가면 상단부는 곧 수평을 이루었다. (…) 회전하는 상단부는 수평을 잠시 잃더라도 곧 제자리를 되찾았다.[3]

두 장교와 수학자는 깊은 인상을 받았다. "그들이 보기에 서즌 씨의 발명은 격려할 가치가 충분했다. 안개가 끼었을 때 대단히 유용할 것이기 때문이었다."[4] 해군은 서즌에게 빅토리호에 승선해 추가로 효과를 관찰하도록 요청했고, "결국 불쌍한 서즌 씨는 그렇게 죽고 말았다".[5] 그러나 그의 아이디어는 계속 살아남았다. 다른 사람들이 그가 만든 기기를 여러 형태로 재현했다.[6] 그중 하나는 프랑스과학원French Academy of Sciences에 팔렸다. 『젠틀맨 매거진』은 이렇게 경멸했다. "이제 프랑스는 별로 대수롭지 않은 수정을 한 다음 언제나 그랬듯 시간이 지나면 감히 자기들 거라고 말할 것이다."[7]

결과적으로, 대수롭지 않은 수정으로는 충분하지 않았다. 서즌의 '회전 검경檢鏡'은 실용적인 용도가 너무 적었다.[8] 그러나 1세기 후 같은 원칙을 보다 성공적으로 활용한 기구를 만든 것은 프랑스였다. 이 기구는 일련의 고정된 지지대인 짐벌gimbal 안에 회전하는 원반을 설치해 바닥이 얼마나 기울어졌든 간에 원반이 제자리를 유지하도록 했다.

물리학자인 레옹 푸코Léon Foucault는 이 기구를 자이로스코프gyroscope라고 불렀다. 지구의 회전을 연구하기 위해 활용했기 때문에 '회전'과 '관측'을 뜻하는 그리스어에서 따온 말이었다. 뒤이어 전기 모터가 등장했다. 이제는 원반을 무한정 돌릴 수 있었다. 그에 따라 실용적인 용도가 대거 발견되었다. 선박은 실제로 쓸 수 있는 인공 수평선을 얻게 되었다. 항공기도 마찬가지였다. 1900년대 초에 헤르만 안슈츠 켐페Hermann Anschütz-Kaempfe와 엘머 스페리Elmer Sperry는 원반의 회전을 지구의 남북 축과 맞추는 법을 찾아내 자이로 나침반을 개발했다.

이 기구들을 가속계, 자력계 같은 다른 기구들과 결합하면 방위와 진로를 정확하게 파악할 수 있다. 이 정보를 경로 수정이 가능한 시스템에 입력하면 항공기의 자동항법장치와 선박의 자이로 안정기, 그리고 우주선이나 미사일에 장착되는 관성 항법 시스템이 된다.[9] 또한 GPS에 더하면 현재 위치를 알 수 있다.

짐벌에서 돌아가는 원반의 크기를 작게 만드는 데는 한계가 있다. 그러나 다른 기술들은 자이로스코프를 최소화했다.[10] 진동하는 초소형 전자기계식 자이로스코프는 몇 세제곱밀리미터 크기밖에 되지 않는다.[11] 또한 연구자들은 머리카락보다 얇은 레이저 기반 자이로스코프를 만들고 있다.[12] 이를 비롯한 다른 센서들은 점점 작아지고 저렴해지고 있다. 또한 컴퓨터는 더 빨라지고, 배터리는 더 가벼워지고 있다. 그에 따라 스마트폰부터 로봇, 게임 콘솔, 가상현실 헤드셋까지 다양한 용도가 생겨나고 있다.

요란한 화제를 모으는 또 다른 기술은 드론이다.

무인 비행이 최초로 이루어진 것은 대개 레옹 푸코의 자이로스코프가 발명되기 겨우 3년 전인 1849년으로 언급된다. 당시 오스트리아는 올바른 방향으로 바람이 불 때 폭탄을 단 풍선을 날려 이탈리아의 베네치아를 공격하려고 했다.[13] 그러나 이 방식은 성공하지 못했다. 일부 폭탄이 오스트리아 영토에 떨어졌다.[14] 그러나 드론 기술은 최근까지 군사적 용도로 계속 개발되었다. '드론'으로 과거 뉴스를 검색하면 약 4~5년까지는 전쟁이 주요 관련 기사의 주제였음을 알 수 있다. 그러다가 갑자기 "공역 규제는 취미로 드론을 날리는 사람들에게 어떤 의미를 지니는가?" 혹은

"드론이 식료품을 배달하기까지 얼마나 더 걸릴까?" 같은 내용으로 바뀌기 시작한다.

이런 문제들은 중요하다. 드론은 현재 측량부터 영화 제작까지 다양한 분야에서 흔히 활용된다. 긴급 의료 물자를 사람이 닿기 힘든 곳까지 배달하기도 한다. 그러나 드론이 실로 중대한 변화를 일으킬 분야는 판에 박힌 일상적인 용도다. 우리가 온라인에서 산 물건을 배달하거나 심지어 우리를 다른 곳으로 이동시키는 일 말이다. 중국 기업 이항Ehang은 사람을 태울 수 있는 드론 개발을 선도하고 있다.[15]

중국의 농촌지역에서는 배달용 드론이 '등넘기 기술leapfrog technology'*처럼 보이기 시작하고 있다. 특히 대형 소매점이나 배달 차량이 다닐 만한 도로 등 경쟁 대상이 되는 기존 인프라가 없는 지역에서 빠르게 신기술을 받아들이고 있다. 가령 장쑤성江蘇省에 있는 장웨이 마을의 경우 자동차를 보유한 사람이 거의 없고, 냉장고를 보유한 가구도 절반에 불과하다. 그러나 모두가 휴대전화를 갖고 있다. 그들은 휴대전화로 온라인 소매 업체인 제이디닷컴JD.com에서 일회용 기저귀부터 살아 있는 게까지 온갖 것을 주문한다. 그러면 하루에 약 네 차례, 창고 직원이 최대 14킬로그램에 해당하는 주문 물품을 싣고 시속 약 70킬로미터로 날아가는 드론으로 배송해준다. 그래서 모두가 흡족해한다. 마을에서 가게를 운영하는 여주인을 제외하고 말이다.[16]

---

* 중간 단계를 뛰어넘어 최신 단계로 단번에 진입하도록 해주는 기술 - 옮긴이.

드론이 보다 폭넓게 쓰이려면 '최종 구간the last mile' 문제에 대한 해결책이 필요하다. 장웨이 마을의 경우 제이디닷컴은 인력을 고용해 게와 기저귀를 고객에게 배달한다. 그러나 인건비가 비싼 나라에서는 최종 구간에 배달 비용이 집중된다. 한편에서는 이 과정을 자동화한다면 오프라인 매장이 아예 사라질 수도 있다고 믿는다.[17] 그러나 누구도 구체적으로 어떤 방식일지 확실히 알지 못한다. 온라인으로 산 물건을 낙하산에 매달아 집 뒷마당에 떨구거나 아파트 옥상에 떨어뜨리는 방식을 사람들이 원할까? 우리가 집에 없을 때 드론이 들어오도록 자동으로 열리는 스마트 창문은 어떨까?[18]

또 다른 문제도 있다. 바로 불쌍한 존 서즌을 죽인 날씨다. 공중으로 배달하는 방식에 의존할 것이라면 모든 조건에서 활용할 수 있어야 한다.[19] 과연 드론이 전함마저 침몰시키는 폭풍을 헤쳐나갈 수 있을까? 만약 그렇다면 자이로스코프의 잠재력이 실로 충족될 것이다.

#스프레드시트

1978년 하버드 경영대학원에 다니는 댄 브리클린Dan Bricklin은 강의실에 앉아 회계학 강사가 칠판에 줄과 열을 채우는 모습을 보고 있었다. 강사는 조건을 바꾼 뒤 표 전체에 걸쳐 수치를 지우고 다시 써서 모든 것을 맞춰야 했다. 댄 브리클린이 보기에는 고되고 지루한 반복 작업이었다. 그리고 게으름은 발명의 어머니가 될 수 있었다.[1]

그 강사만 줄과 열에 수치를 넣었다가 오랜 시간에 걸쳐 지우고 다시 계산한 것이 아니었다. 전 세계에 걸쳐 회계 담당 직원들은 매일 장부를 놓고 그런 일을 했다. 장부를 두 쪽으로 펼친spread 것을 '스프레드시트 spreadsheet'라고 불렀다. 여러 개의 스프레드시트에서 나온 결과물은 다시 더 큰 통합 스프레드시트에 입력되었다. 어떤 내용을 수정하려면 연필, 지우개, 계산기를 두고 몇 시간에 걸쳐 작업을 해야 했다.

브리클린은 많은 경영대학원 학생처럼 직장 경험이 있었다. 그는 1970년대 컴퓨터 업계의 주요 기업인 왕^{Wang}과 DEC에서 프로그래머로 일했다. 그는 이런 생각을 했다. '컴퓨터로 하면 될 걸 도대체 왜 칠판이나 장부로 하고 있지?'

그래서 브리클린은 신형 애플II 개인용 컴퓨터를 위한 전자 스프레드시트 프로그램을 만들었다. 그의 친구 밥 프랭크스턴^{Bob Frankston}이 다듬는 일을 도왔다. 그 결과 1979년 10월 17일 두 사람의 발명품인 비지컬크^{VisiCalc}가 출시되었다. 이 프로그램은 거의 하룻밤 사이 센세이션을 일으켰다.

다른 금융 및 회계 프로그램이 오랫동안 존재했으나 비지컬크는 현대적인 스프레드시트 인터페이스를 갖춘 최초의 프로그램이었다. 또한 컴퓨터를 사게 만들 만큼 필수적인 프로그램을 일컫는 '킬러 앱^{killer app}'의 시초로 폭넓게 간주되고 있다. 나중에 애플의 스티브 잡스는 비지컬크가 "애플II를 성공으로 이끌었다"고 말했다.[2]

비지컬크가 출시되고 5년 뒤 저널리스트이자 현대 컴퓨터 산업의 비공인 역사학자 스티븐 레비^{Steven Levy}는 이렇게 썼다. "여러 기업의 임원, 도매업자, 소매업자, 자영업자 들은 자신들의 사업이 전자 스프레드시트 등장 이전과 이후로 나뉜다고 말한다."[3]

레비는 또한 비지컬크의 새롭고 강력한 경쟁 제품인 로터스^{Lotus} 1-2-3가 등장했음을 알렸다. 1988년에 「뉴욕 타임스」는 "로터스가 개인용 컴퓨터 시장에서 확고한 지분을 차지한 것처럼 보였던 최초의 스프레드시트 프로그램 비지컬크를 쓰러트린" 뒤 "스프 레드시트 시장을 5년 동안 지배해왔다"고 보도했다. 실로 막강했던 강자가 무너진 것 이다! 「뉴욕 타임스」는 또한 마이크로소프 트의 엑셀을 비롯한 새로운 도전자를 소개 했다.[4.]

그러나 스프레드시트의 이야기에 담긴 진정한 교훈은 독점 체제의 형 성과 몰락에 대한 것이 아니라, 기술 혁신에 따른 실업에 대한 것이다. 요 즘 로봇이 우리의 일자리를 빼앗을 것이라는 말이 상투적으로 들린다. 그 러나 실상은 그렇게 단순하지 않다. 내가 보기에 스프레드시트 프로그램 은 그에 대한 최고의 사례다.

결국 로봇 회계사는 어떤 모습일까? 아널드 슈워제네거Arnold Schwarzenegger 가 연기한 터미네이터가 기관총 대신 계산기를 든 모습은 분명 아닐 것이 다. 내가 회계사인데 어느 날 아침 회사에 출근했더니 아널드가 내 책상 에 앉아 있는 것을 본다면 나는 그냥 조용히 빠져나온 다음 나중에 개인 물품을 챙길 것이다.

로봇 회계사라는 개념이 어떤 의미를 지닌다면 분명 비지컬크나 엑셀 을 가리킬 것이다. 이 프로그램들은 수십만 명의 회계사를 실직시켰다. 회 계 담당 직원들은 하루 종일 계산기를 두드리면서 장부에 기입된 수치를 지우고 다시 계산하는 일을 해왔다. '당연히' 비지컬크는 그 세계에서 혁 신적인 것이었다. '당연히' 인간보다 효율적이기도 했다. 플래닛 머니Planet Money 팟캐스트에 따르면 미국에서만 현재 고용된 회계 담당 직원의 수가 비지컬크가 출시된 1980년보다 40만 명 가까이 적다.

그러나 플래닛 머니는 정규 회계사들을 위한 일자리가 60만 개나 더 '늘었다'는 사실도 확인했다. 어차피 숫자를 처리하는 일은 더 저렴해지고, 더 다목적화되고, 더 강력해졌다. 따라서 수요가 늘어날 수밖에 없었다. 진정한 핵심은 60만이 40만보다 많은 수치라는 것이 아니다. 자동화는 일자리를 만들기도 하고 없애기도 한다. 핵심은 자동화가 '로봇이 나의 일자리를 빼앗았다'는 말보다 훨씬 은근하게 일터의 모습을 바꾼다는 것이다.

스프레드시트의 시대에 회계의 반복적이고 판에 박힌 부분은 사라졌다. 계속 남아 실로 번성한 부분은 더 많은 판단력과 인간적인 능력을 요구했다. 스프레드시트는 완전히 새로운 산업을 만들어냈다. 고급 금융 부문에는 거래나 보험의 목적으로 수치를 조정하거나 저절로 다시 계산되는 항목들을 보면서 여러 수치상 시나리오를 검토하는 일자리가 많다.

우리는 『팀 하포드의 경제학 팟캐스트Fifty Things That Made the Modern Economy』에서 아무 생각 없이, 바보도 할 수 있는 단계로 지시사항을 나눠 창고 직원들이 제품을 가져올 수 있도록 알려주는 제니퍼 유닛Jennifer Unit이라는 기기를 접했다. 이 기기는 단순한 작업에서 약간의 흥미라도 주는 마지막 요소까지 제거한다. 스프레드시트는 반대로 작용한다. 즉, 지적 능력이 요구되는 작업에서 가장 지겨운 부분을 제거한다.

한데 놓고 보면 두 사례는 기술이 대개 일자리를 완전히 없애지는 않는다는 사실을 보여준다. 기술은 쉽게 자동화할 수 있는 덩어리를 깎아내고, 남은 부분에 사람이 적응하도록 놔둔다. 그래서 사람이 맡은 일은 분야에 따라 더욱 흥미롭거나 더욱 단조로워진다.

회계직의 경우 사람의 일은 더욱 창의적으로 바뀌었다. 누가 창의적인 회계사를 원하지 않을까? 회계사들은 현재 자동화에 정신적 외상을 입기는커녕 스프레드시트를 당연시한다. 내가 읽은 회계의 역사를 다룬 글들은 비지컬크나 엑셀을 언급하지도 않는다. 아마도 자신들의 위업에 비할 바가 못 된다고 여기는 듯하다.

스프레드시트가 회계와 금융 부문에서 한 일은 다른 사무직에서 어떤 일이 일어날지 알려주는 전조다. 저널리스트들은 더 이상 기업의 실적 보고서에 대한 판에 박힌 기사를 뽑아내지 않는다. 알고리즘이 이 일을 더 빠르고 저렴하게 해내기 때문이다. 교사들은 온라인 교육 사이트를 통해 학생들에게 시험 문제를 낸 뒤 학생들이 어디서 막히는지 파악하고 도와준다. 의사들은 때로 간호사와 진단 앱의 조합으로 대체될 수 있다. 로펌들은 '문서 취합 시스템document assembly system'을 활용해 고객들에게 질의를 하고 계약서를 작성한다.[5] 이런 직업군에 속한 사람들이 회계사들만큼 터미네이터와의 조우를 기분 좋게 돌아볼지는 아직 알 수 없다.

다만 그들은 스프레드시트의 사례가 들려주는 마지막 교훈을 배워야 한다. 때로 우리는 판에 박힌 일을 오류가 없는 컴퓨터에 맡겼다고 생각하지만 실은 인간적 실수를 커다란 규모로 키우는 레버를 얻었을 뿐인 경우가 있다.

고위 경찰직에 지원했다가 불합격한 지원자들에게 합격 통보가 갔던 사건을 생각해보라. 옆 열을 정렬하지 않고 엉뚱한 열을 정렬하면 이런 일이 생긴다.[6]

한 대학원생이 유명 경제학자인 카르멘 라인하르트Carmen Reinhart와 IMF 수석 경제학자였던 켄 로고프Ken Rogoff가 쓴 영향력 있는 논문에서 스프레드시트 오류를 찾아낸 적도 있다. 이 일로 두 사람은 큰 창피를 당했다. 그들은 공식 적용 구간을 나타내는 박스를 드래그로 5셀 더 내리는 것을 깜박하는 바람에 여러 국가를 빠뜨리고 말았다.[7]

심지어 투자은행 제이피모건J. P. Morgan이 60억 달러의 손실을 냈을 때 스프레드시트에 기재된 위험 지표를 두 수치의 평균이 아니라 합으로 나눈 것이 부분적인 원인이 된 적도 있다. 그 때문에 위험 정도가 정확한 수준보다 절반이나 낮게 설정되었다.[8]

만약 컴퓨터에 틀린 일을 시키면 댄 브리클린이 비지컬크를 개발하도록 영향을 준 엄청난 속도와 효율성으로 그 일을 해낼 것이다. 이는 우리가 회계 업무의 영역을 훌쩍 넘어 계속 배울 수밖에 없을 것으로 보이는 교훈이다.

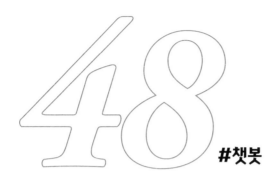

#챗봇

로버트 엡스타인Robert Epstein은 사랑을 나눌 사람을 원했다. 때는 2006
년이었기 때문에 그는 인터넷을 살폈다. 그는 아름다운 갈색 머리를 가진
이바나Ivana라는 여성과 가능성이 보이는 이메일을 나눴다. 그러나 곧 자
신이 속았음을 깨달았다. 이바나는 미숙한 영어로 자신이 가까운 캘리포
니아가 아니라 러시아에 산다고 인정했다. 엡스타인은 실망했다. 사실 그
는 펜팔 친구보다 더 많은 것을 원했기 때문이다. 그래도 그녀는 따뜻하
고 다정했다. 곧 그녀는 그를 좋아하는 마음이 생겼다고 고백했다.[1] 그 내
용은 이러했다.

"당신에게 아주 특별한 감정이 생겼어요. (…) 그건 내 마음에 아름다
운 꽃이 핀 것과 같아요. (…) 뭐라고 설명할 수가 없어요. (…) 기도하는

마음으로 당신의 답장을 기다릴게요.”

이후 두 사람 사이에 많은 이메일이 오갔다. 엡스타인은 한참 지나서야 이바나가 자신의 질문에 직접적으로 대답한 적이 없다는 사실을 깨달았다. 그녀는 공원에서 산책하고 엄마와 대화한 이야기를 하거나 그를 얼마나 좋아하는지 모른다는 달콤한 말만 의미 없이 늘어놓았다. 그는 의심스러운 나머지 아무렇게나 자판을 두드려 완전히 말도 안 되는 내용을 보냈다. 그래도 그녀는 엄마에 대한 이야기를 적은 답장을 보내왔다. 마침내 엡스타인은 진실을 깨달았다. 이바나는 챗봇이었던 것이다.

이 이야기의 놀라운 점은 러시아산 챗봇이 외로운 중년의 캘리포니아 남성을 속이는 데 성공했다는 것이 아니다. 그것은 챗봇에 놀아난 사람이 뢰브너 대회Loebner Prize를 만든 사람 중 하나라는 것이다. 해마다 열리는 이 대회는 사람과 인공적인 대화를 나누는 테스트를 통해 인간 행세를 가장 잘한 컴퓨터를 가린다. 세계 최고 챗봇 전문가 중 한 명이 컴퓨터 프로그램을 유혹하려고 두 달을 허비한 것이다.

뢰브너 대회에서는 매년 챗봇을 상대로 ‘튜링 테스트’를 실시한다. 튜링 테스트는 1950년에 영국의 수학자이자 암호 해독가, 컴퓨터 선구자인 앨런 튜링Alan Turing이 처음 제안했다. 이 ‘흉내 게임’에서 심판은 텔레프롬프터를 통해 사람 및 컴퓨터와 대화한다.[2] 이때 사람이 해야 할 일은 자신이 정말로 사람임을 증명하는 것이다. 반면 컴퓨터가 해야 할 일은 심판을 속일 수 있을 만큼 설득력 있게 사람 사이의 대화를 흉내 내는 것이다.[3]

컴퓨터 분야의 선구자들이 기계의 진보를 지나치게 낙관한 역사는 아주 길다. 나중에 노벨 경제학상을 받는 허브 사이먼Herb Simon은 1957년에 컴퓨터가 10년 안에 세계 체스 챔피언을 이길 것이라고 예측했다. 그러나 실제로는 40년이 걸렸다. 이 주제는 마지막 챕터에서 다시 다룰 것이다. 또한 1970년에 마빈 민스키Marvin Minsky는 컴퓨터가 "3년에서 8년 사이" 인간과 비슷한 일반 지성을 갖출 것이라고 예측했다. 지금은 이 예측이 말도 안 되는 것처럼 보인다.

앨런 튜링의 예측은 조금 나았다. 그는 50년 안에 컴퓨터가 5분의 대화를 나눈 뒤 판정단의 30퍼센트를 속일 수 있을 것이라고 생각했다. 이 예측은 크게 빗나가지 않았다. 실제 소요 기간은 64년이었다. 2014년에 튜링 테스트를 통과했다고 홍보된 프로그램 '유진 구스트만Eugene Goostman' 이 정말로 통과했는지를 둘러싸고 지금도 논쟁이 벌어지고 있지만 말이다.[4] 이바나처럼 구스트만은 영어 원어민이 아니라고 주장해 애초에 기대 수준을 낮췄다(정확히는 우크라이나 오데사에 사는 열세 살 소년이라고 말했다).

가장 유명한 초기 챗봇 '엘리자ELIZA'는 튜링 테스트를 통과하지 못했을 것이다. 그러나 단 몇 줄의 코드로 비지시적non-directive 상담법을 쓰는 심리치료사를 성공적으로 흉내 냈다. 엘리자는 영화 〈피그말리온Pygmalion〉과 〈마이페어 레이디My Fair Lady〉에 나오는 엘리자 둘리틀Eliza Doolittle이라는 가상 인물의 이름을 딴 것이다. 그 인물은 1960년대 중반에 MIT 컴퓨터 공학자 요제프 바이첸바움Joseph Weizenbaum이 프로그래밍한 것이었다. 당신이 "남편이 한번 가보라고 해서 왔어요"라고 입력하면 엘리자는 그냥 "남편이 한번 가보라고 해서 왔군요"라고 대답한다. 반면 당신이 분노를 느낀다고 말하면 엘리자는 "여기 오는 것이 분노를 느끼지 않는 데 도움이 될 거라고 생각하나요?"라고 묻는다. 혹은 단지 "계속 이야기해보세요"라고 말한다.

사람들은 엘리자가 사람이 아니어도 개의치 않았다. 적어도 누군가는 자신을 평가하거나 같이 잠을 자려 들지 않고 이야기를 들어주기 때문이다. 심지어 요제프 바이첸바움의 비서는 엘리자와 단둘이 이야기하고 싶으니 그에게 방에서 나가달라고 요청했다.[5]

심리치료사들은 엘리자에게 매료되었다. 『신경정신질환 저널Journal of Nervous and Mental Disease』에 실린 당대의 한 논문은 "컴퓨터 한 대로 한 시간에 수백 명의 환자를 상담할 수 있다"고 지적했다. 또한 심리치료사가 여러 대의 챗봇을 관리하면 훨씬 효율적일 것이었다.[6] 실제로 현재 임상심리학자인 앨리슨 다시Alison Darcy가 설계한 '워봇Woebot' 같은 챗봇이 인지행동치료를 하고 있다. 이런 챗봇은 인간인 것처럼 꾸미지 않는다.[7]

요제프 바이첸바움은 사람들이 상호작용을 위한 대단히 부실한 대안에 만족하는 것을 끔찍하게 여겼다. 그러나 메리 셸리Mary Shelley의 프랑켄슈타인처럼 그는 자신이 통제할 수 없는 존재를 탄생시켰다.

챗봇은 현재 모든 곳에 존재한다. 그들은 불만과 문의를 처리한다. 바빌론 헬스Babylon Health는 사람들에게 증상을 물은 다음 의사를 소개할지 여부를 판단한다. 아멜리아Amelia는 일부 은행의 고객과 직접 대화한다. 올스테이트 보험Allstate Insurance은 고객과 통화하는 콜센터 직원들에게 정보를 제공하는 데 아멜리아를 활용한다. 알렉사와 시리Siri는 우리가 작은 스크린을 서투르게 두드리지 않아도 된다는 단순한 목표를 위해 우리가

하는 말을 해석하고 답변한다.[8]

튜링 테스트를 다룬 『가장 인간적인 인간The Most Human Human』을 쓴 브라이언 크리스천Brian Christian은 가장 현대적인 챗봇은 튜링 테스트를 통과하려는 시도조차 하지 않는다고 지적한다. 물론 예외는 있다. 불륜 알선 사이트인 애슐리 매디슨Ashley Madison이 활용하는 이바나 같은 챗봇은 사이트를 이용하는 인간 여성이 아주 적다는 사실을 숨기는 데 쓰인다.[9] 우리는 챗봇이 우리의 성 충동을 직접적으로 건드릴 때 그것이 인간이 아니라는 사실을 좀처럼 눈치채지 못하는 듯하다.

또 다른 전술은 우리를 화나게 만드는 것이다. 이 일을 잘하는 엠곤즈MGonz라는 챗봇은 먼저 심한 말을 던져 사람들을 속인다.[10] 2016년 미국 대선에서 여지없이 드러났듯이, 정치판은 분노한 시민처럼 위장하고 거짓과 모욕적인 밈을 트위터에 뿌리는 소셜 미디어 챗봇들로 매우 어지럽혀 있다.[11]

하지만 챗봇들은 대체로 챗봇으로 제시되는 것에 만족한다. 인간처럼 보이는 일은 어렵다. 상업용 로봇은 주로 이런 시험을 무시했다. 그들은 단순한 문제를 해결하거나 복잡한 사례를 사람에게 넘기는 것처럼 작은 일을 하는 데 특화되어 있다. 애덤 스미스는 1700년대 후반에 생산성은 노동을 전문화된 소규모 작업으로 나누는 과정을 토대로 삼는다고 설명했다.[12] 현대의 챗봇도 같은 원칙으로 일한다.

경제학자들은 이 논리에 따라 자동화가 일자리를 파괴하는 것이 아니라 재구성한다고 믿는다. 스프레드시트의 사례에서 확인했듯이 일자리는 여러 작업으로 분할된다. 컴퓨터는 틀에 박힌 작업을 맡는다. 인간은 창의성과 적용력을 제공한다.[13] 우리는 현금인출기에서 무인계산대에 이르기까지 이 사실을 확인하고 있다. 챗봇은 또 다른 사례다.

다만 우리는 소비자이자 생산자로서, 또한 평범한 시민으로서 컴퓨터에 맞춰 우리 자신을 바꿀 위험에 주의해야 한다. 우리는 계산원과 나누는 대화가 기분을 좋게 만들어줄 수 있는데도 무인계산대를 쓴다. 우리가 상태 업데이트를 올리거나 이모티콘을 클릭하기만 해도 소셜 미디어 알고리즘이 이를 걸러낸다. 엘리자의 경우처럼 우리는 누군가가 말을 들어준다는 느낌에 만족한다.[14]

브라이언 크리스천은 이를 인간의 수준을 높이기 위한 과제로 봐야 한다고 주장한다. 콜센터는 컴퓨터에 넘겨도 된다. 그 편이 살과 피로 이루어진 로봇이 미리 정해진 내용을 읊도록 만들어 모두를 짜증 나게 하는 것보다 낫지 않을까? 우리는 챗봇이 인간을 속이기보다 우리의 시간을 아껴주기를 바라야 한다. 우리가 서로 더 의미 있는 대화를 나눌 시간을 가질 수 있도록 말이다.

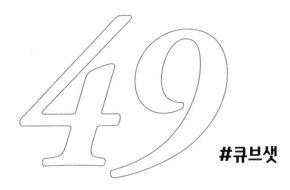

#큐브샛

우주왕복선의 치수와 관련된 유명하고도 사랑받는 이야기가 있다. 거기에 따르면 우주왕복선의 추진 로켓은 철도 터널을 통과할 수 있는 치수로 제작되어야 했다. 철도 터널의 치수는 말과 마차의 크기에 영향을 받았다. 요컨대 우주왕복선 추진 로켓이 말 두 마리의 엉덩이 넓이에 맞춰 제작되었다는 것이다.

이 이야기는 근거가 약간 부족하다. 하지만 우주 산업의 새로운 유망 상품에 대해서도 비슷하지만 상당히 근거 있는 이야기가 있다. 이 상품은 비니 베이비Beanie Baby*의 크기에 따라 결정되었다.[1]

* 헝겊으로 만든 동물 인형 시리즈 - 옮긴이.

비니 베이비는 1999년에 큰 인기를 끌었다. 그 무렵 스탠퍼드 대학교 교수인 밥 트위그스Bob Twiggs는 대학원생들에게 위성 설계를 가르치고 있었다. 당시에는 위성이 상당히 컸다. 가령 2001년에 발사된 아르테미스Artemis 통신위성은 무게가 3톤이 넘었으며, 높이는 8미터였다. 또한 두 개의 태양 전지판은 각각 버스만큼 길었다.[2] 이만한 공간과 무게를 지녔으니 갈수록 많은 장비를 넣고 싶은 유혹이 생길 수밖에 없었다. 그에 따라 생각이 안일해지는 것은 물론이고 제작 비용이 계속 늘어났다.

트위그스는 "모든 것을 집어넣을 넉넉할 공간이 있으면 결국 세심해지지 않게 된다"고 말했다.[3] 그래서 그와 동료들은 학생들에게 제약을 줄 필요가 있다고 판단했다. 동네 매장을 찾은 트위그스는 박스에 깔끔하게 포장된 비니 베이비를 발견했다. 그는 강의실로 돌아가 강단 위에 빈 비니 베이비 박스를 올려놓았다. 그리고 학생들에게 이 상자에 넣을 수 있는 위성을 설계하라고 말했다.[4]

현대의 스마트폰이 소형 규격 부품의 품질과 성능에 혁신을 일으켰듯이 이 과제는 소형 위성, 즉 큐브샛Cubesat에 적용되는 실질적인 표준으로 자리 잡았다. '큐브샛'은 조금 부적절한 명칭이다. 큐브샛의 단위는 $10 \times 10 \times 11.35$센티미터이며, 많은 큐브샛은 크기가 여러 단위다. 하지만 여전히 신발 박스만 하며, 톤이 아니라 킬로그램으로 무게를 잰다.

현재 계획 중인 루너 플래시라이트Lunar Flashlight라는 큐브샛은 달 궤도를 돌면서 햇빛을 깊은 크레이터crater에 비춰 반사되는 빛을 분석하는 것이 목표다. 또 다른 프로젝트 니어어스 아스테로이드 스카우트Near-Earth

Asteroid Scout는 근접 소행성들을 탐사하면서 솔라 세일$^{solar\ sail*}$을 시연하도록 설계된다.[5]

다만 현재 대다수 큐브샛의 용도는 우주에서 지구의 사진 또는 이미지를 찍는 것이다. 기본 구성 부품은 스마트폰 프로세서, 태양전지판, 카메라 그리고 약간의 배터리다.[6]

큐브샛은 제작 비용과 발사 비용이 저렴하다. 전통적으로 주요 위성을 제작하고 발사하는 전체 과정에 드는 비용은 5억 달러 정도다. 반면 큐브샛을 지구 궤도에 올리는 데는 10만 달러 정도가 들어간다.[7]

유럽우주국$^{European\ Space\ Agency}$의 아리안^{Ariane} 5호나 러시아의 소유즈^{Soyuz} 2호 같은 대형 로켓은 높이가 약 50미터에 이른다. 큐브샛이나 다른 소형 위성은 훨씬 작은 민간 로켓에 실을 수 있다. 로켓 랩스$^{Rocket\ Labs}$가 뉴질랜드 발사대에서 발사하는 18미터짜리 일렉트론^{Electron} 로켓이 그런 예다.

큐브샛은 또한 대형 위성에 편승할 수 있다. 2017년 초에 인도의 공식 우주연구기구 이스로^{ISRO}는 한 번에 104대의 위성을 쏘아 올려 세계 기록을 세웠다. 이 중 3대만 대형 위성이었고 나머지는 크기가 작았다. 또한 88대는 플래닛^{Planet}이라는 신생 실리콘밸리 기업이 보유한 큐브샛이었다.[8]

2010년에 설립된 플래닛은 세계에서 가장 많은 위성을 보유한 민간 기업이다. 2019년 여름 기준으로 약 140대가 하루에 80만 장의 사진을 찍어서 24시간마다 지구의 모든 곳을 커버한다. 이 사진들은 대형 위성으로

* 태양광을 추진력으로 삼는 기술 - 옮긴이.

찍은 사진만큼 정교하지 않다. 그래도 주어진 시간 안에 더 많은 곳을 더 많이 찍을 수 있는 점으로 이를 보완한다. 플래닛이 보유한 140대의 위성은 훨씬 많은 위성 군단의 선봉이 될지도 모른다. 우주개발업체인 스페이스엑스SpaceX와 아마존은 모두 수천 대의 위성을 저궤도에 올리겠다는 계획을 발표했다.[9]

큐브샛은 현대 경제에 대해 우리에게 세 가지 교훈을 알려준다. 첫 번째 교훈은 저렴하고 표준화된 모듈 부품이 중요하다는 것이다. 우리는 특이하고 복잡한 프로젝트에 관심과 환호를 보내지만 저렴함은 모든 것을 바꾼다.

두 번째 교훈은 큐브샛 개척자들이 실리콘밸리의 페일패스트fail-fast 모델을 받아들였다는 것이다. 정부기관인 나사NASA는 위험에 대한 수용도가 아주 낮다. 반면 소모할 수 있는 큐브샛은 다른 접근법을 허용한다. 즉, 한번에 수십 대를 발사하면 여기저기서 1~2대 잃어도 된다는 것이다. 또한 나사는 값비싼 키트가 완벽하게 작동하도록 만드는 데 집중한다. 반면 큐브샛이 받아들인 실리콘밸리 모델은 '걱정하지 말라'고 말한다. 일회용 위성으로 실패해도 대형 위성으로 성공하는 것보다 돈이 적게 든다. 그러니 성공하지 못할 경우 다시 시도하면 된다.

세 번째 교훈은 공공부문을 너무 쉽게 무시하면 안 된다는 것이다. 민간 우주탐사 사업을 나사나 다른 국가 우주연구기관과 비교해서 정의하기 쉽다. 사실 나도 방금 그랬다. 그러나 나사는 조용히 큐브샛을 지원했다. 가령 그들은 소형 큐브샛 발사 로켓을 제작하는 비용을 댔고, 큐브샛이 국제우주정거장에 올라타서 전용 큐브샛 에어록을 통해 발사될 수 있

도록 허용했다.[10]

큐브샛은 곧 우리에게 경제가 작동하는 방식에 대해 완전히 새로운 것을 가르쳐줄지도 모른다. 1924년에 사망한 위대한 경제학자 앨프리드 마셜Alfred Marshall은 경제학을 "일상적인 생업을 통해" 인간을 연구하는 것이라고 정의했다. 큐브샛은 매일 전 세계에 걸쳐 자세하게 일상적인 생업을 실시간으로 관찰하도록 해준다.

경제 예측가들은 이 가능성을 재빨리 간파했다. 많은 사람이 유가가 오를지 혹은 내릴지, 밀 시장에 공급 과잉이 발생할지, 고급 에티오피아 커피의 공급이 부족할지 알고 싶어 한다. 원자재 투자자들, 작물 보험사들, 슈퍼마켓들, 석유 회사들, 심지어 스타벅스도 거기에 포함된다. 매일 작물들이 자라는 이미지를 통해 어떻게 우위를 확보할 수 있을지는 쉽게 상상할 수 있다. 또한 적절한 사진을 적절하게 분석하면 도로 위를 지나는 트럭들을 포착하거나, 유류 저장 탱크의 수를 셀 수 있다. 심지어 굴뚝에서 올라오는 연기를 보고 발전소가 얼마나 많은 전력을 생산하는지 파악할 수도 있다.[11]

위성은 이처럼 거래를 위한 협소한 예측 범위를 넘어 세계 경제의 작동 방식에 숨겨진 연관성을 조명할 수 있다. 우리는 오염, 정체, 삼림 파괴, 심지어 인종 청소를 위한 시도가 어느 정도인지까지 측정할 수 있다.[12] 알고리즘은 거대한 규모에 걸쳐 포착하기 힘든 정보를 추출하기 시작했다. 가령 케냐의 한 마을에서 금속 지붕을 가진 집은 몇 채일까? 카메룬에 있는 도로 중 상태가 좋은 도로는 어디인가? 해외원조금이 변화를 일으켰는가?[13]

거대한 경제 이면에서는 너무나 많은 일이 일어난다. 정기적인 통계 발표에서는 몇 달 동안, 때로는 몇 년 동안 드러나지 않는 일도 너무나 많다. 그러나 이제 우리는 그런 일들을 매일 확인할 수 있다.

우주왕복선과 말 엉덩이에 대한 오랜 이야기가 우리에게 상기시켜주듯이 우리 경제의 어떤 것들은 느리게 변한다. 그러나 현대 경제의 많은 것은 실로 아주 빠르게 움직인다. 그러니 스냅 사진을 찍고 싶어 하는 사람들이 있을 수밖에 없다.

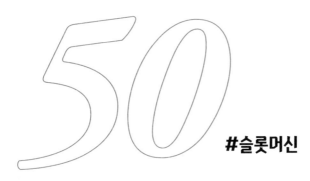

#슬롯머신

몰리가 10대 시절에 얻은 첫 일자리는 군부대에서 슬롯머신에 넣을 잔돈을 바꿔주는 교환원이었다. 중년이 되었을 때 그녀는 더 이상 슬롯머신 일로 월급을 받지 않았다. 대신 이틀 동안 고스란히 슬롯머신에 월급을 갖다바쳤다.[1]

그녀는 라스베이거스 중심가의 높은 곳에 자리한 호텔방에서 나타샤 다우 슐Natasha Dow Schüll에게 "플레이할 돈을 더 만들려고 생명보험까지 깼다"고 말했다. 슐은 20년 동안 슬롯머신의 세계를 연구한 인류학자다.

아마도 이 대화가 두 여성 사이에서 이루어진 것이 적절할 것이다.

사회학자들은 종종 도박을 남성다움의 증거로 묘사했다. 실제로 턱시도 차림으로 고액 룰렛판에서는 담력을, 포커판에서는 기술을 뽐낸 제임스 본드부터 1970년대에 인류학자 클리퍼드 기어츠Clifford Geertz가 분석한 발리의 투계 도박꾼들까지 다양한 사례가 있다. 슬롯머신은 이런 측면에 전혀 맞지 않는 듯하다. 기술도, 담력도 필요 없기 때문이다. 기어츠는 슬롯머신이 "여성, 아동, 청소년…… 극빈자, 사회적으로 배척당하는 사람들, 성격이 별난 괴짜들"을 위한 곁다리였다고 주장했다.[2]

그러나 슬롯머신은 장난감이 아니다. 오히려 환상적으로 수익성이 좋으며, 침입종처럼 성장했다. 나는 2005년에 세계포커대회World Series of Poker에서 게임 이론에 대한 글을 쓰려고 라스베이거스로 여행 갔을 때 엄청나게 많은 슬롯머신을 접했다. 당시 수십 명의 저널리스트가 스타 플레이어들을 인터뷰하려고 서로 밀쳐댔다. 슬롯머신은 우울하지만 화려한 장식적인 배경처럼 보였다. 뚱뚱하고 나이 많은 사람이 전동 휠체어를 타는 듯 슬롯머신 앞에 웅크리고 있었다. 나중에야 나는 장식적인 배경은 사실 세계포커 대회였다는 사실을 깨달았다. 카지노 입장에서는 슬롯머신이 메인 행사였다.[3]

카지노만 그런 것은 아니었다. 과거에 경마가 지배하던 영국의 도박 산업은 고정 확률 베팅 터미널Fixed Odds Betting Terminal로 불리는 일종의 슬롯머신에 의존했다. 2018년에 영국 정부가 최고 베팅액을 낮추겠다고 발표하자 한 도박 업체는 거의 1,000개의 매장을 닫아야 할 것이라며 반발했다.[4]

몰리가 슬롯머신 앞에서 너무나 많은 시간을 보내자 라스베이거스의 한 호텔은 무료 숙박권까지 제공했다. 나타샤 다우 슐은 몰리에게 큰돈을 따기를 바라는지 물었다. 몰리는 그럴 가능성이 없다는 것을 안다며 아니라고 대답했다. 그러고는 이렇게 덧붙였다.

"사람들이 절대 이해하지 못하는 건 내가 '돈'을 따려고 슬롯머신을 하는 게 아니라'는 겁니다."[5]

도박꾼이 돈을 따는 데 관심이 없다고? 틀린 말처럼 들린다. 그러나 우리는 오랫동안 슬롯머신의 진정한 실체와 그들이 현대 경제에 대해 우리에게 가르쳐주는 교훈을 이해하는 데 애를 먹었다.

슬롯머신은 1890년 무렵 미국에서 처음 나온 것으로 알려져 있다. 시카고에 있는 아이디얼 토이 컴퍼니Ideal Toy Company가 5개의 회전 원통이 달린 슬롯머신을 만들었다. 각 원통에는 10개의 카드가 그려져 있었다. 동전을 넣고 돌려서 5개의 카드가 적합한 포커 패를 만들면 상품을 받는 식이었다. 브루클린에 있는 시트먼앤드피트Sittman and Pitt사는 1893년 미국 전역에서 인기를 끈 버전을 만들었다.

뒤이어 독일 바이에른주에서 샌프란시스코로 이민 온 찰스 페이Charles Fey는 슬롯머신을 간단하게 만든다는 아이디어를 떠올렸다. 원통을 3개만 달면 장치가 단순해져 교환원이 없어도 당첨금을 지불할 수 있었다. 이 슬롯머신은 샌프란시스코에서 인기를 끌었다. 그러나 1906년 지진 때 발생한 화재로 페이의 공장이 파괴되어버렸다.[6]

현대의 슬롯머신은 그냥 껍데기를 두른 컴퓨터로, 커다란 레버는 과거의 기계식 슬롯머신을 연상시키기 위해 설계된 것이다. 이렇게 디지털로 넘어가면서 슬롯머신의 수익성이 크게 높아졌다.

일단 몰리가 10대 시절에 일했던 동전 교환원이 필요 없어졌다. 플레이어가 목걸이처럼 디지털 카드를 매고 다니다가 슬롯머신과 연결하기만

하면 되기 때문이다. 플레이어는 옮겨 다닐 필요도 없다. 그래서 몰리가 말하는 '무아지경', 즉 주위를 인식하지 못하는 황홀경 같은 몰입 상태에 빠질 수 있는 것이다. 당첨은 그저 크레디트가 더 생겼음을 뜻할 뿐이며, 더 많은 크레디트는 더 많은 T.O.D., 즉 업계 용어로 '기기 이용 시간time on device'을 뜻할 뿐이다.[7]

돈을 따려고 슬롯머신을 하는 것이 아니라는 몰리의 말이 지닌 속뜻이 바로 이것이다. 현대의 슬롯머신은 플레이어들이 잭팟을 바라는 복권이나 룰렛과 다르다.

슬롯머신은 적은 금액을 집어삼킨다. 가령 어지러울 정도로 복잡한 당첨 조합을 내걸고 1센트 베팅을 100회에 걸쳐 하게 만든다. 그러면서 소액 당첨금을 계속 뱉어낸다. 그것을 당첨금이라고 부를 수 있다면 말이다. 1센트씩 100번 베팅해서 20센트를 돌려받는데 돈을 땄다고 말할 수 있을까? 하지만 슬롯머신은 번쩍이는 조명과 축하 음악으로 돈을 딴 것이라고 말한다.

연구자들이 분석한 한 슬롯머신의 경우, 100번 돌리면 14번 진짜 당첨금을 지불하도록 되어 있다. 즉, 베팅한 금액보다 많은 금액을 지불한다. 반면 가짜 당첨금을 18번이나 지불한다. 즉, 요란한 팡파르만 울릴 뿐 당첨액이 베팅액보다 적다.[8] 뒤이어 연구 팀은 실험을 통해 18퍼센트의 가짜 당첨 확률을 가진 슬롯머신이 훨씬 높거나 낮은 가짜 당첨 확률을 가진 슬롯머신보다 중독성이 강하다는 사실을 증명했다.[9]

이런 설계가 우연히 나온 것은 아니다. 슬롯머신 산업은 엄청나게 경쟁이 치열하다. 1만 달러짜리 슬롯머신은 플레이어를 끌어모으기만 하면

한 달 만에 기기값을 벌어준다. 그렇지 않으면 추첨용 공들이 떠오르는 추첨통이 달린 기계나 플레이어의 얼굴에 초콜릿 향을 분사하는 기계, 혹은 도널드 트럼프의 목소리로 "해고야!"라고 소리치는 기계로 교체된다. 즐거움과 놀라움을 안길 수 있다면 무엇이든 좋다. 슬롯머신 제작사들은 언제나 더 나은 쥐덫을 만들 방법을 찾고 있으며, 우리는 그 덫에 걸릴 쥐다.[10]

20세기 가장 유명한 심리학자 중 한 명인 B. F. 스키너Skinner는 이런 사실에 별로 놀라지 않을 것이다. 스키너는 하버드 대학교에서 레버를 누르면 먹이 보상을 주는 방식을 통해 쥐들의 행동을 연구했다. 그는 한번은 먹이 공급을 조절하려고 간헐적으로 보상을 주었다. 그래서 먹이가 나오는 경우도 많았고, 나오지 않는 경우도 많았다. 쥐가 결과를 알 방법은 없었다. 놀랍게도 이처럼 예측할 수 없는 보상은 넉넉하게 안정적으로 주어지는 보상보다 더 강한 동기를 부여했다.[11]

몰리 같은 슬롯머신 중독자들도 비슷한 유혹에 이끌려 '무아지경'에 빠져든다.

슐은 한 카지노의 보안 카메라에 찍힌 영상을 본 적이 있다. 어떤 사람이 슬롯머신을 하다가 심장마비에 걸리는 모습을 담은 것이었다.

> 그는 (⋯) 갑자기 옆 사람 쪽으로 쓰러졌다. 그래도 옆 사람은 전혀 반응하지 않았다. (⋯) 두 사람이 지나가다 그를 똑바로 눕혔다. 그중 한 명은 비번인 응급 간호사였다. 근처에 있던 도박꾼들은 거의 자리에서 움직이지 않았다. (⋯) 1분이 채 지나

기 전에 보안요원이 제세동기를 가지고 현장에 나타났다. 그는 패드를 붙이고 경고를 한 다음 두 번 전기충격을 가했다. (…) 다른 도박꾼들은 의식을 잃은 사람이 말 그대로 발아래 누워 있는데도 플레이를 계속했다.

연구 결과에 따르면 슬롯머신은 복권, 카지노 게임 혹은 스포츠 베팅 같은 다른 형태의 도박보다 훨씬 빠르게 중독자를 만들 수 있다.[12]

마찬가지로 우려스러운 점은 지난 몇 년 사이 슬롯머신의 심리 작용이 카지노에서 탈출해 우리의 호주머니 속으로 옮겨온 듯하다는 것이다. 중독에서 벗어나려는 사람들은 슬롯머신이 있을 법한 곳에 가는 일을 피한다. 그러나 우리의 휴대전화를 벗어날 수 있는 곳은 없으며, 휴대전화를 볼 이유는 충분히 많다. 우리 모두는 휴대전화를 보느라 옆 사람이나 차량을 인식하지 못한 채 무아지경에 빠진 사람을 자주 본다.

이 경우에도 간헐적 강화intermittent reinforcement가 작용한다. 이메일이 더 있을까? 페이스북에 '좋아요'가 찍혔을까? 많은 컴퓨터 게임은 익숙한 불꽃을 터뜨리며 예측할 수 없는 보상을 안기는 '아이템 뽑기 상자'를 제시하면서 간헐적 강화를 보다 뻔뻔하게 활용한다. 이는 많은 점에서 도박과 비슷하다. 그것도 종종 미성년자를 상대로 하는 도박 말이다.[13]

2003년에 출간된 『그저 얻는 보상Something for Nothing』은 슬롯머신 도박꾼들이 흐름을 깨지 않으려고 컵에 소변을 보는 충격적인 이미지로 시작된다.[14] 그러나 요즘은 휴대전화를 보면서 소변을 보는 사람이 많다. 혹시 나만 그런가?

우리가 '기기 사용 시간'을 극대화하고 싶어 하는 것은 아닐지 모른다. 그러나 광고로 돈을 버는 기술 대기업들은 분명 그러기를 원한다. 우리가 화면을 오래 바라볼수록 그들은 우리에게 더 많은 광고를 보여줄 수 있다. 대다수 사람은 결코 몰리처럼 슬롯머신의 노예가 되지 않을 것이다. 그러나 우리 호주머니에 든 반짝이는 기기에 대해서 같은 말을 하지 못하는 것은 참으로 아쉽다.

#체스 알고리즘

2012년 6월 25일, 많은 사람이 체스 역사상 최고의 플레이어로 여기는 가리 카스파로프Garry Kasparov가 컴퓨터를 상대로 체스를 두기 위해 자리에 앉았다. 그는 오래 앉아 있지 않았다. 그는 컴퓨터가 백을 잡는 이점을 누리도록 해주면서도 곧장 나이트knight, 두 비숍bishop, 퀸queen으로 컴퓨터의 킹king을 추격했다. 결국 겨우 40초, 16수 만에 체크메이트checkmate가 나왔다. 카스파로프는 너무 빨리 이겼다며 사과했다.[1]

카스파로프는 너그럽게 자신을 상대한 컴퓨터 프로그램을 칭찬했다. 프로그램의 이름은 '튜로챔프TuroChamp'였다. 이 프로그램은 '48 챗봇'에서 언급한 튜링 테스트의 바로 그 앨런 튜링이 1948년에 만든 것이었다. 튜링은 몇 가지 단순한 규칙을 정했다. 튜링의 시스템에 따라 말들의 수가 많거나, 기동성이 늘어나거나, 방어가 더 잘되는 배치들이 좋은 점수를 받았다. 이 프로그램은 단순히 가능한 모든 수와 대응으로 구성된 대개 수백 개의 대안을 살폈다. 그다음 상대도 가장 강력하게 대응한다는 전제하에 점수가 가장 높은 배치를 만드는 수를 실행했다.

현대의 노트북은 1초도 안 되어 이 계산을 할 수 있다. 그러나 앨런 튜링에게는 컴퓨터가 없었다. 그래서 종이와 연필로 계산하는 데 1수당 30분이 걸렸다.[2]

카스파로프는 컴퓨터 없이 구현할 수 있는 컴퓨터 체스 알고리즘을 크게 칭찬했다.[3]*

알고리즘은 단계별 절차와 일련의 잘 정의된 지시로, 계속 따라가면 어떤 결과에 이른다. 말하자면 엄청나게 꼼꼼한 셰프가 작성한 레시피 같은 것이다. 요즘은 알고리즘을 컴퓨터가 하는 뭔가 신비한 것이라고 생각하는 사람이 많다. 그러나 튜로챔프의 사례에서 알 수 있듯이 알고리즘은 사실 다른 사람들도 할 수 있도록 어떤 결과에 이르는 데 필요한 과정에서 모호한 구석을 없애는 수단이다. 튜링은 직관을 따르면 훨씬 잘, 훨씬 수월하게 체스를 둘 수 있었다. 하지만 그렇게 하면 그 방법을 설명할 수 없었다.

---

* 튜링이 아직 존재하지 않는 컴퓨터를 위해 컴퓨터 알고리즘을 만든 최초의 사람은 아니다. 에이다 러블레이스(Ada Lovelace)는 1843년에 찰스 배비지가 구상했지만 제작되지 않은 기계식 컴퓨터, 해석기관(Analytical Engine)에서 돌아갈 알고리즘을 만들었다. 러블레이스의 프로그램은 루프(loop)와 변수 같은 것들을 미리 선보였으며, 심지어 버그도 있었다. - 옮긴이.

'알고리즘'이라는 말은 약 1,200년 전에 활동한 페르시아의 뛰어난 수학자 이름에서 따온 것이다. 그의 이름은 무함마드 이븐무사 알콰리즈미Muhammad ibn Musa al-Khwarizmi였다. 유럽 학자들은 나중에 그를 알고리트미Algorithmi라 불렀다. 알고리즘 자체는 알콰리즈미 이전에 나왔다. 거의 4,000년 전부터 바빌론 사람들은 대수학 문제를 푸는 데 알고리즘을 활용했다. 컴퓨터공학자 도널드 크누스Donald Knuth는 1972년에 이 고대 알고리즘을 소개해 동료들에게 프로그램이 컴퓨터보다 훨씬 오래되었음을 상기시켰다.[4] 크누스가 자세히 소개한 알고리즘 중 하나는 깊이와 부피 그리고 넓이와 높이의 비례 같은 특정한 수치가 주어졌을 때 직사각형 구덩이의 길이와 넓이를 계산하는 방법을 보여준다. 이는 고대 바빌론 사람들이 알고 싶어 했을 법한 것이다. 이런 바빌론 알고리즘은 기본적으로 고등학교 대수학 문제에 대한 해법이었다.*

바빌론 사람들만 알고리즘을 활용한 것은 아니다. 전 세계에 걸쳐 다양한 알고리즘이 개발되었다. 우리가 아는 일부 알고리즘은 3세기 중국, 7세기 인도 그리고 물론 고대 그리스에서 나왔다. 2,000여 년 전에 유클리드는 두 수의 최대공약수를 구하는 알고리즘을 선보였다. 이 알고리즘은 단순한 연산으로 되어 있어 계속하다 보면 답을 수렴하게 된다.[5]

그러나 이 모든 알고리즘은 근본적으로 소수를 찾거나 1차 방정식을 푸는 것과 같은 수학 문제를 다뤘다. 1850년대에 아일랜드의 코크에 있

---

* '대수학(algebra)'이라는 단어는 다름 아닌 알콰리즈미가 쓴 책의 제목 중 일부인 '알자브르(al-Jabr)'에서 나왔다. - 옮긴이.

는 퀸스 칼리지의 수학 교수 조지 불George Boole이 『사고의 법칙The Laws of Thought』이라는 책을 펴냈다. 이 책은 논리적 명제를 TRUE, FALSE, AND, OR, NOT 같은 연산자를 동원해 수학적 연산으로 바꿨다. 그에 따라 사고를 단계별 알고리즘으로 구성된 절차로 바꿀 수 있는 가능성이 제시되었다. 그러나 불의 아이디어는 80년 동안 별다른 주목을 받지 못했다. 실용적인 가치가 있을지 명확하지 않았기 때문이다.

그러다가 1930년대에 미국의 수학자 클로드 섀넌Claude Shannon이 전기회로로 불의 '사고의 법칙'을 따를 수 있음을 보여주었다. 가령 TRUE와 FALSE는 ON과 OFF가 되었고, AND, NOT, OR은 간단한 전자부품으로 구현할 수 있었다.

디지털 시대가 도래하면서 알고리즘은 잠재력을 온전히 발휘하기 시작했다.[6]

체스는 컴퓨터공학의 초기부터 알고리즘 지능을 위한 연구실이 되었다. 체스는 충분히 잘 정의되어 있어 타당한 과제처럼 보이는 한편, 순전히 완력으로 풀기에는 너무 복잡했다. 클로드 섀넌은 1950년에 최초로 컴퓨터 체스에 관한 논문을 썼다. 그의 설명에 따르면 문제는 "완벽하게 체스를 두거나(매우 비현실적임), 단지 규칙에 따라 체스를 두는(하찮음) 기계를 설계하는 것이 아니었다". 그는 "뛰어난 인간 플레이어에 비견될 만큼 능숙하게 체스를 두는 기계를 설계하고 싶어" 했다.[7]

'뛰어난 인간에 비견될 만하다.' 이 지점이 모두가 향하는 곳 아닌가? 사전에 정해진 절차를 아무 생각 없이 거치기만 하는 단순한 알고리즘이 사람의 지능을 뛰어넘을 수 있을까? 이런 알고리즘은 다른 어떤 일을 해낼 수 있을까? 튜링과 섀넌이 컴퓨터 체스에 흥미를 느낀 이유가 여기에 있었다. 중요한 것은 체스판이 아니라, 기계가 생각할 수 있는지 여부였다.

체스를 두려면 사고력이 필요하다는 이론은 수십 년 동안 지속되었다. 1979년에 더글러스 호프스태터Douglas Hofstadter는 지성의 부상을 다룬 책, 『괴델, 에셔, 바흐Gödel, Escher, Bach』에서 체스 세계 챔피언이 될 만큼 정교한 컴퓨터는 다른 방식으로 지성적일 수밖에 없다고 주장했다. 그래서 이 컴퓨터는 체스를 두자는 도전을 받으면 이렇게 대꾸할지도 모른다. "체스는 지겨워요. 시학에 대해 이야기해봐요."8

호프스태터는 알고리즘이 체스를 잘 둘 가능성을 배제하지 않았다. 그는 단지 그런 알고리즘은 대단히 미묘하고, 복잡하며, 다면적이어야 해서 체스가 가장 미미한 성과일 것이라고 생각했다.

호프스태터의 생각은 틀렸다. 겨우 18년 뒤 IBM의 딥 블루Deep Blue라는 컴퓨터가 인간 세계 챔피언 카스파로프를 이겼다. 딥 블루는 결코 시학이라는 주제를 꺼내지 않았다. 그저 튜로챔프와 비슷하게 작동할 따름이었다. 다만 다음 수뿐만 아니라 여러 수를 내다보면서 1초당 1억 5,000만 개의 배치를 검토했으며, 사람이 둔 오프닝opening*을 수집한 방대한 라이브러리library로 뒷받침되었다는 점이 달랐다. 카스파로프를 당황시키고 결국 패배시킨 수는 사람들이 했던 게임을 모은 라이브러리에서 그냥 뽑아낸 것이었다. 참으로 싱겁지 않은가.9

딥 블루의 승리는 단순한 계산력이 실로 인간의 지성이 지닌 신비한 속

* 체스의 초반 전개 - 옮긴이.

성을 대체할 수 있음을 보여주었다. 어쩌면 알고리즘은 굳이 '생각'할 필요가 없을지도 모른다. 그리고 사고는 우리가 생각했던 것만큼 중요하지 않을지도 모른다.

호프스태터는 딥 블루의 능력이 너무나 협소한 것을 몹시 못마땅해했다. 그는 유연하고도 총체적인 사람 같은 지성이 없으면 체스 같은 특정 분야에서 아무리 뛰어나도 알고리즘을 인공지능이라 부르는 것은 '꼼수'라고 비판했다.[10] 그러나 딥 블루에 대한 IBM의 접근법은 현재 성공을 거두고 있는 전형적인 알고리즘 설계 방식이다. 프로그래머들은 신경과학 분야에서 기꺼이 아이디어를 빌려온다(가령 디지털 신경망은 동물의 뇌가 작동하는 방식을 일부 흉내 낸 상호 연결된 논리 노드node다). 그러나 인간의 인지능력을 모방하려는 시도는 하지 않는다. 중요한 것은 의식을 들여다

보는 통찰이 아니라 결과다. 그 결과가 꼼수든 아니든 상관없다. 시학을 논하는 일에 대한 관심이 부족함에도 불구하고 컴퓨터들은 결과를 낸다.

사진에 대한 일상적인 내용의 질문에 정확하게 대답해주는 시스템인 클라우드시브이CloudCV가 그런 예다. 나는 거실에서 노는 청년들의 모습을 담은 사진으로 그 능력을 시험해보았다. "이 사람들은 무엇을 하고 있나요?", "뭘 마시고 있나요?"라는 질문을 입력하자 클라우드시브이는 즉시 그리고 정확하게 그들이 맥주를 마시며 위Wii 게임기로 놀고 있다고 대답했다.[11]

클라우드시브이 같은 알고리즘은 여전히 폭넓은 영역의 질문을 다루는 데 사람만큼 뛰어나지 못하다. 그래도 계속 능력이 개선되고 있다. 반면 우리는 그렇지 않다. 2016년까지만 해도 시각적 질문에 답하는 표준화 시험에서 사람은 81퍼센트를 맞혔지만, 인공지능은 55퍼센트를 맞히는 데 그쳤다. 그러나 2019년 여름에는 정답률이 75퍼센트까지 올랐다. 그래도 인공지능이 인간을 앞지르지는 못할 거라고 믿는다면 당신은 나보다 인간의 능력에 대한 믿음이 강한 편이다.[12] 카스파로프가 1996년에 딥 블루를 상대로 완승을 거뒀다는 사실을 기억하는 사람은 거의 없다. 1997년에 재대결이 진행되었을 때 딥 블루는 2배나 강력해졌지만 카스파로프는 그렇지 않았다. 딥 블루는 1998년에 다시 2배 더 강력해졌다. 카스파로프의 패배는 시간문제였을 뿐이다.

체스판에서만 이런 일이 일어나는 것은 아니다. 이미 단계별 지시에 불과한 알고리즘은 능숙한 의료인을 빠르게 앞지르는 수준으로 피부암이나 유방암 혹은 당뇨병을 진단할 수 있다. 이런 패턴 인식의 개가는 종종 여러 층의 신경망을 통해 이뤄진다. 그것들은 유클리드나 심지어 앨런 튜링이 인식했을 법한 알고리즘이 아니다. 그래도 여전히 알고리즘이다.[13]

알고리즘이 점점 많은 분야에서 "뛰어난 인간에 비견될 만한" 능력을 발휘할 것이 분명해지면서, 경제학자들은 그것이 노동에 미칠 영향을 숙고하게 되었다. 데이비드 오터David Autor, 프랭크 레비Frank Levy, 리처드 머네인Richard Murnane이 2003년에 발표한 논문이 이 문제에 대한 통념을 형성했다(통념의 내용은 스프레드시트와 챗봇을 다룬 챕터에서 이미 접했다). 그들은 대다수 '직업'이 일부는 판에 박히고 다른 일부는 그렇지 않은 일련의 '작업'들로 구성된다고 주장했다. 알고리즘은 그중에서 판에 박힌 작업을 계속 가져간다.[14] 이 구분은 컴퓨터가 일터에 미칠 영향을 이해하는 강력한 방식인 것으로 증명되었다. 사람이 하던 작업을 컴퓨터가 가져감에 따라 직업은 사라지기보다 변화할 가능성이 더 높다.

다만 한 가지 문제가 있다. 판에 박힌 작업이 어디서 끝나고 판에 박히지 않은 작업이 어디서 시작되는지 항상 명확하게 구분되는 것은 아니다. 누가 암 진단을 판에 박힌 작업이라고 말하겠는가? 그러나 이 문제는 너무나 오랫동안 입에 올리기도 힘든 것으로 여겨졌던 체스의 사례에서 이미 분명하게 드러났어야 하는지도 모른다.

현재 알고리즘이 인간보다 능숙하게 할 수 있는 가장 인상적인 일은 바로…… 알고리즘을 작성하는 것이다. 알파제로AlphaZero는 구글의 자매회사인 딥마인드DeepMind가 개발한 게임 학습 알고리즘이다. 전 영국 체스 챔피언 매슈 새들러Matthew Sadler는 알파제로가 "신들린 사람처럼 플레이한다"고 말한다. 게다가 알파제로는 사실상 자신을 프로그래밍했다. 즉,

사람이 학습 알고리즘을 작성했고, 이 학습 알고리즘이 체스를 두는 알고리즘을 작성했다.[15] 2017년 알파제로는 두어 시간 만에 학습을 끝내고 최고의 체스 소프트웨어인 스톡피시Stockfish를 완패시켰다. 최고 수준의 체스 플레이어를 쉽게 이기는 스톡피시는 1초당 6,000만 개의 배치를 검토한다. 반면 알파제로는 1초당 6만 개의 배치만 검토한다. 그래도 알파제로가 이기는 이유는 그 신경망이 게임의 패턴을 더 잘 파악하기 때문이다.[16]

앞서 우리는 스프레드시트부터 인쇄기, 재봉틀에 이르기까지 기술이 직업을 도태시켜도 걱정하지 말아야 할 많은 이유를 살폈다. 우리가 알 수 없는 것은 지금이 과거와 다른지 여부다. '판에 박히지 않은' 작업이라는 개념 자체가 사라지기 시작한 것은 아닌지 알 수 없기 때문이다. 우리는 앨런 튜링처럼 한 장의 종이와 소박한 연필로 각 단계를 계획할 필요가 없을 때 단계별 절차를 통해 훨씬 많은 성과를 올릴 수 있다는 사실을 알아가고 있다.

감사의 말

이전 책인 『팀 하포드의 경제학 팟캐스트』에서 너무 경황이 없어 크게 기여한 사람들을 빠뜨리고 말았다. 누구도 자신을 빠뜨렸다고 불평하지는 않았지만, 이번에도 경황스러움을 느끼며 빠뜨린 모든 분의 용서를 바란다.

데이비드 보다니스, 모하메드 엘에리언, 피터 에소, 에드워드 하다스, 마크 헨스트리지, 보단나 케살라, 폴 클렘퍼러, 제임스 킨지, 데니즈 리브즐리, 헬렌 마게츠, 샬럿 맥도널드, 카타리나 리츨러, 마틴 샌부, 그자 슈투르기스, 제이미 윌시, 페이턴 영과 유용한 대화와 토론을 나눈 즐거운 기억이 떠오른다. 통찰을 관대하게 나눠준 이분들에게 감사드린다.

이 프로젝트를 뒷받침해준 독자적인 기사와 학문적 사상을 너무나 많이 제공한 경제학자, 역사학자, 저널리스트 및 다른 분들에게 두 배의 감사를 드린다. 51개의 개별적인 발명품이나 아이디어의 역사와 영향에 대한 전문가가 되기란 거의 불가능하다. 그래서 내가 다른 분들에게 지적 부채를 졌다는 사실은 명백하며, 이 책에서 언급된 자료를 보면 그들이 누구인지 분명해질 것이다.

리틀브라운에서는 팀 휘팅과 특히 니티야 래가 마감 시한이 촉박한데도 원고가 늦는 상황을 (이번에도) 잘 이겨냈다. 나의 에이전트인 수 에이턴, 헬렌 퍼비스, 샐리 홀러웨이는 좌초할 위험이 많은 프로젝트를 교섭력과 결의로 안전한 항구까지 이끌었다.

BBC에서는 담당 프로듀서인 벤 크라이턴이 기민하고, 은근하고, 우호적인 태도로 지난 시리즈보다 더 재미있게 같이 일해주었다. 내가 말을 잘하는 것처럼 보이도록 최선을 다해줘서 고맙다. 제임스 비어드, 제니퍼 클라크, 존 마넬, 재닛 스테이플스, 그리고 담당 편집자 리처드 베이든 등 BBC의 다른 많은 분도 이 프로젝트를 이끌어주었다.

「파이낸셜 타임스」의 담당 편집자들, 특히 조너선 더비셔, 브룩 매스터스, 알렉 러셀의 지원과 성실함에 언제나 감사드린다. 「파이낸셜 타임스」는 내게 영감을 주는 집 같은 곳이며, 그 가족의 일원이 될 수 있어서 너무나 운이 좋다고 느낀다.

이번에도 가장 중요한 협력자는 지혜와 유머로 자료를 조사하고 많은 챕터의 초고를 썼을 뿐 아니라 나의 원고를 크게 개선시켜준 앤드루 라이트였다. 그는 명민한 동료이자 너무나 좋은 친구다.

나의 아이들, 스텔라, 아프리카, 허비에게도 고마움을 전한다. 너희는 전

혀 도움이 되지 않았지만, 그래도 너무나 굉장해. 그리고 나의 팀이 되어
준 프랜 몽크스에게 감사드린다.

01. 연필

1   Henry David Thoreau, *The Maine Woods* (1864), https://en.wikisource.org/wiki/The_Maine_
    Woods_(1864)/Appendix#322.

2   Henry Petroski, *The Pencil: A History of Design and Circumstance* (London: Faber and Faber,
    1989).

3   *Encyclopaedia Britannica* (1771 edition).

4   Petroski, *The Pencil*, p. 6.

5   Leonard Read, 'I, Pencil: My Family Tree as Told to Leonard E. Read', *The Freeman* (1958)
    available at https://fee.org/resources/i-pencil/.

6   Read, 'I, Pencil'.

7   Petroski, *The Pencil*, pp. 184-6.

8   https://pencils.com/pencil-making-today-2/.

9   Read, 'I, Pencil'.

10 Milton Friedman, *Free to Choose* (PBS, 1980), available at: https://www.youtube.com/
    watch?v=67tHtpac5ws.

11 https://geology.com/minerals/graphite.shtml.

12 Eric Voice, 'History of the Manufacture of Pencils', *Transactions of the Newcomen Society* 27
    (1950).

13 Petroski, *The Pencil*, pp. 62, 69.

14 John Quiggin, 'I, Pencil, Product of the Mixed Economy', https://johnquiggin.
    com/2011/04/16/i-pencil-a-product-of-the-mixed-economy/; Newell Rubbermaid
    corporate website.

CHAPTER 1 언뜻 보기엔 단순한 물건들

02. 벽돌

1   Stefanie Pietkiewicz, 'From brick to marble: Did Augustus Caesar really transform Rome?', UCLA press release, 3 March 2015, http://newsroom.ucla.edu/stories/from-brick-to-marble:-did-augustus-caesar-reallytransform-rome.

2   Hannah B. Higgins, *The Grid Book* (Cambridge, MA: MIT Press, 2009), p. 25.

3   Gavin Kennedy, https://www.adamsmith.org/blog/economics/of-pins-and-things.

4   James W. P. Campbell and Will Pryce, *Brick: A World History* (London: Thames & Hudson, 2003), p. 186.

5   New International Bible, https://www.biblegateway.com/passage/?search=Genesis+11%3A1-9&version=NIV.

6   Campbell and Pryce, *Brick: A World History*.

7   알바 알토Alvar Aalto가 전한 말. 구체적인 내용은 '건축은 가치 없는 벽돌을 같은 무게의 황금만큼 높은 가치를 지니도록 바꾸는 것'이다. http://uk.phaidon.com/agenda/architecture/articles/2015/april/01/even-modernists-like-mies-loved-bricks/.

8   Campbell and Pryce, *Brick: A World History*, pp. 26-7.

9   Campbell and Pryce, *Brick: A World History*, pp. 28-9.

10   Campbell and Pryce, *Brick: A World History*, p. 30.

11   http://www.world-housing.net/major-construction-types/adobe-introduction; Campbell and Pryce, *Brick: A World History*, p. 30.

12   Esther Duflo and Abhijit Banerjee, *Poor Economics* (New York: Public Affairs, 2011).

13   Edward Dobson and Alfred Searle, *Rudimentary Treatise on the Manufacture of Bricks and Tiles*, 14th edn (London: The Technical Press, 1936).

14   Jesus Diaz, 'Everything You Always Wanted to Know About Lego', https://gizmodo.com/5019797/everything-you-always-wantedto-know-about-lego.

15   Stewart Brand, *How Buildings Learn: What Happens After They're Built* (New York: Viking Press, 1994), p. 123.

16   Campbell and Pryce, *Brick: A World History*, p. 296.

17   Campbell and Pryce, *Brick: A World History*, p. 267.

18   Carl Wilkinson, 'Bot the builder: the robot that will replace bricklayers', *Financial Times*, 23 February 2018, https://www.ft.com/content/db2b5d64-10e7-11e8-a765-993b2440bd73.

19   http://iopscience.iop.org/article/10.1088/1755-1315/140/1/012127/pdf.

20   Peter Smisek, 'A Short History of "Bricklaying Robots"', 17 October 2017, https://www.theb1m.com/video/a-short-history-of-bricklaying-robots.

03. 공장

1   Justin Corfield, 'Lombe, John', in Kenneth E. Hendrickson III (ed.), *The Encyclopedia of the*

Industrial Revolution in World History (Lanham, MD: Rowman & Littlefield, 2014), p. 568.

2   Joshua Freeman, *Behemoth: A History of the Factory and the Making of the Modern World* (London: WW Norton, 2018), pp. 1-8.

3   Our World In Data, https://ourworldindata.org/economic-growth#thetotal-output-of-the-world-economy-over-the-last-two-thousand-years.

4   Adam Smith, *An Inquiry into the Nature and Causes of the Wealth of Nations* (1776), available at https://www.ibiblio.org/ml/libri/s/SmithA_WealthNations_p.pdf.

5   William Blake, *Milton a Poem*, http://www.blakearchive.org/search/?search=jerusalem c1804-1811.

6   https://picturethepast.org.uk/image-library/image-details/poster/DCAV000798/posterid/DCAV000798.html.

7   https://www.bl.uk/collection-items/the-life-and-adventures-of-michaelarmstrong-the-factory-boy; Freeman, *Behemoth*, p. 25.

8   Bill Cahn, *Mill Town* (New York: Cameron and Kahn, 1954).

9   Friedrich Engels, *The Condition of the Working Class in England* (1845).

10 F. W. Taylor, *Principles of Scientific Management* (1911), p. 83, https://archive.org/stream/prin ciplesofscie00taylrich#page/83/mode/2up.

11 Daniel A. Wren and Arthur G. Bedeian, 'The Taylorization of Lenin: Rhetoric or Reality', *International Journal of Social Economics* 31.3 (2004), cited in Freeman, *Behemoth*, pp. 174-5. See also Stephen Kotkin, *Magnetic Mountain* (Chicago, IL: University of Chicago Press, 1997); Loren Graham, *The Ghost of the Executed Engineer* (Cambridge, MA: Harvard University Press, 1996).

12 일부 선진국에는 여전히 노동자를 착취하는 노동환경이 존재한다. See, for instance, Sarah O'Connor, 'Dark Factories', *Financial Times*, 17 May 2018, https://www.ft.com/content/e427327e-5892-11e8-b8b2-d6ceb45fa9d0.

13 거기에는 나도 포함된다. Tim Harford, *The Undercover Economist* (New York: Oxford University Press, 2005). 중국 공장에서 여성 노동자들이 처한 노동환경에 대한 자세한 내용은 다음을 참고하라. Pun Ngai, *Made in China* (Hong Kong: Hong Kong University Press, 2005). 에티오피아 공장에 대한 흥미로운 연구 결과는 다음을 참고하라. Christopher Blattman and Stefan Dercon, 'Everything We Knew About Sweatshops Was Wrong', *New York Times*, 27 April 2017.

14 Freeman, *Behemoth*, p. 8; Elizabeth Roberts, *Women's Work* 1840-940 (Basingstoke: Macmillan Education, 1988).

15 Wolfgang Streeck, 'Through Unending Halls', *London Review of Books* 41.3 (7 February 2019), pp. 29-31, https://www.lrb.co.uk/the-paper/v41/n03/wolfgang-streeck/through-unending-halls.

16 적은 수치 출처: https://www.nytimes.com/2012/01/22/business/apple-america-and-a-squeezed-middle-class.html, and for the higher figure, see http://focustaiwan.tw/news/

aeco/201008190012.aspx.

17   Niall McCarthy, 'The World's Biggest Employers Infographic', *Forbes*, with data from Statista, https://www.forbes.com/sites/niallmccarthy/2015/06/23/the-worlds-biggest-employers-infographic/#7087ca18686b.

18   Charles Duhigg and Keith Bradsher, 'How the U.S. Lost Out on iPhone Work', *New York Times*, 21 January 2012, https://www.nytimes.com/2012/01/22/business/apple-america-and-a-squeezed-middle-class.html; 'Light and Death', *Economist*, 27 May 2010, https://www.economist.com/business/2010/05/27/light-and-death.

19   Leslie T. Chang, 'The Voices of China's Workers', TED Talk, 2012, https://www.ted.com/talks/leslie_t_chang_the_voices_of_china_s_workers/transcript?language=en.

20   China Labour Bulletin Strike Map, https://clb.org.hk/content/introductionchina-labour-bulletin%E2%80%99s-strike-map.

21   Yan Yuang, 'Inside China's Crackdown on Young Marxists', *Financial Times Magazine*, 14 February 2019, https://www.ft.com/content/fd087484-2f23-11e9-8744-e7016697f225.

22   James Fallows, 'Mr. China Comes to America', *Atlantic*, December 2012, https://www.theatlantic.com/magazine/archive/2012/12/mr-china-comesto-america/309160/.

23   Quoted in Adam Menuge, 'The Cotton Mills of the Derbyshire Derwent and its Tributaries', *Industrial Archaeology Review* 16.1 (1993), 38-61, DOI: 10.1179/iar.1993.16.1.38; see also Neil Cossons, *Making of the Modern World: Milestones of Science and Technology* (London: John Murray, 1992).

24   Fallows, 'Mr. China Comes to America'.

25   Charles Babbage, *On the Economy of Machinery and Manufactures* (London: Charles Knight, 1832; reprinted Cambridge: Cambridge University Press, 2009).

26   Richard Baldwin, 'Globalisation, automation and the history of work: Looking back to understand the future', 31 January 2019, https://voxeu.org/content/globalisation-automation-and-history-work-looking-back-understand-future; Richard Baldwin, *The Great Convergence* (Cambridge, MA: Harvard University Press, 2016).

27   BetaNews, 'The Global Supply Chain Behind the iPhone 6', https://betanews.com/2014/09/23/the-global-supply-chain-behind-the-iphone-6/.

04. 우표

1   Rowland Hill, *Post Office Reform: Its Importance and Practicability*, 3rd edition (1837), available at http://www.gbps.org.uk/information/downloads/files/penny-postage/Post%20Office%20Reform,%20its%20Importance%20and%20Practicability%20-%20Rowland%20Hill%20(3rd%20edition,%201837).pdf, p. iv.

2   Sir Rowland Hill and George Birkbeck Hill, *The Life of Sir Rowland Hill and the History of Penny Postage* (1880), available at http://www.gbps.org.uk/information/downloads/files/penny-postage/The%20Life%20of%20Sir%20Rowland%20Hill%20(Volume%201).pdf, p. 263.

3   Hill and Hill, *Life of Sir Rowland Hill*, pp. 279, 326.

4   Hill, *Post Office Reform*.

5   Hill and Hill, *Life of Sir Rowland Hill*, p. 278.

6   Hill, *Post Office Reform*, p. 54.

7   Hill and Hill, *Life of Sir Rowland Hill*, pp. 364-371.

8   Hill and Hill, *Life of Sir Rowland Hill*, p. 238.

9   Gregory Clark, *Average Earnings and Retail Prices, UK, 1209-2017* (Davis, CA: University of California, Davis, 28 April 2018), https://www.measuringworth.com/datasets/ukearncpi/earnstudyx.pdf.

10 Hill and Hill, *Life of Sir Rowland* Hill, p. 238.

11 James Vernon, *Distant Strangers: How Britain Became Modern* (Berkeley: University of California Press, 2014), p. 68.

12 Hill, *Post Office Reform*, p. 80.

13 Hill, *Post Office Reform*, p. 68-81.

14 https://www.richmondfed.org/~/media/richmondfedorg/publications/research/economic_review/1992/pdf/er780201.pdf.

15 Hill, *Post Office Reform*, p. 79.

16 Hill, *Post Office Reform*, p. 79.

17 Eunice and Ron Shanahan, 'The Penny Post', The Victorian Web, http://www.victorianweb.org/history/pennypos.html.

18 Catherine J. Golden, *Posting It: The Victorian Revolution in Letter Writing* (Gainesville: University Press of Florida, 2009).

19 Randal Stross, 'The Birth of Cheap Communication (and Junk Mail)', *New York Times*, 20 February 2010, https://www.nytimes.com/2010/02/21/business/21digi.html.

20 Daron Acemoğlu, Jacob Moscona and James Robinson, 'State capacity and American technology: Evidence from the 19th century', *Vox*, 27 June 2016, https://voxeu.org/article/state-capacity-and-us-technical-progress-19th-century.

21 'Amazon is not the only threat to legacy post offices', *Economist*, 19 April 2018, https://www.economist.com/business/2018/04/19/amazon-is-notthe-only-threat-to-legacy-post-offices.

22 'The Shocking Truth about How Many Emails Are Sent', Campaign Monitor, March 2019, https://www.campaignmonitor.com/blog/email-marketing/2018/03/shocking-truth-about-how-many-emails-sent/.

23 Acemoğlu, Moscona and Robinson, 'State capacity and American technology'.

05. 자전거

1   Margaret Guroff, *The Mechanical Horse: How the Bicycle Reshaped American Life* (Austin: University of Texas Press, 2016), ch. 1.

2 Harry Oosterhuis, 'Cycling, modernity and national culture', *Social History* 41.3 (2016), 233-48.

3 Guroff, *Mechanical Horse*, ch. 3.

4 Paul Smethurst, *The Bicycle - Towards a Global History* (London: Palgrave Macmillan, 2015), ch. 1.

5 David Herlihy, *Bicycle: The History* (New Haven, CT: Yale University Press, 2004), pp. 268-9.

6 Margaret Guroff, 'The Wheel, the Woman and the Human Body', https://longreads.com/2018/07/06/the-wheel-the-woman-and-the-human-body/ (extract from *The Mechanical Horse*).

7 Guroff, 'The Wheel, the Woman and the Human Body'.

8 Guroff, *Mechanical Horse*, ch. 3.

9 Karthik Muralidharan and Nishith Prakash, 'Cycling to School: Increasing Secondary School Enrollment for Girls in India', NBER Working Paper No. 19305, August 2013.

10 Jason Gay, 'The LeBron James interview about bicycles', *Wall Street Journal*, 6 August 2018, https://www.wsj.com/articles/the-lebron-james-interviewabout-bicycles-1533561787.

11 William Manners, 'The secret history of 19th century cyclists', *Guardian*, 9 June 2015, https://www.theguardian.com/environment/bike-blog/2015/jun/09/feminism-escape-widneing-gene-pools-secret-history-of-19th-century-cyclists; Steve Jones, 'Steve Jones on Extinction: A conversation with Steve Jones', https://www.edge.org/conversation/steve_jones-steve-jones-on-extinction.

12 David A. Hounshell, *From the American System to Mass Production*, 1800-1932 (Baltimore, MD: Johns Hopkins University Press, 1984), Introduction and ch. 5.

13 Jane Jacobs, *Cities and the Wealth of Nations* (New York: Random House, 1984), p. 150.

14 Smethurst, *The Bicycle*, ch. 1.

15 Jacobs, *Cities and the Wealth of Nations*, p. 38.

16 Smethurst, *The Bicycle*, ch. 3, p. 118.

17 Tatsuzo Ueda, 'The development of the bicycle industry in Japan after World War II', *Japanese Experience of the UNU Human and Social Development Programme* (1981), https://d-arch.ide.go.jp/je_archive/english/society/wp_je_unu38.html.

18 World Bank Blog, 'Cycling Is Everyone's Business', https://blogs.worldbank.org/publicsphere/cycling-everyone-s-business; Worldometers: Bicycles, http://www.worldometers.info/bicycles/.

19 유럽자전거운전자연합European Cyclists Federation은 2018년 기준으로 중국에만 1,600만 대의 공유 자전거가 있다고 발표했다. https://ecf.com/news-and-events/news/executive-summarywhat-happening-bike-share-world-1; 『이코노미스트Economist』가 2017년에 집계한 바에 따르면 1,500개 이상의 자전거 공유 사업이 존재하며, 점점 그 수가 늘어나고 있다. https://www.economist.com/christmas-specials/2017/12/19/how-bikesharing-conquered-the-world.

06. 안경

1   Thomas Black, 'Google Glass Finds a New Home at the Factory', *Bloomberg*, 20 May 2019, https://www.bloomberg.com/news/articles/2019-05-20/google-glass-finds-a-new-home-at-the-factory.

2   Andre Bourque, 'Smart glasses are making workers more productive', CIO, 16 May 2017, https://www.cio.com/article/3196294/smart-glasses-are-making-workers-more-productive.html.

3   Project Glass: Live Demo at Google I/O, 27 June 2012, https://www.youtube.com/watch?v=D7TB8b2t3QE.

4   Black, 'Google Glass Finds a New Home at the Factory'.

5   https://en.wikipedia.org/wiki/Ibn_al-Haytham.

6   David C. Lindberg, *Theories of Vision from al-Kindi to Kepler* (Chicago, IL: University of Chicago Press, 1981), pp. 209-10.

7   Rebecca Stefoff, *Microscopes and Telescopes* (New York: Marshall Cavendish, 2007), pp. 12-13.

8   Lindberg, *Theories of Vision*, p. 86.

9   Steven Johnson, *How We Got to Now* (New York: Penguin, 2014), pp. 15-16.

10   James B. Tschen-Emmons, *Artifacts from Medieval Europe* (Santa Barbara, CA: ABC-CLIO, 2015), p. 260.

11   Alberto Manguel, *A History of Reading* (London: Flamingo, 1997), p. 293.

12   Manguel, *History of Reading*, p. 292.

13   Born circa 1255, according to https://en.wikipedia.org/wiki/Jordan_of_Pisa.

14   Steven R. Fischer, *A History of Reading* (London: Reaktion Books, 2004), p. 186.

15   Stefoff, *Microscopes and Telescopes*, pp. 14-16.

16   Stefoff, *Microscopes and Telescopes*, pp. 14-16.

17   'Britain's Eye Health in Focus: A snapshot of consumer attitudes and behaviour towards eye health' (College of Optometrists, 2013), http://www.wcb-ccd.org.uk/perspectif/library/BEH_Report_FINAL%20(1).pdf.

18   'VisionWatch' (Vision Council, September 2016), https://www.thevisioncouncil.org/sites/default/files/research/VisionWatch_VisionCouncil_Member_Benefit_Report_September%202016_FINAL.pdf; 'Share of Japanese wearing eyeglasses as of September 2017, by age group and gender', Statista, https://www.statista.com/statistics/825746/japanglasses-usage-share-by-age-gender/.

19   'Eyeglasses for Global Development: Bridging the Visual Divide' (Geneva: World Economic Forum, June 2016), http://www3.weforum.org/docs/WEF_2016_EYElliance.pdf.

20   Sam Knight, 'The spectacular power of Big Lens', *Guardian*, 10 May 2018, https://www.theguardian.com/news/2018/may/10/the-invisible-power-ofbig-glasses-eyewear-industry-essilor-luxottica.

21 'Eyeglasses for Global Development'.

22 Priya Adhisesha Reddy et al., 'Effect of providing near glasses on productivity among rural Indian tea workers with presbyopia (PROSPER): a randomised trial', *Lancet Global Health* 6.9, PE1019-E1027 (1 September 2018), http://dx.doi.org/10.1016/ S2214-109X(18)30329-2.

23 'Eyeglasses to Improve Workers' Manual Dexterity', Givewell, April 2019, https://www.givewell.org/international/technical/programs/eyeglassesworkers-manual-dexterity.

24 'Eyeglasses for Global Development'.

25 Paul Glewwe, Albert Park, Meng Zhao, *A Better Vision for Development: Eyeglasses and Academic Performance in Rural Primary Schools in China*, HKUST IEMS Working Paper No. 2015-37, June 2016, https://www.povertyactionlab.org/sites/default/files/ publications/424_542_A%20better%20vision%20for%20development_PaulGlewwe_ May2016.pdf.

26 Elie Dolgin, 'The myopia boom', *Nature* 519.7543 (18 March 2015), https://www.nature.com/news/the-myopia-boom-1.17120?WT.mc_id=TWT_NatureNews#/eye.

27 John Trevelyan and Peter Ackland, 'Global Action Plan Indicators-the data in full', Vision Atlas, International Agency for the Prevention of Blindness, updated 11 October 2018, http://atlas.iapb.org/global-action-plan/gap-indicators/.

28 Jennifer L. Y. Yip et al., 'Process evaluation of a National Primary Eye Care Programme in Rwanda', *BMC Health Services Research* 18.1 (December 2018), https://doi.org/10.1186/ s12913-018-3718-1.

29 Zhang et al., 'Self correction of refractive error among young people in rural China: results of cross sectional investigation', *BMJ* 2011;343:d4767, doi: 10.1136/bmj.d4767, http://cvdw.org/resources/bmj.d4767.full.pdf.

07. 캔 식품

1 Alex Davies, 'Inside the Races That Jump-Started the Self-Driving Car', *Wired*, 11 October 2017, https://www.wired.com/story/darpa-grand-urban-challenge-self-driving-car/.

2 Alex Davies, 'Inside the Races'; 'An Oral History of the Darpa Grand Challenge, the Grueling Robot Race That Launched the Self-Driving Car', *Wired*, 3 August 2017, https://www.wired.com/story/darpa-grand-challenge-2004-oral-history/.

3 https://en.wikipedia.org/wiki/History_of_self-driving_cars.

4 *Inventors and Inventions* (New York: Marshall Cavendish, 2008).

5 Kat Eschner, 'The Father of Canning Knew His Process Worked, But Not Why It Worked', *Smithsonian magazine*, 2 February 2017, https://www.smithsonianmag.com/smart-news/ father-canning-knew-his-processworked-not-why-it-worked-180961960/.

6 http://www.oxfordreference.com/view/10.1093/oi/authority.20110803095425331.

7 *Inventors and Inventions*.

8 N. Appert, *The Art of Preserving All Kinds of Animal and Vegetable Substances for Several Years*

(1812), available at http://www.gutenberg.org/files/52551/52551-h/52551-h.htm.

9   Tom Geoghegan, 'The story of how the tin can nearly wasn't', BBC News Magazine, 21 April 2013, https://www.bbc.co.uk/news/magazine-21689069.

10   Geoghegan, 'The story'.

11   Vivek Wadhwa, 'Silicon Valley Can't Be Copied', MIT Technology Review, 3 July 2013, https://www.technologyreview.com/s/516506/silicon-valley-cant-be-copied/.

12   https://en.wikipedia.org/wiki/Category:Information_technology_places.

13   Wadhwa, 'Silicon Valley'.

14   Geoghegan, 'The story'.

15   Sue Shephard, Pickled, Potted, and Canned: How the Art and Science of Food Preserving Changed the World (New York: Simon and Schuster, 2006).

16   Geoghegan, 'The story'.

17   Zeynep Tufekci, 'How social media took us from Tahrir Square to Donald Trump', MIT Technology Review, 14 August 2018, https://www.technologyreview.com/s/611806/how-social-media-took-us-from-tahrirsquare-to-donald-trump/.

18   Evan Osnos, 'Doomsday Prep for the Super-Rich', New Yorker, 22 January 2017, https://www.newyorker.com/magazine/2017/01/30/doomsday-prep-for-the-super-rich.

19   Inventors and Inventions.

08. 경매

1   Edward Gibbon, The History of the Decline and Fall of the Roman Empire (1776-89), ch. 31, https://ebooks.adelaide.edu.au/g/gibbon/edward/g43d/chapter31.html.

2   Herodotus, The Histories (Harmondsworth: Penguin Books, 1972), pp. 120-1.

3   Ralph Cassady, Auctions and Auctioneering (Berkeley: University of California Press, 1967), pp. 33-6.

4   Brian Learmount, The History of the Auction (London: Barnard and Learmount, 1985), p. 84.

5   Learmount, History of the Auction, p. 84.

6   Samuel Pepys, Diary, 6 November 1660, https://www.pepysdiary.com/diary/1660/11/06/, 3 September 1662, https://www.pepysdiary.com/diary/1662/09/03/.

7   John McMillan, Reinventing the Bazaar: A Natural History of Markets (New York: WW Norton, 2002); 'Aalsmeer Flower Auction Fights the Clock', New York Times video, 23 December 2014, https://www.youtube.com/watch?v=zx7buFdpis4.

8   William Vickrey, 'Counterspeculation, Auctions, and Competitive Sealed Tenders', Journal of Finance 16.1: 8-39.

9   Paul Klemperer, 'What Really Matters in Auction Design', Journal of Economic Perspectives 16.1: 169-89, DOI: 10.1257/0895330027166.

10   Ken Binmore and Paul Klemperer, 'The Biggest Auction Ever: The Sale of the British 3G Telecom Licenses', Economic Journal 112.478 (March 2002): C74-C96, https://doi.

org/10.1111/1468-0297.00020.

11 구글은 광고 경매를 운용하는 방식을 동영상으로 가르쳐준다. https://www.youtube.com/
    watch?v=L5r0Ng8XbDs. 보다 학문적인 논의로는 구글의 수석 경제학자인 할 배리언Hal Varian
    이 2009년 기준으로 경매 방식을 분석한 글이 있다. Hal Varian published an analysis of the
    auction as it was in 2009. Hal Varian, 'Position Auctions', *International Journal of Industrial
    Organization* 25.6 (2007): 1163-78.

12 Rachel Lerman, 'Google reports $7.1 billion profit, but still falls short on third-quarter
    expectations', Associated Press, 28 October 2019.

13 Jasmine Enberg, 'Global Digital Ad Spending 2019', *eMarketer*, 28 March 2019, https://
    www.emarketer.com/content/global-digital-adspending-2019.

14 Jack Nicas, 'Google Uses Its Search Engine to Hawk Its Products', *Wall Street Journal*, 19
    January 2017.

CHAPTER 2 꿈을 팔다

09. 튤립

1 Charles Mackay, *Extraordinary Popular Delusions and the Madness of Crowds* (1841).

2 Mike Dash, *Tulipomania* (London: Phoenix, 2003).

3 Anne Goldgar, *Tulipmania: Money, Honor, and Knowledge in the Dutch Golden Age* (Chicago:
   University of Chicago Press, 2007).

4 Goldgar, *Tulipmania*.

5 Goldgar, *Tulipmania*.

6 Dash, *Tulipomania*.

7 Dash, *Tulipomania*.

8 Stephen Moss, 'The Super-studs: Inside the Secretive World of Racehorse Breeding',
   Guardian, 28 October 2009, https://www.theguardian.com/sport/2009/oct/28/sea-the-
   stars-stud.

9 Peter Garber, 'Famous First Bubbles', *Journal of Economic Perspectives*, Spring 1990;
   'Tulipmania', *Journal of Political Economy* 97.3 (June 1989): 535-60.

10 James McClure and David Chandler Thomas, 'Explaining the timing of tulipmania's boom
    and bust: historical context, sequester capital and market signals', *Financial History Review*,
    2017.

11 Andrew Odlyzko, 'Collective hallucinations and inefficient markets: The British Railway
    Mania of the 1840s', Working Paper, School of Mathematics and Digital Technology Center,
    University of Minnesota, 2010.

10. 퀸스 웨어

1   Brian Dolan, *Josiah Wedgwood: Entrepreneur to the Enlightenment* (London: Harper Perennial, 2004), p. 169.

2   Dolan, *Josiah Wedgwood*, p. 169.

3   Dolan, *Josiah Wedgwood*, p. 153.

4   Dolan, *Josiah Wedgwood*, pp. 213-14.

5   Katie Hafner and Brad Stone, 'IPhone Owners Crying Foul Over Price Cut', *New York Times*, 7 September 2007, https://www.nytimes.com/2007/09/07/technology/07apple.html.

6   R. H. Coase, 'Durability and Monopoly', *Journal of Law and Economics* 15.1 (April 1972): 143-9.

7   Nancy F. Koehn, *Brand New: How Entrepreneurs Earned Consumers' Trust from Wedgwood to Dell* (Boston, MA: Harvard Business School Press, 2001), p. 40.

8   Dolan, *Josiah Wedgwood*, p. 277.

9   See e.g. Emile Durkheim, *La science positive de la morale en Allemagne* (1887), available at https://gallica.bnf.fr/ark:/12148/bpt6k171631/f61.image; Thorstein Veblen, *The Theory of the Leisure Class* (1899); https://en.wikipedia.org/wiki/Trickle-down_effect.

10   Deniz Atik & A. Fuat Fırat, 'Fashion creation and diffusion: The institution of marketing', *Journal of Marketing Management* 29.7-8 (2013): 836-60, DOI: 10.1080/0267257X.2012.729073.

11   Malcolm Gladwell, 'The Coolhunt', *New Yorker*, 10 March 1997, https://www.newyorker.com/magazine/1997/03/17/the-coolhunt.

12   Vanessa Grigoriadis, 'Slaves of the Red Carpet', *Vanity Fair*, 10 February 2014, https://www.vanityfair.com/hollywood/2014/03/hollywood-fashionstylists-rachel-zoe-leslie-fremar.

13   Nancy F. Koehn, *Brand New*: How Entrepreneurs Earned Consumers' Trust from Wedgwood to Dell (Boston, MA: Harvard Business School Press, 2001), p. 35.

14   Koehn, *Brand New*, p. 12.

15   Dolan, *Josiah Wedgwood*, pp. 174-5.

16   Dolan, *Josiah Wedgwood*, p. 263.

17   Dolan, *Josiah Wedgwood*, p. 217.

18   Dolan, *Josiah Wedgwood*, p. 287.

19   Jenny Uglow, *The Lunar Men: The Friends Who Made the Future* (London: Faber and Faber, 2002), p. 205.

20   See e.g. Wolfgang Pesendorfer, 'Design Innovation and Fashion Cycles', *American Economic Review* 85.4 (1995): 771-92; Barak Y. Orbach, 'The Durapolist Puzzle: Monopoly Power in Durable-Goods Markets', *Yale Journal on Regulation* 21.1 (2004): 67-119.

21   Dolan, *Josiah Wedgwood*, p. 277.

11. 담배말이 기계

1   Allan M. Brandt, *The Cigarette Century: The Rise, Fall, and Deadly Persistence of the Product That Defined America* (New York: Basic Books, 2007).

2　Robert Proctor, *Golden Holocaust: Origins of the Cigarette Catastrophe and the Case for Abolition* (Berkeley: University of California Press, 2011).

3　Brandt, *Cigarette Century*.

4　Proctor, *Golden Holocaust*.

5　Proctor, *Golden Holocaust*.

6　Brandt, *Cigarette Century*.

7　Brandt, *Cigarette Century*.

8　Brandt, *Cigarette Century*.

9　Proctor, *Golden Holocaust*.

10　Terrence H. Witkowski, 'Promise Them Everything: A Cultural History of Cigarette Advertising Health Claims', *Current Issues and Research in Advertising* 13.2 (1991): 393-409.

11　Witkowski, 'Promise Them Everything'.

12　Brandt, *Cigarette Century*.

13　Witkowski, 'Promise Them Everything'.

14　'Smoke Gets In Your Eyes', *Mad Men* pilot episode, first broadcast 19 July 2007. Writer: Matthew Weiner. Director: Alan Taylor. Production company: Lionsgate. A video clip and transcript of this particular moment is at http://www.sarahvogelsong.com/blog/2018/1/29/its-toasted.

15　Proctor, *Golden Holocaust*.

16　Brandt, *Cigarette Century*.

17　https://en.wikipedia.org/wiki/Regulation_of_nicotine_marketing.

18　'Plain packaging of tobacco products: Evidence, design and implementation' (World Health Organization, 2016), https://www.who.int/tobacco/publications/industry/plain-packaging-tobacco-products/en/.

19　See e.g. William Savedoff, 'Plain packaging', British American Tobacco, http://www.bat.com/plainpackaging; 'Tobacco Companies Fail the Corporate Social Responsibility Test of a Free-Market Advocate', Center for Global Development, 17 August 2017, https://www.cgdev.org/blog/tobaccocompanies-fail-corporate-social-responsibility-test-free-market-advocate.

20　See e.g. Brandt, *The Cigarette Century*.

21　Global Health Observatory, World Health Organization, https://www.who.int/gho/tobacco/use/en/.

22　Proctor, *Golden Holocaust*.

23　다음 자료에 따르면 인구는 약 2배만 늘었다. http://www.chinatoday.com/data/china.population.htm. 반면 Proctor, *Golden Holocaust*에 따르면 담배 소비는 약 20배 늘었다.

24　인구 수치는 다음 자료에서 나왔다. http://www.chinatoday.com/data/china.population.htm. 담배 소비량 수치는 다음 자료에서 나왔다. Proctor, *Golden Holocaust*.

25　S. S. Xu, S. Gravely, G. Meng et al., 'Impact of China National Tobacco Company's "Premiumization"

Strategy: longitudinal findings from the ITC China Surveys (2006-2015)', *Tobacco Control* 28.suppl 1 (29 August 2018), https://tobaccocontrol.bmj.com/content/early/2018/08/27/tobaccocontrol-2017-054193.

26   Xu et al., '"Premiumization" Strategy'.

12. 재봉틀

1   https://www.youtube.com/watch?v=koPmuEyP3a0.

2   https://budpride.co.uk/.

3   See e.g. Rachel Alexander, 'Woke Capitalism: Big Business Pushing Social Justice Issues', The Stream, 12 June 2019, https://stream.org/wokecapitalism-big-business-pushing-social-justice-issues/.

4   https://en.wikipedia.org/wiki/Declaration_of_Sentiments (accessed 8 July 2019).

5   Ruth Brandon, *Singer and the Sewing Machine: A Capitalist Romance* (London: Barrie & Jenkins, 1977), p. 42.

6   Adam Mossoff, 'The Rise and Fall of the First American Patent Thicket: The Sewing Machine War of the 1850s', *Arizona Law Review* 53 (2011): 165-211.

7   'The Story of the Sewing-Machine; Its Invention Improvements Social, Industrial and Commercial Importance', *New York Times*, 7 January 1860, https://www.nytimes.com/1860/01/07/archives/the-story-of-thesewingmachine-its-invention-improvements-social.html.

8   *Godey's Lady's Book and Magazine* 61 (1860), p. 77.

9   Brandon, *Singer*, p. 44.

10   Brandon, *Singer*, p. 21.

11   Brandon, *Singer*, p. 45.

12   'Story of the Sewing-Machine'.

13   Grace Rogers Cooper, T*he Sewing Machine: Its Invention and Development* (Washington, DC: Smithsonian Institution, 1968), pp. 41-2.

14   Mossoff, 'American Patent Thicket'.

15   Mossoff, 'American Patent Thicket'.

16   'Patent pools and antitrust -a comparative analysis', Secretariat, World Intellectual Property Organization, March 2014, https://www.wipo.int/export/sites/www/ip-competition/en/studies/patent_pools_report.pdf.

17   David A. Hounshell, *From the American System to Mass Production*, 1800-1932 (Baltimore, MD: Johns Hopkins University Press, 1984), ch. 2.

18   Mossoff, 'American Patent Thicket'.

19   Mossoff, 'American Patent Thicket'.

20   Brandon, *Singer*, p. 117.

21   Andrew Godley, 'Selling the Sewing Machine Around the World: Singer's International

Marketing Strategies, 1850-1920', *Enterprise and Society* 7.2 (March 2006).

22   Brandon, *Singer*, p. 140.

23   Brandon, *Singer*, pp. 120-1.

24   Mossoff, 'American Patent Thicket'.

25   Brandon, *Singer*, p. 125.

26   Brandon, *Singer*, pp. 68, 73.

27   Brandon, *Singer*, p. 124.

28   Brandon, *Singer*, p. 127.

29   'Story of the Sewing-Machine'.

30   *Godey's Lady's Book and Magazine* 61, p. 77.

31   Mossoff, 'American Patent Thicket'.

13. 통신 판매 카탈로그

1   https://www.wards.com/.

2   David Blanke, *Sowing the American Dream: How Consumer Culture Took Root in the Rural Midwest* (Athens: Ohio University Press, 2000).

3   Blanke, *American Dream*.

4   Blanke, *American Dream*.

5   Doug Gelbert, *Branded! Names So Famous the People Have Been Forgotten* (Cruden Bay Books, 2016).

6   Gelbert, *Branded!*.

7   Blanke, *American Dream*.

8   Gelbert, *Branded!*.

9   Gelbert, *Branded!*.

10   Blanke, *American Dream*.

11   Leslie Kaufman with Claudia H. Deutsch, 'Montgomery Ward to Close Its Doors', *New York Times*, 29 December 2000, https://www.nytimes.com/2000/12/29/business/montgomery-ward-to-close-its-doors.html.

12   'Ward (Montgomery) & Co.', Encyclopaedia of Chicago, http://www.encyclopedia.chicagohistory.org/pages/2895.html.

13   Catalogue No. 13, Montgomery Ward & Co., available at https://archive.org/details/catalogueno13spr00mont.

14   Earle F. Walbridge, '*One Hundred Influential American Books Printed before 1900. Catalogue and Addresses. Exhibition at The Grolier Club April Eighteenth-June Sixteenth MCMXLVI*' (review), *The Papers of the Bibliographical Society of America* 41.4 (Fourth Quarter, 1947): 365-7.

15   Blanke, *American Dream*.

16   *99 Percent Invisible*, 'The House that Came in the Mail', 11 September 2018,

https://99percentinvisible.org/episode/the-house-that-came-inthe-mail/.

17 메저링 워스^{Measuring Worth} 웹사이트에 따르면 1990년의 3,000만 달러는 2018년 기준으로 9조 혹은 미숙련자 임금에 맞춰서 조정하면 42조 달러의 가치를 지닌다.

18 Judith M. Littlejohn, 'The Political, Socioeconomic, and Cultural Impact of the Implementation of Rural Free Delivery in Late 1890s US' (2013). https://digitalcommons.brockport.edu/cgi/viewcontent.cgi?article=1009&context=hst_theses.

19 Littlejohn, 'Political, Socioeconomic, and Cultural Impact'.

20 Littlejohn, 'Political, Socioeconomic, and Cultural Impact'.

21 Montgomery Ward Catalogue extract, 1916, Carnival Glass Worldwide, https://www.carnivalglassworldwide.com/montgomery-ward-ad-1916.html.

22 1911 Modern Homes Catalog, available at http://www.arts-crafts.com/archive/sears/page11.html.

23 Nancy Keates, 'The Million-Dollar Vintage Kit Homes That Come From Sears', *Wall Street Journal*, 21 September 2017, https://www.wsj.com/articles/some-vintage-kit-homes-now-sell-for-over-1-million-1506001728.

24 'Montgomery Ward to End Catalogue Sales', *Los Angeles Times*, 2 August 1985, https://www.latimes.com/archives/la-xpm-1985-08-02-mn-5529-story.html.

25 Stephanie Strom, 'Sears Eliminating Its Catalogues and 50,000 Jobs', *New York Times*, 26 January 1993, https://www.nytimes.com/1993/01/26/business/sears-eliminating-its-catalogues-and-50000-jobs.html.

26 Larry Riggs, 'Direct Mail Gets Most Response, But Email Has Highest ROI: DMA', *Chief Marketer*, 22 June 2012, https://www.chiefmarketer.com/direct-mail-gets-most-response-but-email-has-highest-roi-dma/.

27 Jiayang Fan, 'How e-commerce is transforming rural China', *New Yorker*, 16 July 2018, https://www.newyorker.com/magazine/2018/07/23/howe-commerce-is-transforming-rural-china.

28 Anderlini, 'Liu Qiangdong, the "Jeff Bezos of China", on making billions with JD.com', *Financial Times*, 15 September 2017, https://www.ft.com/content/a257956e-97c2-11e7-a652-cde3f882dd7b.

29 Feng Hao, 'Will "Taobao villages" spur a rural revolution?', China Dialogue, 24 May 2016, https://www.chinadialogue.net/article/show/single/en/8943-Will-Taobao-villages-spur-a-rural-revolution.

30 Anderlini, 'Liu Qiangdong'.

31 James J. Feigenbaum and Martin Rotemberg, 'Communication and Manufacturing: Evidence from the Expansion of Postal Services', working paper, https://scholar.harvard.edu/files/feigenbaum_and_rotemberg_-_rural_free_delivery.pdf.

32 See e.g. Feng Hao, 'Will "Taobao villages" spur a rural revolution?'; Josh Freedman, 'Once poverty-stricken, China's "Taobao villages" have found a lifeline making trinkets for the

internet', Quartz, 12 February 2017, https://qz.com/899922/once-poverty-stricken-chinas-taobao-villages-have-founda-lifeline-making-trinkets-for-the-internet/.

14. 패스트푸드 프랜차이즈

1 Ray Kroc with Robert Anderson, *Grinding It Out: The Making of McDonald's* (Chicago, IL: Contemporary Books, 1987), ch 1.

2 John F. Love, *McDonald's: Behind the Arches* (London: Transworld, 1987), p. 23.

3 Kroc, *Grinding It Out*, 'Afterword'.

4 Love, *McDonald's*, pp. 16-19.

5 Love, *McDonald's*, pp. 25-6.

6 Love, *McDonald's*, p. 16.

7 Love, *McDonald's*, p. 24.

8 Love, *McDonald's*, p. 22.

9 Kroc, *Grinding It Out*, ch. 2.

10 Kroc, *Grinding It Out*, p. 176.

11 Roger D. Blair, Francine Lafontaine, *The Economics of Franchising* (Cambridge: Cambridge University Press, 2005).

12 Examples drawn from https://www.franchisedirect.com/top100globalfranchises/rankings.

13 Blair, Lafontaine, *Economics of Franchising*; Jaimie Seaton, 'Martha Matilda Harper, The Greatest Businesswoman You've Never Heard Of ', Atlas Obscura, 11 January 2017, https://www.atlasobscura.com/articles/marthamatilda-harper-the-greatest-businesswoman-youve-never-heard-of.

14 Love, *McDonald's*, p. 53.

15 Love, *McDonald's*, ch. 3.

16 Love, *McDonald's*, pp. 148-9.

17 Love, *McDonald's*, pp. 144-6.

18 Hayley Peterson, 'Here's what it costs to open a McDonald's restaurant', Business Insider, 6 May 2019, https://www.businessinsider.com/what-itcosts-to-open-a-mcdonalds-2014-11.

19 https://en.wikipedia.org/wiki/McDonald's.

20 Peterson, 'Here's what it costs'.

21 Alan B. Kreuger, 'Ownership, Agency, and Wages: An Examination of Franchising in the Fast Food Industry', *Quarterly Journal of Economics* 106.1 (February 1991): 75-101.

22 Sugato Bhattacharyya and Francine Lafontaine, 'Double-Sided Moral Hazard and the Nature of Share Contracts', *RAND Journal of Economics* 26.4 (Winter 1995): 761-81.

23 Love, *McDonald's*, p. 24.

15. 기부금 모금

1 Adam Smith, *An Inquiry into the Nature and Causes of the Wealth of Nations* (1776).

2   'Gross Domestic Philanthropy: An international analysis of GDP, tax and giving', Charities Aid Foundation, January 2016, https://www.cafonline.org/docs/default-source/about-us-policy-and-campaigns/gross-domesticphilanthropy-feb-2016.pdf.

3   저자의 계산. 영국 맥주 시장의 규모는 2019년 기준으로 155억 달러로 추정된다. https://www.statista.com/outlook/10010000/156/beer/united-kingdom; 육류 제품 시장의 규모는 2019년 기준으로 186억 달러로 추정된다. https://www.statista.com/outlook/40020000/156/meat-products-sausages/united-kingdom; 빵 시장의 규모는 2019년 기준으로 47억 달러로 추정된다. https://www.statista.com/outlook/40050100/156/bread/united-kingdom. 영국의 GDP는 2018년 기준으로 2조 8,000억 달러로 추정된다. https://en.wikipedia.org/wiki/Economy_of_the_United_Kingdom.

4   https://en.wikipedia.org/wiki/Tithe.

5   Adrian Sargeant and Elaine Jay, *Fundraising Management: Analysis, Planning and Practice* (Abingdon: Routledge, 2014).

6   Scott M. Cutlip, *Fund Raising in the United States: Its Role in America's Philanthropy* (Piscataway, NJ: Transaction Publishers, 1965).

7   Cutlip, *Fund Raising*.

8   Sargeant and Jay, *Fundraising Management*.

9   Sargeant and Jay, *Fundraising Management*.

10   *The Rotarian*, October 1924, available at https://books.google.co.uk/books?id=TUQEAAAAMBAJ&pg=PA59.

11   Anna Isaac, 'Have charity shock ads lost their power to disturb?', *Guardian*, 20 April 2016, https://www.theguardian.com/voluntary-sector-network/2016/apr/20/charity-ads-shock-barnados.

12   See e.g. Amihai Glazer and Kai A. Konrad, 'A Signaling Explanation for Charity', *American Economic Review* 86.4 (September 1996): 1019-28, https://www.jstor.org/stable/2118317.

13   Geoffrey Miller, *The Mating Mind: How Sexual Choice Shaped the Evolution of Human Nature* (London: Vintage, 2000).

14   Craig Landry, Andreas Lange, John A. List, Michael K. Price and Nicholas G. Rupp, 'Toward an Understanding of the Economics of Charity: Evidence from a Field Experiment', East Carolina University, University of Chicago, University of Maryland, University of Nevada-Reno, NBER and RFF, 2005, http://www.chicagocdr.org/papers/listpaper.pdf#search=%2522towards%20an%20understanding%20of%20the%20economics%20of%20charity%2522.

15   James Andreoni, 'Impure Altruism and Donations to Public Goods: A Theory of Warm Glow Giving', *Economic Journal* 100.401 (June 1990): 464-77, available at https://econweb.ucsd.edu/~jandreon/Publications/ej90.pdf.

16   'Introduction to Effective Altruism', Centre for Effective Altruism, 22 June 2016, https://www.effectivealtruism.org/articles/introduction-to-effectivealtruism/.

17 https://givewell.org.

18 Dean Karlan and Daniel Wood, 'The Effect of Effectiveness: Donor Response to Aid Effectiveness in a Direct Mail Fundraising Experiment', Economic Growth Center Discussion Paper No. 1038, 2015.

19 'Mega-charities', The GiveWell Blog, 28 December 2011, https://blog.givewell. org/2011/12/28/mega-charities/.

16. 산타클로스

1 Lindsay Whipp, 'All Japan Wants for Christmas Is Kentucky Fried Chicken', *Financial Times*, 19 December 2010, https://www.ft.com/content/bb2dafc6-0ba4-11e0-a313-00144feabdc0#axzz2F2h70NMo.

2 https://www.theguardian.com/lifeandstyle/2016/dec/21/coca-cola-didntinvent-santa-the-10-biggest-christmas-myths-debunked; https://www.coca-colacompany.com/stories/coke-lore-santa-claus.

3 http://www.whiterocking.org/santa.html.

4 https://www.snopes.com/fact-check/rudolph-red-nosed-reindeer/.

5 Stephen Nissenbaum, *The Battle for Christmas* (New York: Alfred Knopf, 1997); Bruce David Forbes, *America's Favorite Holidays: Candid Histories* (Oakland: University of California Press, 2015).

6 Nissenbaum, *Battle for Christmas*.

7 Forbes, *America's Favorite Holidays*.

8 John Tierney, 'The Big City, Christmas, and the Spirit of Commerce', *New York Times*, 21 December 2001, https://www.nytimes.com/2001/12/21/nyregion/the-big-city-christmas-and-the-spirit-of-commerce.html.

9 Joel Waldfogel, *Scroogenomics: Why You Shouldn't Buy Presents for the Holidays* (Woodstock: Princeton University Press, 2009).

10 Waldfogel, *Scroogenomics*.

11 Harriet Beecher Stowe, 'Christmas; or, The Good Fairy', *National Era* 4 (26 December 1850).

12 Marla Frazee, *Santa Claus: The World's Number One Toy Expert* (Boston, MA: Houghton Mifflin Harcourt, 2005).

13 Joel Waldfogel, 'The Deadweight Loss of Christmas', *American Economic Review* 83.5 (1993): 1328-36, www.jstor.org/stable/2117564.

14 Parag Waknis and Ajit Gaikwad, 'The Deadweight Loss of Diwali', MPRA Paper, University Library of Munich, 2011, https://EconPapers.repec.org/RePEc:pra:mprapa:52883.

15 세계은행에는 (비양허 차관[non-concessional loans]를 제공하는) 국제부흥개발은행IBRD과 (양허 차관[concessional loans]을 제공하는) 국제개발협회IDA가 포함된다. 두 기관은 2017년에 각각 약 200억 달러를 빌려주었다. http://pubdocs.worldbank.org/en/982201506096253267/AR17-World-Bank-Lending.pdf.

16   Jennifer Pate Offenberg, 'Markets: Gift Cards', *Journal of Economic Perspectives* 21.2 (Spring 2007).

17   Francesca Gino and Francis J. Flynn, 'Give them what they want: The benefits of explicitness in gift exchange', *Journal of Experimental Social Psychology* 47 (2011): 915-22, https://static1.squarespace.com/static/55dcde36e4b0df55a96ab220/t/55e746dee4b07156 fbd7f6bd/1441220318875/Gino+Flynn+JESP+2011.pdf.

CHAPTER 3 돈을 옮기다

17. 스위프트

1   Susan Scott and Markos Zachariadis, *The Society for Worldwide Interbank Financial Telecommunication (SWIFT)* (Abingdon: Routledge, 2014), p. 12.

2   Tom Standage, *The Victorian Internet* (London: Weidenfeld and Nicolson, 1998), pp. 110-11.

3   Patrice A. Carre, 'From the telegraph to the telex: a history of technology, early networks and issues in France in the 19th and 20th centuries', *FLUX Cahiers scientifiques internationaux Réseaux et Territoires 11* (1993): 17-31.

4   Eric Sepkes, quoted in Scott and Zachariadis, The Society, pp. 11-12.

5   이탈리아 은행가 레나토 폴로[Renato Polo]가 전한 말. Scott and Zachariadis, The Society, p. 18.

6   Scott and Zachariadis, *The Society*, p. 19.

7   'New SWIFT network gives banks an instant linkup -worldwide', Banking 69.7 (1977): 48.

8   Scott and Zachariadis, *The Society*, chs. 2-3.

9   Lily Hay Newman, 'A New Breed of ATM Hackers Gets in Through a Bank's Network', *Wired*, 9 April 2019; Iain Thomson, 'Banking system SWIFT was anything but on security, ex-boss claims', The Register, 18 August 2016, https://www.theregister.co.uk/2016/08/18/swift_was_anything_but_on_security_claim/.

10   Michael Peel and Jim Brunsden, 'Swift shows impact of Iran dispute on international business', *Financial Times*, 6 June 2018, https://www.ft.com/content/9f082a96-63f4-11e8-90c2-9563a0613e56.

11   Eric Lichtblau and James Risen, 'Bank Data Is Sifted by U.S. in Secret to Block Terror', *New York Times*, 23 June 2006.

12   Michael Peel, 'Swift to comply with US sanctions on Iran in blow to EU', Financial Times, 5 November 2018, https://www.ft.com/content/8f16f8aae104-11e8-8e70-5e22a430c1ad.

13   Justin Scheck and Bradley Hope, 'The Dollar Underpins American Power', *Wall Street Journal*, 29 May 2019.

14   Henry Farrell and Abraham L. Newman, 'Weaponized Interdependence: How Global Economic Networks Shape State Coercion', *International Security* 2019 44:1, 42-79.

15   Nicholas Lambert, *Planning Armageddon* (London: Harvard University Press, 2012).

18. 신용 카드

1   Lewis Mandell, *The Credit Card Industry: A History* (Boston, MA: Twayne Publishers, 1990), p. xii; The Department Store Museum website, http://www.thedepartmentstoremuseum.org/2010/11/charge-cards.html; Hilary Greenbaum and Dana Rubinstein, 'The Cardboard Beginnings of the Credit Card', New York Times, 2 December 2011, http://www.nytimes.com/2011/12/04/magazine/the-cardboard-beginnings-of-thecredit-card.html.

2   Mandell, *Credit Card Industry*, p. 26; Greenbaum and Rubinstein, 'Cardboard Beginnings'.

3   David S. Evans and Richard Schmalensee, *Paying with Plastic: The Digital Revolution in Buying and Borrowing* (Cambridge, MA: MIT Press, 1999), p. 79.

4   Bank of America, 'Our History', https://about.bankofamerica.com/en-us/our-story/birth-of-modern-credit-card.html; 99 Percent Invisible, 'The Fresno Drop', Episode 196, https://99percentinvisible.org/episode/the-fresno-drop/.

5   History of IBM, http://www-03.ibm.com/ibm/history/ibm100/us/en/icons/magnetic/.

6   Evans and Schmalensee, *Paying with Plastic*, pp. 7-9.

7   Maddy Savage, 'Why Sweden is close to becoming a cashless economy', BBC News, 12 September 2017, http://www.bbc.co.uk/news/business-41095004.

8   Mandell, *Credit Card Industry*, p. 39.

9   Drazen Prelec and Duncan Simester, 'Always Leave Home Without It: A Further Investigation of the Credit-Card Effect on Willingness to Pay', *Marketing Letters* 12.1 (2001): 5-12, http://web.mit.edu/simester/Public/Papers/Alwaysleavehome.pdf.

10 Thomas A. Durkin, *Consumer Credit and the American Economy* (Oxford: Oxford University Press, 2014), p. 267.

11 https://blogs.imf.org/2017/10/03/rising-household-debt-what-itmeans-for-growth-and-stability/.

12 Durkin, *Consumer Credit*, Table 7.7, pp. 312-23.

19. 스톡옵션

1   https://www.c-span.org/video/?23518-1/clinton-campaign-speech (starts at 27:14).

2   Planet Money, 'Episode 682: When CEO Pay Exploded', 5 February 2016, https://www.npr.org/templates/transcript/transcript.php?storyId=465747726.

3   Lawrence Mishel and Jessica Schieder, 'CEO compensation surged in 2017', Economic Policy Institute, Washington, DC, 16 August 2018, epi.org/152123.

4   Aristotle, *Politics* 1.11.

5   또 다른 가능성은 탈레스가 압착기 사용권을 두고 법적 구속력을 지닌 계약을 맺은 것이다. 그렇다면 그는 옵션[option]이 아니라 선물[future]을 발명한 것이 된다. George Crawford and Bidyut Sen, *Derivatives for Decision Makers: Strategic Management Issues* (Hoboken, NJ: John Wiley & Sons, 1996), p. 7.

6   Aristotle, *Politics* 1.11.

7 Crawford and Sen, *Derivatives*, p. 7.

8 Crawford and Sen, *Derivatives*, p. 20.

9 Michael C. Jensen and Kevin J. Murphy, 'CEO Incentives—it's Not How Much You Pay, But How', *Harvard Business Review* 3 (May-June 1990): 138-53.

10 Robert Reich, 'There's One Big Unfinished Promise By Bill Clinton that Hillary Should Put to Bed', 7 September 2016, https://robertreich.org/post/150082237740.

11 Brian J. Hall and Kevin J. Murphy, 'The Trouble with Stock Options', NBER Working Paper No. 9784, June 2003.

12 Jerry W. Markham and Rigers Gjyshi (eds), *Research Handbook on Securities Regulation in the United States* (Cheltenham and Northampton, MA: Edward Elgar Publishing, 2014), p. 254.

13 Hall and Murphy, 'The Trouble'.

14 Lucian A. Bebchuk and Jesse M. Fried, 'Pay without Performance: The Unfulfilled Promise of Executive Compensation', Harvard Law School John M. Olin Center for Law, Economics and Business Discussion Paper Series, Paper 528, 2003, p. 10.

15 Bebchuk and Fried, 'Pay without Performance', p. 67.

16 Bebchuk and Fried, 'Pay without Performance'. See also, more recently, Indira Tulepova, 'The Impact of Ownership Structure on CEO Compensation: Evidence from the UK', MA thesis, Radboud University Nijmegen Faculty of Management, 2016-17.

17 Bebchuk and Fried, 'Pay without Performance'. See also Tulepova, 'Impact of Ownership Structure'.

18 Marianne Bertrand and Sendhil Mullainathan, 'Are CEOs Rewarded for Luck? The Ones Without Principals Are', *Quarterly Journal of Economics* 116.3 (August 2001): 901-32, https://doi.org/10.1162/00335530152466269.

19 Rosanna Landis Weaver, 'The Most Overpaid CEOs: Are Fund Managers Asleep at The Wheel?', Harvard Law School Forum on Corporate Governance and Financial Regulation, 30 March 2019, https://corpgov.law.harvard.edu/2019/03/30/the-most-overpaid-ceos-are-fund-managersasleep-at-the-wheel/.

20 Fernando Duarte, 'It takes a CEO just days to earn your annual wage', BBC, 9 January 2019, http://www.bbc.com/capital/story/20190108-howlong-it-takes-a-ceo-to-earn-more-than-you-do-in-a-year.

21 See e.g. Mishel and Schieder, 'CEO compensation surged in 2017'.

22 See e.g. Robert C. Pozen and S. P. Kothari, 'Decoding CEO Pay', *Harvard Business Review*, July-August 2017, https://hbr.org/2017/07/decoding-ceo-pay; Nicholas E. Donatiello, David F. Larcker and Brian Tayan, 'CEO Talent: A Dime a Dozen, or Worth its Weight in Gold?', Stanford Closer Look Series, September 2017, https://www.gsb.stanford.edu/faculty-research/publications/ceo-talent-dime-dozen-or-worthits-weight-gold.

23 Mishel and Schieder, 'CEO compensation surged in 2017'.

24   See e.g. David F. Larcker, Nicholas E. Donatiello and Brian Tayan, 'Americans and CEO Pay: 2016 Public Perception Survey on CEO Compensation', Corporate Governance Research Initiative, Stanford Rock Center for Corporate Governance, February 2016, https://www.gsb.stanford.edu/faculty-research/publications/americans-ceo-pay-2016-publicperception-survey-ceo-compensation; Dina Gerdeman, 'If the CEO's High Salary Isn't Justified to Employees, Firm Performance May Suffer', Working Knowledge, Harvard Business School, 17 January 2018, https://hbswk.hbs.edu/item/if-the-ceo-s-high-salary-isn-t-justified-to-employees-firmperformance-may-suffer.

20. 회전식 개찰구

1   Jacques H. Drèze, *William S. Vickrey 1914-1996: A Biographical Memoir* (Washington, DC: National Academies Press, 1998), http://www.nasonline.org/publications/biographical-memoirs/memoir-pdfs/vickrey-william.pdf; Ronald Harstad, 'William S. Vickrey', https://economics.missouri.edu/working-papers/2005/wp0519_harstad.pdf.

2   Yohana Desta, '1904 to today: See how New York City subway fare has climbed over 111 years', Mashable, 22 March 2015, https://mashable.com/2015/03/22/new-york-city-subway-fare/.

3   William S. Vickrey, 'The revision of the rapid transit fare structure of the City of New York: Finance project', New York, 1952.

4   Vickrey, 'The revision'.

5   Daniel Levy and Andrew T. Young, '"The Real Thing": Nominal Price Rigidity of the Nickel Coke, 1886-1959', *Journal of Money, Credit and Banking* 36.4 (August 2004): 765-99, available at SSRN: https://ssrn.com/abstract=533363.

6   William S. Vickrey, 'My Innovative Failures in Economics', *Atlantic Economic Journal* 21 (1993): 1-9.

7   Jaya Saxena, 'The Extinction of the Early Bird', Eater, 29 January 2018, https://www.eater.com/2018/1/29/16929816/early-bird-extinction-florida.

8   John Koten, 'Fare Game: In Airlines' Rate War, Small Daily Skirmishes Often Decide Winners', *Wall Street Journal*, 24 August 1984.

9   Koten, 'Fare Game'.

10   Dug Begley, 'Almost $250 for 13 miles: Uber's "surge pricing"', *Houston Chronicle*, 30 December 2014.

11   Nicholas Diakopoulos, 'How Uber surge pricing really works', *Washington Post*, 17 April 2015.

12   Daniel Kahneman, Jack L. Knetsch and Richard Thaler, 'Fairness as a Constraint on Profit Seeking: Entitlements in the Market', *American Economic Review* 76.4 (1986): 728-41, http://www.jstor.org/stable/1806070.

13   Constance L. Hays, 'Variable-Price Coke Machine Being Tested', *New York Times*, 28 October 1999; David Leonhardt, 'Airline Tickets Can Be More in June Than in January. But

Soda? Forget It', *New York Times*, 27 June 2005.

14   Robin Harding, 'Rail privatisation: the UK looks for secrets of Japan's success', *Financial Times*, 28 January 2019, https://www.ft.com/content/9f7f044e-1f16-11e9-b2f7-97e4dbd3580d.

15   David Schaper, 'Are $40 road tolls the future?', *NPR All Things Considered*, 12 December 2017, https://www.npr.org/2017/12/12/570248568/are-40-toll-roads-the-future.

16   Harstad, 'William S. Vickrey'.

21. 블록체인

1   Arie Shapira and Kailey Leinz, 'Long Island Iced Tea Soars After Changing Its Name to Long Blockchain', *Bloomberg*, 21 December 2017, https://www.bloomberg.com/news/articles/2017-12-21/crypto-craze-sees-long-islandiced-tea-rename-as-long-blockchain.

2   Jason Rowley, 'With at least $1.3 billion invested globally in 2018, VC funding for blockchain blows past 2017 totals', TechCrunch, 20 May 2018, https://techcrunch.com/2018/05/20/with-at-least-1-3-billion-invested-globally-in-2018-vc-funding-for-blockchain-blows-past-2017-totals.

3   Jonathan Chester, 'What You Need To Know About Initial Coin Offering Regulations', Forbes, 9 April 2018, https://www.forbes.com/sites/jonathanchester/2018/04/09/what-you-need-to-know-about-initial-coinoffering-regulations.

4   https://bitcoin.org/bitcoin.pdf.

5   See e.g. 'How blockchains could change the world', interview with Don Tapscott, *McKinsey*, May 2016, https://www.mckinsey.com/industries/high-tech/our-insights/how-blockchains-could-change-the-world; Laura Shin, 'How The Blockchain Will Transform Everything From Banking To Government To Our Identities', *Forbes*, 26 May 2016, https://www.forbes.com/sites/laurashin/2016/05/26/how-the-blockchain-will-transform-everything-from-banking-to-government-to-our-identities/.

6   Christian Catalini and Joshua Gans, 'Some Simple Economics of the Blockchain', Rotman School of Management Working Paper No. 2874598, MIT Sloan Research Paper No. 5191-16, https://papers.ssrn.com/sol3/papers.cfm?abstract_id=2874598.

7   Steven Johnson, 'Beyond the Bitcoin Bubble', *New York Times*, 16 January 2018, https://www.nytimes.com/2018/01/16/magazine/beyond-the-bitcoin-bubble.html.

8   John Biggs, 'Exit scammers run off with $660 million in ICO earnings', TechCrunch, 13 April 2018, https://techcrunch.com/2018/04/13/exitscammers-run-off-with-660-million-in-ico-earnings/.

9   Tyler Cowen, 'Don't Let Doubts About Blockchains Close Your Mind', *Bloomberg*, 27 April 2018, https://www.bloomberg.com/view/articles/2018-04-27/blockchains-warrant-skepticism-but-keep-anopen-mind.

10   Jan Vermeulen, 'Bitcoin and Ethereum vs Visa and PayPal—Transactions per second', My

Broadband, 22 April 2017, https://mybroadband.co.za/news/banking/206742-bitcoin-and-ethereum-vs-visa-and-paypaltransactions-per-second.html.

11 Alex de Vries, 'Bitcoin's Growing Energy Problem', *Joule* 2.5 (16 May 2018): 801-5, https://www.cell.com/joule/fulltext/S2542-4351(18)30177-6.

12 Preethi Kasireddy, 'Blockchains don't scale. Not today, at least. But there's hope', Hacker Noon, 22 August 2017, https://hackernoon.com/blockchains-dont-scale-not-today-at-least-but-there-s-hope-2cb43946551a.

13 Catherine Tucker and Christian Catalini, 'What Blockchain Can't Do', *Harvard Business Review*, 28 June 2018, https://hbr.org/2018/06/what-blockchain-cant-do.

14 Kai Stinchcombe, 'Ten years in, nobody has come up with a use for blockchain', Hacker Noon, 22 December 2017, https://hackernoon.com/ten-years-in-nobody-has-come-up-with-a-use-case-for-blockchain-ee98c180100.

15 Mark Frauenfelder, '"I Forgot My PIN": An Epic Tale of Losing $30,000 in Bitcoin', *Wired*, 10 October 2017, https://www.wired.com/story/i-forgotmy-pin-an-epic-tale-of-losing-dollar30000-in-bitcoin/.

16 Chris Wray, 'Law and global trade in the era of blockchain', 9 April 2018, https://medium.com/humanizing-the-singularity/law-and-global-trade-inthe-era-of-blockchain-2695c6276579.

17 Klint Finley, 'A $50 Million Hack Just Showed That the DAO Was All Too Human', *Wired*, 18 June 2016, https://www.wired.com/2016/06/50-million-hack-just-showed-dao-human/.

18 Eric Budish, 'The Economic Limits of Bitcoin and the Blockchain', 5 June 2018, http://faculty.chicagobooth.edu/eric.budish/research/Economic-Limits-Blockchain.pdf.

19 Jim Edwards, 'One of the kings of the '90s dot-com bubble now faces 20 years in prison', Business Insider, 6 December 2016, http://uk.businessinsider.com/where-are-the-kings-of-the-1990sdot-com-bubble-bust-2016-12/.

20 Josiah Wilmoth, 'Ex-Iced Tea Maker "Long Blockchain" Faces Reckoning as Nasdaq Prepares to Delist Its Shares', CCN, 6 June 2018, https://www.ccn.com/ex-iced-tea-maker-long-blockchain-faces-reckoning-as-nasdaqprepares-to-delist-its-shares/.

CHAPTER 4 보이지 않는 시스템

22. 대체 가능 부품

1 Simon Winchester, *Exactly: How Precision Engineers Created the Modern World* (London: William Collins, 2018), pp. 90-4.

2 Marshall Brain, 'How Flintlock Guns Work', https://science.howstuffworks.com/flintlock2.htm.

3 Winchester, *Exactly*, pp. 90-4.

4	William Howard Adams, *The Paris Years of Thomas Jefferson* (New Haven, CT: Yale University Press, 1997).

5	Thomas Jefferson, 30 August 1785, in *The Papers of Thomas Jefferson*, ed. Julian Boyd (Princeton, NJ: Princeton, University Press, 1950).

6	David A. Hounshell, *From the American System to Mass Production, 1800-1932* (Baltimore, MD: Johns Hopkins Press, 1984), p. 26.

7	Frank Dawson, *John Wilkinson: King of the Ironmasters* (Cheltenham: The History Press, 2012).

8	Winchester, *Exactly*.

9	H. W. Dickinson, *A Short History of the Steam Engine* (Cambridge: Cambridge University Press, 1939), ch. V.

10	Robert C. Allen, *Global Economic History: A Very Short Introduction* (Oxford: Oxford University Press, 2011), ch. 3.

11	L. T. C. Rolt, *Tools for the Job* (London: HM Stationery Office, 1986), pp. 55-63; Ben Russell, *James Watt* (London: Reaktion Books, 2014), pp. 129-30.

12	Winchester, *Exactly*.

13	Adam Smith, *An Inquiry into the Nature and Causes of the Wealth of Nations* (1776), book 1, p. 1, available at https://www.econlib.org/library/Smith/smWN.html?chapter_num=4#book-reader.

14	Hounshell, *American System to Mass Production*, p. 3.

15	Priya Satia, *Empire of Guns* (London: Duckworth Overlook, 2018), pp. 353-5.

16	Hounshell, *American System to Mass Production*; Winchester, *Exactly*.

17	Hounshell, *American System to Mass Production*; Winchester, Exactly.

23. RFID

1	Adam Fabio, 'Theremin's Bug: How the Soviet Union Spied on the US Embassy for Seven Years', Hackaday.com, 8 December 2015, https://hackaday.com/2015/12/08/theremins-bug/.

2	Martin Vennard, 'Leon Theremin: The man and the music machine', BBC World Service, 13 March 2012, https://www.bbc.co.uk/news/magazine-17340257.

3	A.W., 'RFIDs are set almost to eliminate lost luggage', *Economist*, 1 November 2016, https://www.economist.com/gulliver/2016/11/01/rfidsare-set-almost-to-eliminate-lost-luggage.

4	Bill Glover and Himanshu Bhatt, *RFID Essentials* (Sebastopol, CA: O'Reilly, 2006).

5	Jordan Frith, *A Billion Little Pieces: RFID and Infrastructures of Identification* (Cambridge, MA: MIT Press, 2019).

6	'Radio silence', *Economist Technology Quarterly*, 7 June 2007, https://www.economist.com/technology-quarterly/2007/06/07/radio-silence.

7	Glover and Bhatt, *RFID Essentials*; Frith, *A Billion Little Pieces*.

8   Jonathan Margolis, 'I am microchipped and have no regrets', *Financial Times*, 31 May 2018, https://www.ft.com/content/6c0591b4-632d-11e8-bdd1-cc0534df682c.

9   Kevin Ashton, 'That "Internet of Things" Thing', *RFID Journal*, 22 June 2009, https://www.rfidjournal.com/articles/view?4986.

10 N. V., 'The Difference Engine: Chattering Objects', *Economist*, 13 August 2010, https://www.economist.com/babbage/2010/08/13/the-differenceengine-chattering-objects.

11 Cory Doctorow, 'Discarded smart lightbulbs reveal your wifi passwords, stored in the clear', *BoingBoing*, 29 January 2019, https://boingboing.net/2019/01/29/fiat-lux.html.

12 https://www.pentestpartners.com/security-blog/gps-watch-issues-again/.

13 'Privacy Not Included: Vibratissimo Panty Buster', Mozilla Foundation, 1 November 2018, https://foundation.mozilla.org/en/privacynotincluded/products/vibratissimo-panty-buster/.

14 Shoshana Zuboff, *The Age of Surveillance Capitalism* (London: Profile, 2019); Bruce Sterling, *The Epic Struggle of the Internet of Things* (Moscow: Strelka Press, 2014).

24. 인터페이스 메시지 프로세서

1   Katie Hafner and Matthew Lyon, *Where Wizards Stay Up Late* (New York: Touchstone, 1996), p. 22.

2   Hafner and Lyon, *Wizards*, pp. 10-15.

3   Hafner and Lyon, *Wizards*, pp. 10-15.

4   Hafner and Lyon, *Wizards*, p. 42.

5   Gene I. Rochlin, *Trapped in the Net* (Princeton, NJ: Princeton University Press, 1997), pp. 38-40. 또한 베테랑 컴퓨터 엔지니어인 에이드리언 하포드Adrian Harford와 개인적으로 나눈 이야기도 참고했다.

6   Janet Abbate, *Inventing the Internet* (Cambridge, MA: MIT Press, 1999), p. 48.

7   Peter H. Salus, *Casting the Net: From ARPANET to Internet and Beyond* (Reading, MA: Addison-Wesley, 1995), p. 21. 클라크는 "며칠이나 몇 주 후에는 누구나 그런 생각을 했을 것"이라고 겸손하게 말했다.

8   Graham Linehan, *The IT Crowd*: 'The Speech' (aired December 2008; https://www.imdb.com/title/tt1320786/).

9   Abbate, *Inventing*, pp. 52-3; 보다 현대적인 라우터가 작동하는 방식에 대한 설명은 다음 자료를 참고하라. Andrew Blum, *Tubes* (London: Viking, 2012), pp. 29-30.

10 Old Computers, http://www.old-computers.com/museum/computer.asp?c=551.

11 Blum, Tubes, p. 39; David Bunnell, *Making the Cisco Connection* (New York: John Wiley, 2000), p. 4, 이 자료에 따르면 가격이 10만 달러다.

12 Abbate, *Inventing*, pp. 62-3.

13 http://www.historyofinformation.com/expanded.php?id=1108; Hafner and Lyon, *Wizards*, pp. 150-3.

14 Abbate, *Inventing*, pp. 194-5.

25. GPS

1 'Swedes miss Capri after GPS gaffe', BBC, 28 July 2009, http://news.bbc.co.uk/1/hi/world/europe/8173308.stm.

2 'Economic impact to the UK of a disruption to GNSS', Showcase Report, April 2017, https://assets.publishing.service.gov.uk/government/uploads/system/uploads/attachment_data/file/619545/17.3254_Economic_impact_to_UK_of_a_disruption_to_GNSS_-_Showcase_Report.pdf.

3 Greg Milner, *Pinpoint: How GPS Is Changing Our World* (London: Granta, 2016).

4 Dan Glass, 'What Happens If GPS Fails?', *Atlantic*, 13 June 2016, https://www.theatlantic.com/technology/archive/2016/06/what-happens-if-gpsfails/486824/.

5 William Jackson, 'Critical infrastructure not prepared for GPS disruption', GCN, 8 November 2013, https://gcn.com/articles/2013/11/08/gps-disruption.aspx.

6 Milner, *Pinpoint*.

7 Milner, *Pinpoint*.

8 Milner, *Pinpoint*.

9 Milner, *Pinpoint*.

10 Milner, *Pinpoint*.

11 Victoria Woollaston, 'Solar storms 2018: What is a solar storm and when will the next one hit Earth?', Alphr, 12 April 2018, http://www.alphr.com/science/1008518/solar-storm-earth-charged-particles.

12 Milner, *Pinpoint*.

13 Milner, *Pinpoint*.

14 'National Risk Estimate', Department of Homeland Security, available at https://rntfnd.org/wp-content/uploads/DHS-National-Risk-Estimate-GPS-Disruptions.pdf.

15 Milner, Pinpoint.

16 Greg Milner, 'What Would Happen If G.P.S. Failed?', New Yorker, 6 May 2016, https://www.newyorker.com/tech/elements/what-would-happen-if-gps-failed.

CHAPTER 5 비밀과 거짓말

26. 가동 활자 인쇄기

1 Frederic Barbier, *Gutenberg's Europe: The Book and the Invention of Western Modernity* (London: Polity Press, 2016).

2 John Man, *The Gutenberg Revolution* (London: Bantam, 2009), ch. 2.

3 Julie Mellby, 'One Million Buddhist Incantations', 3 January 2009, https://www.princeton.

edu/~graphicarts/2009/01/one_million_buddhist_incantati.html.

4　Tom Scocca, 'The first printed books came with a question: What do you do with these things?', *Boston Globe*, 29 August 2010, http://www.boston.com/bostonglobe/ideas/articles/2010/08/29/cover_story/?page=full.

5　Mary Wellesley, 'Gutenberg's printed Bible is a landmark in European culture', *Apollo Magazine* 8 (September 2018), https://www.apollo-magazine.com/gutenbergs-printed-bible-landmark-european-culture/; 'Fifty Treasures: The Gutenberg Bible', https://www.50treasures.divinity.cam.ac.uk/treasure/gutenberg-bible/.

6　Jeremiah Dittmar, 'Europe's Transformation After Gutenberg', *Centrepiece* 544 (Spring 2019).

7　John Naughton, *From Gutenberg to Zuckerberg: What You Really Need to Know About the Internet* (London: Quercus, 2012), ch. 1.

8　Dittmar, 'Europe's Transformation'.

9　Simon Winchester, *Exactly*.

10　Dittmar, 'Europe's Transformation'.

11　Barbier, *Gutenberg's Europe*.

12　Paul Ormerod, *Why Most Things Fail* (London: Faber & Faber, 2005), p. 15.

13　Elizabeth Eisenstein, *The Printing Revolution in Early Modern Europe* (New York: Cambridge University Press, 1983).

14　Eisenstein, *Printing Revolution*.

15　Andrew Marantz, *Antisocial: Online Extremists, Techno-Utopians, and the Hijacking of the American Conversation* (New York: Viking, 2019).

16　https://www.bl.uk/treasures/gutenberg/basics.html.

17　Scocca, 'The first printed books', *Boston Globe*, 29 August 2010.

27. 생리대

1　Sharra Vostral, *Under Wraps* (Plymouth: Lexington Books, 2011), ch. 4.

2　Vostral, *Under Wraps*, ch. 1.

3　Thomas Heinrich and Bob Batchelor, *Kotex, Kleenex, Huggies: Kimberly-Clark and the Consumer Revolution in American Business* (Columbus: Ohio State University Press, 2004), p. 96.

4　Janice Delaney, Mary Jane Lupton, Emily Toth, *The Curse: A Cultural History of Menstruation* (New York: New American Library, 1976).

5　Vostral, *Under Wraps*, ch. 3.

6　Delaney et al., *The Curse*; Ashley Fetters, 'The Tampon: A History', *Atlantic*, June 2015, https://www.theatlantic.com/health/archive/2015/06/history-of-the-tampon/394334/.

7　A. Juneja, A. Sehgal, A. B. Mitra, A. Pandey, 'A Survey on Risk Factors Associated with Cervical Cancer', *Indian Journal of Cancer* 40.1 (January-March 2003): 15-22, https://www.

ncbi.nlm.nih.gov/pubmed/14716127; Colin Schultz, 'How Taboos Around Menstruation Are Hurting Women's Health', *Smithsonian Magazine*, 6 March 2014, https://www.smithsonianmag.com/smart-news/how-taboos-around-menstruation-are-hurting-womenshealth-180949992/.

8   Delaney et al., *The Curse*; Museum of Menstruation website, http://www.mum.org/collection.htm.

9   Kat Eschner, 'The Surprising Origins of Kotex Pads', *Smithsonian Magazine*, 11 August 2017, https://www.smithsonianmag.com/innovation/surprisingorigins-kotex-pads-180964466/.

10   Eschner, 'Surprising Origins'.

11   Eschner, 'Surprising Origins'.

12   Vostral, *Under Wraps*, ch. 4.

13   Fetters, 'The Tampon'.

14   Kelly O'Donnell, 'The whole idea might seem a little strange to you: Selling the menstrual cup', *Technology Stories*, 4 December 2017, https://www.technologystories.org/menstrual-cups/.

15   Delaney et al., *The Curse*.

16   Susan Dudley, Salwa Nassar, Emily Hartman and Sandy Wang, 'Tampon Safety', National Center for Health Research, http://www.center4research.org/tampon-safety/. 그들은 2015년 유로모니터[Euromonito]r 보고서를 인용했다.

17   Andrew Adam Newman, 'Rebelling Against the Commonly Evasive Feminine Care Ad', *New York Times*, 16 March 2010.

18   Vibeke Venema, 'The Indian sanitary pad revolutionary', *BBC Magazine*, 4 March 2014.

19   Oni Lusk-Stover, Rosemary Rop, Elaine Tinsely and Tamer Samah Rabie, 'Globally, periods are causing girls to be absent from school', World Bank Blog: Education for Global Development, 27 June 2016, https://blogs.worldbank.org/education/globally-periods-are-causinggirls-be-absent-school.

20   Thomas Friedman, 'Cellphones, Maxi-Pads and Other Life-Changing Tools', *New York Times*, 6 April 2007.

28. CCTV

1   Albert Abramson, *The History of Television, 1942 to 2000* (Jefferson: McFarland, 2002).

2   Michael Marek, 'The V-2: the first space rocket', Deutsche Welle, 2 October 2012, https://www.dw.com/en/the-v-2-the-first-space-rocket/a-16276064.

3   Bob Ward, *Dr. Space: The Life of Wernher Von Braun* (Annapolis: Naval Institute Press, 2005).

4   Abramson, *History of Television*.

5   Niall Jenkins, '245 million video surveillance cameras installed globally in 2014', IHS Markit, 11 June 2015, https://technology.ihs.com/532501/245-million-video-surveillance-cameras-installed-globally-in-2014.

6   Frank Hersey, 'China to have 626 million surveillance cameras within 3 years', Technode, 22 November 2017, https://technode.com/2017/11/22/china-to-have-626-million-surveillance-cameras-within-3-years/.

7   Dan Strumpf, Natasha Khan and Charles Rollet, 'Surveillance Cameras Made by China Are Hanging All Over the U.S.', *Wall Street Journal*, 12 November 2017, https://www.wsj.com/articles/surveillance-cameras-madeby-china-are-hanging-all-over-the-u-s-1510513949.

8   Paul Mozur, 'Inside China's Dystopian Dreams: A.I., Shame and Lots of Cameras', *New York Times*, 8 July 2018, https://www.nytimes.com/2018/07/08/business/china-surveillance-technology.html.

9   Matthew Carney, 'Leave no dark corner', ABC, 17 September 2018, http://www.abc.net.au/news/2018-09-18/china-social-credit-a-modelcitizen-in-a-digital-dictatorship/10200278.

10   Simina Mistreanu, 'Life Inside China's Social Credit Laboratory', *Foreign Policy*, 3 April 2018, https://foreignpolicy.com/2018/04/03/life-insidechinas-social-credit-laboratory/.

11   Mistreanu, 'China's Social Credit Laboratory'.

12   Mistreanu, 'China's Social Credit Laboratory'.

13   Mistreanu, 'China's Social Credit Laboratory'.

14   Henry Cowles, 'Orwell knew: we willingly buy the screens that are used against us', Aeon, 24 July 2018, https://aeon.co/ideas/orwell-knew-wewillingly-buy-the-screens-that-are-used-against-us.

15   https://www.smbc-comics.com/comic/listening.

16   Scott Carey, 'Does Amazon Alexa or Google Home listen to my conversations?', TechWorld, 25 May 2018, https://www.techworld.com/security/does-amazon-alexa-listen-to-my-conversations-3661967/.

17   Carney, 'Leave no dark corner'.

18   https://en.wikipedia.org/wiki/Panopticon.

29. 포르노

1   Lyrics by Robert Lopez and Jeff Marx; book by Jeff Whitty.

2   Mark Ward, 'Web porn: Just how much is there?', BBC News, 1 July 2013, https://www.bbc.co.uk/news/technology-23030090.

3   https://www.alexa.com/topsites (접속일: 2018. 9. 24). 넷플릭스의 순위는 26위, 폰헙의 순위는 28위, 링크트인의 순위는 29위다.

4   R. Dale Guthrie, *The Nature of Paleolithic Art* (Chicago: University of Chicago Press, 2005).

5   http://www.britishmuseum.org/explore/a_history_of_the_world/objects.aspx#7.

6   Ilan Ben Zion, '4,000-year-old erotica depicts a strikingly racy ancient sexuality', *Times of Israel*, 17 January 2014, https://www.timesofisrael.com/4000-year-old-erotica-depicts-a-strikingly-racy-ancient-sexuality/.

7   April Holloway, 'Sex Pottery of Peru: Moche Ceramics Shed Light on Ancient Sexuality',

6 May 2015, https://www.ancient-origins.net/artifacts-other-artifacts/sex-pottery-peru-moche-ceramics-shed-light-ancient-sexuality-003017.

8 https://en.wikipedia.org/wiki/Kama_Sutra.

9 Patchen Barss, *The Erotic Engine: How Pornography Has Powered Mass Communication, from Gutenberg to Google* (Toronto: Doubleday Canada, 2010).

10 Barss, *Erotic Engine*.

11 https://www.etymonline.com/word/pornography.

12 Barss, *Erotic Engine*.

13 Eric Schlosser, *Reefer Madness: Sex, Drugs, and Cheap Labor in the American Black Market* (New York: HMH, 2004).

14 Barss, *Erotic Engine*.

15 Jonathan Coopersmith, 'Pornography, Videotape and the Internet', *IEEE Technology and Society Magazine*, Spring 2000.

16 Peter H. Lewis, 'Critics Troubled By Computer Study On Pornography', *New York Times*, 3 July 1995, https://www.nytimes.com/1995/07/03/business/critics-troubled-by-computer-study-on-pornography.html.

17 Barss, *Erotic Engine*.

18 Lewis Perdue, *EroticaBiz: How Sex Shaped the Internet* (Lincoln: Writers Club Press, 2002).

19 Joe Pinsker, 'The Hidden Economics of Porn', *Atlantic*, 4 April 2016, https://www.theatlantic.com/business/archive/2016/04/pornographyindustry-economics-tarrant/476580/.

20 Jon Ronson, The Butterfly Effect, http://www.jonronson.com/butterfly.html.

21 Jon Ronson, 'Jon Ronson on bespoke porn: "Nothing is too weird. We consider all requests" ', *Guardian*, 29 July 2017, https://www.theguardian.com/culture/2017/jul/29/jon-ronson-bespoke-porn-nothing-is-tooweird-all-requests.

22 David Auerbach, 'Vampire Porn', Slate, 23 October 2014, http://www.slate.com/articles/technology/technology/2014/10/mindgeek_porn_monopoly_its_dominance_is_a_cautionary_tale_for_other_industries.html.

23 https://www.youtube.com/watch?v=gTY1o0w_uEA.

24 Bruce Y. Lee, 'In Case You Are Wondering, Sex With Robots May Not Be Healthy', *Forbes*, 5 June 2018, https://www.forbes.com/sites/brucelee/2018/06/05/in-case-you-are-wondering-sex-with-robotsmay-not-be-healthy.

30. 금주법

1 Daniel Okrent, *Last Call: The Rise and Fall of Prohibition* (New York: Simon and Schuster, 2010).

2 Walter A. Friedman, *Fortune Tellers: The Story of America's First Economic Forecasters* (Princeton, NJ: Princeton University Press, 2013).

3 Mark Thornton, *The Economics of Prohibition* (Salt Lake City: University of Utah Press, 1991).

4   Okrent, *Last Call*.

5   Thornton, *Economics of Prohibition*.

6   Lisa McGirr, *The War on Alcohol: Prohibition and the Rise of the American State* (New York: WW Norton, 2015).

7   Mark Thornton, 'Cato Institute Policy Analysis No. 157: Alcohol Prohibition Was a Failure', Cato Institute, 1991, https://object.cato.org/sites/cato.org/files/pubs/pdf/pa157.pdf.

8   McGirr, *War on Alcohol*.

9   McGirr, *War on Alcohol*.

10   Thornton, *Economics of Prohibition*.

11   Thornton, *Economics of Prohibition*.

12   Gary S. Becker, 'Crime and Punishment: An Economic Approach', *Journal of Political Economy* 76.2 (1968): 169-217.

13   Tim Harford, 'It's the humanity, stupid: Gary Becker has lunch with the FT', 17 June 2006, http://timharford.com/2006/06/its-the-humanitystupid-gary-becker-has-lunch-with-the-ft/.

14   Okrent, *Last Call*.

15   Okrent, *Last Call*.

16   Thornton, *Economics of Prohibition*.

17   Thornton, *Economics of Prohibition*.

18   Thornton, *Economics of Prohibition*.

19   Observation based on https://en.wikipedia.org/wiki/Prohibition (accessed 5 January 2019).

20   Eimor P. Santos, 'No alcohol, cockfights: What you can't do on May 14 election day', CNN Philippines, 12 May 2018, http://cnnphilippines.com/news/2018/05/12/Gun-ban-liquor-ban-what-you-cant-do-on-May-14-election-day.html.

21   'Alcohol sales ban tightened for Asanha Bucha, Lent', *The Nation*, 26 July 2018, http://www.nationmultimedia.com/detail/breakingnews/30350856.

22   Brian Wheeler, 'The slow death of prohibition', BBC News, 21 March 2012, https://www.bbc.co.uk/news/magazine-17291978.

23   https://en.wikipedia.org/wiki/Blue_laws_in_the_United_States.

24   'Revisiting Bootleggers and Baptists', Policy Report, Cato Institute, 17 September 2014, https://www.cato.org/policy-report/septemberoctober-2014/revisiting-bootleggers-baptists.

25   Philip Wallach and Jonathan Rauch, 'Bootleggers, Baptists, bureaucrats, and bongs: How special interests will shape marijuana legalization', Center for Effective Public Management at Brookings, June 2016, https://www.brookings.edu/wp-content/uploads/2016/07/bootleggers.pdf.

26   https://en.wikipedia.org/wiki/Legality_of_cannabis.

27   Christopher Snowdon, IEA Discussion Paper No. 90, 'Joint Venture: Estimating the Size

and Potential of the UK Cannabis Market', Institute for Economic Affairs, 2018, https://iea. org.uk/wp-content/uploads/2018/06/DP90_Legalising-cannabis_web-1.pdf.

28 'Ending the Drug Wars', Report of the LSE Expert Group on the Economics of Drug Policy, London School of Economics and Political Science, 2014, http://eprints.lse.ac.uk/56706/1/ Ending_the%20_drug_wars.pdf.

29 Sarah Sullivan, 'Support for Grass Grows: 4 Steps to Keeping Workplaces Safe With New Marijuana Laws', Lockton Companies, 2017, https://www.lockton.com/whitepapers/ Sullivan_Legalizing_Marijuana_April_2017_lo_res.pdf.

31. '좋아요' 버튼

1   https://dharmacomics.com/about/.

2   Julian Morgans, 'The Inventor of the "Like" Button Wants You to Stop Worrying About Likes', Vice, 6 July 2017, https://www.vice.com/en_uk/article/mbag3a/the-inventor-of-the-like-button-wants-you-to-stopworrying-about-likes.

3   Trevor Haynes blog, 'Dopamine, Smartphones & You: A battle for your time', 1 May 2018, http://sitn.hms.harvard.edu/flash/2018/dopamine-smartphones-battle-time/; Bethany Brookshire, 'Dopamine Is _____: Is it love? Gambling? Reward? Addiction?', 3 July 2013, http://www.slate.com/articles/health_and_science/science/2013/07/what_is_dopamine_love_ lust_sex_addiction_gambling_motivation_reward.html; Adam Alter, *Irresistible* (New York: Penguin Books, 2017).

4   Morgans, 'The Inventor'.

5   Victor Luckerson, 'The Rise of the Like Economy', The Ringer, 15 February 2017, https:// www.theringer.com/2017/2/15/16038024/how-thelike-button-took-over-the-internet-ebe778be2459.

6   https://www.quora.com/Whats-the-history-of-the-Awesome-Buttonthat-eventually-became-the-Like-button-on-Facebook.

7   Gayle Cotton, 'Gestures to Avoid in Cross-Cultural Business: In Other Words, "Keep Your Fingers to Yourself!"', *Huffington Post*, 13 June 2013, https://www.huffingtonpost.com/gayle-cotton/cross-culturalgestures_b_3437653.html.

8   Morgans, 'The Inventor'.

9   Hannes Grassegger and Mikael Krogerus, 'The Data That Turned the World Upside Down', Motherboard, 28 January 2017, https://motherboard.vice.com/en_us/article/mg9vvn/how-our-likes-helped-trump-win.

10 Grassegger and Krogerus, 'The Data'.

11 Jacob Kastrenakes, 'Facebook will limit developers' access to account data', The Verge, 21 March 2018, https://www.theverge.com/2018/3/21/17148726/facebook-developer-data-crackdown-cambridge-analytica.

12 David Nield, 'You Probably Don't Know All the Ways Facebook Tracks You', 8 June 2017,

https://fieldguide.gizmodo.com/all-the-ways-facebooktracks-you-that-you-might-not-kno-1795604150.

13 Rob Goldman, 'Hard Questions: What Information Do Facebook Advertisers Know About Me?', Facebook, 23 April 2018, https://newsroom.fb.com/news/2018/04/data-and-advertising/.

14 Julia Angwin, Ariana Tobin and Madeleine Varner, 'Facebook (Still) Letting Housing Advertisers Exclude Users by Race', ProPublica, 21 November 2017, https://www.propublica.org/article/facebook-advertisingdiscrimination-housing-race-sex-national-origin.

15 Julia Angwin, Madeleine Varner and Ariana Tobin, 'Facebook Enabled Advertisers to Reach "Jew Haters"', ProPublica, 14 September 2017, https://www.propublica.org/article/facebook-enabled-advertisers-toreach-jew-haters.

16 BBC, 'Facebook data: How it was used by Cambridge Analytica', BBC, https://www.bbc.co.uk/news/av/technology-43674480/facebook-data-how-it-was-used-by-cambridge-analytica.

17 Grassegger and Krogerus, 'The Data'.

18 Sam Machkovech, 'Report: Facebook helped advertisers target teens who feel "worthless"', Ars Technica. 1 May 2017, https://arstechnica.com/information-technology/2017/05/facebook-helped-advertisers-target-teenswho-feel-worthless/.

19 'Comments on Research and Ad Targeting', Facebook, 30 April 2017, https://newsroom.fb.com/news/h/comments-on-research-and-adtargeting/.

20 'Facebook admits failings over emotion manipulation study', BBC, 3 October 2014, https://www.bbc.co.uk/news/technology-29475019.

21 Olivia Goldhill, 'The psychology behind Cambridge Analytica is massively overhyped', Quartz, 29 March 2018, https://qz.com/1240331/cambridgeanalytica-psychology-the-science-isnt-that-good-at-manipulation/.

22 Mark Irvine, 'Facebook Ad Benchmarks for YOUR Industry [Data]', The Wordstream Blog, 28 February 2017, https://www.wordstream.com/blog/ws/2017/02/28/facebook-advertising-benchmarks.

CHAPTER 6 힘을 모으다

32. 카사바 처리법

1 https://www.damninteresting.com/the-curse-of-konzo/; Geoff Watts, 'Hans Rosling: Obituary', *Lancet*, 389.18 (February 2017), https://www.thelancet.com/pdfs/journals/lancet/PIIS0140-6736(17)30392-6.pdf.

2 J. Henrich and R. McElreath, 'The evolution of cultural evolution', *Evolutionary Anthropology:*

Issues, News, and Reviews 12.3 (2003): 123-35, https://henrich.fas.harvard.edu/files/henrich/files/henrich_mcelreath_2003.pdf.

3   http://www.burkeandwills.net.au/Brief_History/Chapter_15.htm.

4   Jared Diamond, *Guns, Germs and Steel* (New York: WW Norton, 2005), p. 296.

5   Joseph Henrich, *The Secret of Our Success* (Woodstock: Princeton University Press, 2016), ch. 3. See also Robert Boyd and Peter J. Richerson, *The Origin and Evolution of Cultures* (New York: Oxford University Press, 2005).

6   Cornell College of Agriculture and Life Sciences, https://poisonousplants.ansci.cornell.edu/toxicagents/thiaminase.html.

7   http://www.abc.net.au/science/articles/2007/03/08/2041341.htm; Henrich, The Secret, ch. 3.

8   http://www.fao.org/docrep/009/x4007e/X4007E04.htm#ch3.2.1.

9   Peter Longerich, *Holocaust: The Nazi Persecution and Murder of the Jews* (New York: Oxford University Press, 2010), pp. 281-2.

10   Henrich, *The Secret*, ch. 7.

11   Hipolito Nzwalo and Julie Cliff, 'Konzo: From Poverty, Cassava, and Cyanogen Intake to Toxico-Nutritional Neurological Disease', *PLOS Neglected Tropical Diseases*, June 2011. https://www.ncbi.nlm.nih.gov/pmc/articles/PMC3125150/.

12   Amy Maxmen, 'Poverty plus a poisonous plant blamed for paralysis in rural Africa', https://www.npr.org/sections/thesalt/2017/02/23/515819034/poverty-plus-a-poisonous-plant-blamed-for-paralysis-in-rural-africa.

13   A. P. Cardoso, E. Mirione, M. Ernesto, F. Massaza, J. Cliff, M. R. Haque, J. H. Bradbury, 'Processing of cassava roots to remove cyanogens', *Journal of Food Composition Analysis* 18 (2005): 451-60.

14   Henrich, *The Secret*, ch. 7.

15   Henrich, *The Secret*. The quote is from p. 99.

16   Maxime Derex, Jean-Francois Bonnefon, Robert Boyd, Alex Mesoudi, 'Causal understanding is not necessary for the improvement of culturally evolving technology', https://psyarxiv.com/nm5sh/.

17   Henrich, *The Secret*, ch. 2.

18   For example, A. Whiten et al., 'Social Learning in the Real-World', *PLOS ONE* 11.7 (2016), https://doi.org/10.1371/journal.pone.0159920.

19   Tyler Cowen and Joseph Henrich in conversation, https://medium.com/conversations-with-tyler/joe-henrich-culture-evolution-weird-psychology-social-norms-9756a97850ce.

33. 연금

1   Kim Hill and A.Magdalena Hurtado, *Aché Life History: The Ecology and Demography of a Foraging People* (London: Taylor & Francis, 1996), pp. 235-6.

2   Jared Diamond, *The World Until Yesterday: What Can We Learn from Traditional Societies?*

(Harmondsworth: Penguin Books, 2012), pp. 215-16.

3   Diamond, *World Until Yesterday*, pp. 210, 227-8.

4   Diamond, *World Until Yesterday*, p. 234.

5   Robert L. Clark, Lee A. Craig and Jack W. Wilson, *A History of Public Sector Pensions in the United States* (Philadelphia: University of Pennsylvania Press, 2003).

6   Sarah Laskow, 'How Retirement Was Invented', *Atlantic*, 24 October 2014, https://www.theatlantic.com/business/archive/2014/10/how-retirementwas-invented/381802/.

7   *Social protection for older persons: Policy trends and statistics 2017-19*, International Labour Office, Social Protection Department, Geneva, 2018, available at https://www.ilo.org/wcmsp5/groups/public/---ed_protect/---soc_sec/documents/publication/wcms_645692.pdf.

8   World Bank, *Averting the Old Age Crisis: Policies to Protect the Old and Promote Growth* (1994). 이 보고서는 "이 복잡하고 시급한 문제를 전 세계에 걸쳐 포괄적으로 분석한 최초의 보고서"라고 자평한다.

9   OECD, *Pensions at a Glance, 2011* (2011), Figure 1.3, available at https://www.oecd-ilibrary.org/docserver/pension_glance-2011-5-en.pdf.

10 https://www.oecd-ilibrary.org/economics/oecd-factbook-2015-2016/total-fertility-rates_factbook-2015-table3-en.

11 World Economic Forum, 'We'll Live to 100 -How Can We Afford It?', May 2017, available at: http://www3.weforum.org/docs/WEF_White_Paper_We_Will_Live_to_100.pdf.

12 *Economist, Falling Short. Pensions Special Report*, 9 April 2011, p. 7.

13 *Economist, Falling Short*, p. 1.

14 OECD, *Financial Incentives and Retirement Savings* (2018), available at: https://doi.org/10.1787/9789264306929-en.

15 'We'll Live to 100'.

16 https://www.youtube.com/watch?v=mS9LCR5P5wl

17 Henrik Cronqvist, Richard H. Thaler and Frank Yu, *When Nudges Are Forever: Inertia in the Swedish Premium Pension Plan*, AEA Papers and Proceedings 108 (May 2018).

18 See e.g. World Economic Forum, *Investing in (and for) Our Future* (2019), p. 21, available at: http://www3.weforum.org/docs/WEF_Investing_in_our_Future_report_2019.pdf.

19 Diamond, *World Until Yesterday*, p. 214.

34. 쿼티

1   Koichi Yasuoka and Motoko Yasuoka, 'On the Prehistory of QWERTY', ZINBUN 42 (2011): 161-74, https://doi.org/10.14989/139379.

2   Paul David, 'Clio and the Economics of QWERTY', *American Economic Review* 75 (May 1985): 332-7.

3   Jimmy Stamp, 'Fact of fiction? The Legend of the QWERTY keyboard', *Smithsonian Magazine*

3 (May 2013), https://www.smithsonianmag.com/arts-culture/fact-of-fiction-the-legend-of-the-qwerty-keyboard-49863249/.

4 Stan Liebowitz and Stephen Margolis, 'The Fable of the Keys', *Journal of Law & Economics* XXXIII (April 1990), https://www.utdallas.edu/~liebowit/keys1.html.

5 Victor Keegan, 'Will MySpace Ever Lose Its Monopoly?', *Guardian*, 8 February 2007, https://www.theguardian.com/technology/2007/feb/08/business.comment.

35. 랭스트로스 벌통

1 Bernard Mandeville, *The Fable of the Bees or Private Vices, Publick Benefits*, vol. 1 (1732).

2 James Meade, 'External Economics and Diseconomies in a Competitive Situation', *Economic Journal* 62.245 (1952), https://www.jstor.org/stable/2227173.

3 Bee Wilson, *The Hive: The Story of the Honeybee and Us* (London: John Murray, 2004).

4 Randal Rucker and Walter Thurman, 'Colony Collapse Disorder: The Market Response to Bee Disease', *PERC Policy Series* 50 (2012).

5 https://patents.google.com/patent/US9300A/en.

6 Wilson, *Hive*, pp. 222-5.

7 Steven N. S. Cheung, 'The Fable of the Bees: An Economic Investigation', *Journal of Law and Economics* 16.1 (1973): 11-33.

8 *Economic Impacts of the California Almond Industry* (University of California Agricultural Issues Center), Appendix 2, http://aic.ucdavis.edu/almonds/Economic%20Impacts%20of%20California%20Almond%20Industry_Full%20Report_FinalPDF_v2.pdf .

9 Byard Duncan, 'California's almond harvest has created a golden opportunity for bee thieves', *Reveal News*, 8 October 2018, https://www.revealnews.org/article/californias-almond-harvest-has-created-a-goldenopportunity-for-bee-thieves/.

10 그 수에 대한 출처는 다양하다. 『Scientific American』의 기사는 다양한 가정에 따라 200억 마리에서 800억 마리로 추산한다. https://www.scientificamerican.com/article/migratory-beekeeping-mindboggling-math/; 데이브 굴슨^{Dave Goulson}의 『Bee Quest』(London: Jonathan Cape, 2017)는 그 수를 800억 마리로 본다. 굴슨 교수는 호박벌 전문가이지만 이 수치에 대한 출처는 제공하지 않는다.

11 Wilson, *Hive*, p. 54.

12 Goulson, *Bee Quest*, pp. 115-20.

13 Shawn Regan, 'How Capitalism Saved The Bees', https://www.perc.org/2017/07/20/how-capitalism-saved-the-bees/; Econtalk podcast: Wally Thurman on bees, beekeeping and Coase, http://www.econtalk.org/wallythurman-on-bees-beekeeping-and-coase/ 16 Dec 2013. 또한 2017년 11월에 하원 도서관House of Commons Library이 발표한 영국의 벌 개체 수에 관한 보고서는 야생벌 개체 수가 늘어나고 있다고 결론지었다. https://researchbriefings.parliament.uk/ResearchBriefing/Summary/CDP-2017-0226.

14 https://www.gov.uk/government/news/a-boost-for-bees-900-millioncountryside-

stewardship-scheme.

36. 댐

1　Norman Smith, *A History of Dams* (London: Peter Davies, 1971), http://www.hydriaproject. info/en/egypt-sadd-al-kafara-dam/waterworks22/.

2　'The Ups and Downs of Dams', *Economist*, 22 May 2010, https://www.economist.com/ special-report/2010/05/22/the-ups-and-downs-of-dams.

3　*BP Statistical Review of World Energy* (2019), p. 9, https://www.bp.com/content/dam/bp/ business-sites/en/global/corporate/pdfs/energy-economics/statistical-review/bp-stats-review-2019-full-report.pdf.

4　http://en.people.cn/200510/01/eng20051001_211892.html.

5　Philip Ball, *The Water Kingdom* (London: Vintage, 2016), pp. 226-9.

6　Smith, Dams.

7　Charles Perrow, *Normal Accidents* (Chichester: Princeton University Press, 1999); Matthys Levy and Mario Salvadori, *Why Buildings Fall Down* (New York: WW Norton, 2002).

8　Protocol Additional to the Geneva Conventions of 12 August 1949, and relating to the Protection of Victims of International Armed Conflicts (Protocol I), 8 June 1977. Article 56, https://ihl-databases.icrc.org/ihl/WebART/470-750071.

9　Benedict Mander, 'Brazil's Itaipu dam treaty with Paraguay up for renewal', *Financial Times*, 20 September 2017, https://www.ft.com/content/bf02af96-7eb8-11e7-ab01-a13271d1ee9c.

10　'Ups and Downs', *Economist*.

11　인류학자인 세이어 스쿠더Thayer Scudder에 따르면 12만 명이다. https://link.springer.com/ book/10.1007%2F978-981-10-1935-7— and Smith, Dams. 미국지리학협회National Geographic Society 는 그 수를 훨씬 적은 5만 명으로 본다. https://www.nationalgeographic.org/thisday/jul21/ aswan-dam-completed/.

12　Elinor Ostrom, 'Incentives, Rules of the Game, and Development', Annual Bank Conference of Development Economics, World Bank, May 1995.

13　Esther Duflo and Rohini Pande, 'Dams', *Quarterly Journal of Economics*, MIT Press 122.2 (2007): 601-46.

14　Sheila M. Olmstead and Hilary Sigman, 'Damming the Commons: An Empirical Analysis of International Cooperation and Conflict in Dam Location', *Journal of the Association of Environmental and Resource Economists*, University of Chicago Press 2.4 (2015): 497-526.

15　Heba Saleh and Tom Wilson, 'Tensions rise between Ethiopia and Egypt over use of river Nile', *Financial Times*, 20 October 2019, https://www.ft.com/content/b0ae7a52-f18d-11e9-ad1e-4367d8281195.

16　Asit K. Biswas, 'Aswan Dam Revisited: The Benefits of a Much-Maligned Dam', *Development and Cooperation* 6 (November/December 2002): 25-7, https://www.icid.org/ aswan_paper.pdf; and 'The Aswan High Dam', https://www.water-technology.net/projects/

aswan-high-dam-nilesudan-egypt/.

17   Duflo and Pande, 'Dams'.

CHAPTER 7   하나뿐인 지구

37. 불

1   E. C. Pulaski, 'Surrounded by Forest Fires: My Most Exciting Experience as a Forest Ranger', American Forestry, available at https://foresthistory.org/wp-content/uploads/2017/02/Surrounded-by-Forest-Firest-By-E.C.-Pulaski.pdf.

2   Pulaski, 'Surrounded'.

3   The Great Fire of 1910. Available at: https://www.fs.usda.gov/Internet/FSE_DOCUMENTS/stelprdb5444731.pdf.

4   Pulaski, 'Surrounded'.

5   Andrew C. Scott, David M. J. S. Bowman, William J. Bond, Stephen J. Pyne, Martin E. Alexander, *Fire on Earth — an Introduction* (Chichester: Wiley-Blackwell, 2014).

6   Andrew C. Scott, *Burning Planet: The Story of Fire Through Time* (Oxford: Oxford University Press, 2018).

7   Charles Q. Choi, 'Savanna, Not Forest, Was Human Ancestors' Proving Ground', 3 August 2011, https://www.livescience.com/15377-savannashuman-ancestors-evolution.html.

8   'I Wan'na Be Like You (The Monkey Song)', lyrics available at: http://disney.wikia.com/wiki/I_Wan%27na_Be_Like_You.

9   Dennis Sandgathe and Harold L. Dibble, 'Who Started the First Fire?', 26 January 2017, https://www.sapiens.org/archaeology/neanderthal-fire/.

10   J. A. J. Gowlett, 'The discovery of fire by humans: a long and convoluted process', available at: http://rstb.royalsocietypublishing.org/content/371/1696/20150164.

11   Martha Carney, 'Local knowledge says these raptors hunt with fire', 25 February 2018, https://www.futurity.org/firehawks-fire-birds-1687992-2/.

12   Sandgathe and Dibble, 'Who Started'.

13   Gowlett, 'The discovery'.

14   Scott, *Burning Planet*.

15   Richard Wrangham, *Catching Fire: How Cooking Made Us Human* (London: Profile Books, 2009).

16   J. A. J. Gowlett, 'Firing Up the Social Brain', University of Liverpool, *Proceedings of the British Academy* 158 (January 2012), https://www.researchgate.net/publication/281717936_Firing_Up_the_Social_Brain.

17   Stephen J. Pyne, 'The Fire Age', 5 May 2015, https://aeon.co/essays/how-humans-made-fire-and-fire-made-us-human.

18　World Health Organization, 'Household air pollution and health', 8 May 2018, http://www. who.int/news-room/fact-sheets/detail/household-airpollution-and-health.

19　Scott, *Burning Planet*.

20　Scott, *Burning Planet*.

21　Greg Ip, *Foolproof: Why Safety Can Be Dangerous and How Danger Makes Us Safe* (London: Hachette UK, 2015).

38. 석유

1　Lisa Margonelli, *Oil on the Brain* (New York: Penguin Random House, 2007), p. 285.

2　'Pithole's Rise And Fall', *New York Times*, 26 December 1879, https://timesmachine.nytimes. com/timesmachine/1879/12/26/80704720.pdf.

3　Matthew Yeomans, *Oil* (New York: New Press, 2004), pp. xvi-xvii.

4　*BP Statistical Review of World Energy 2018*, p. 9, https://www.bp.com/content/dam/bp/ business-sites/en/global/corporate/pdfs/energy-economics/statistical-review/bp-stats-review-2018-full-report.pdf.

5　Eliot Jones, *The Trust Problem in the United States* (New York: Macmillan, 1921), p. 47, https:// archive.org/details/trustprobleminu00jonegoog/page/n72.

6　Maria Gallucci, 'Container Ships Use Super-Dirty Fuel. That Needs To Change', *Wired*, 9 November 2017, https://www.wired.com/story/container-ships-use-super-dirty-fuel-that-needs-to-change/.

7　James Hamilton, 'Oil Shocks and Recession', *Econbrowser*, April 2009, http:// econbrowser.com/archives/2009/04/oil_shocks_and_1; and Justin Lahart, 'Did The Oil Price Boom Of 2008 Cause Crisis?', *Wall Street Journal*, 3 April 2009, https://blogs.wsj.com/ economics/2009/04/03/did-the-oil-priceboom-of-2008-cause-crisis/.

8　Daniel Yergin, *The Prize* (London: Simon and Schuster, 1991), pp. 11-12.

9　'Britain Fights Oil Nationalism', *New York Times Archive*, https://archive.nytimes.com/www. nytimes.com/library/world/mideast/041600iran-cia-chapter1.html.

10　Javier Blas and Will Kennedy, 'Saudi Aramco's $2 Trillion Zombie IPO', *Bloomberg*, 7 July 2018, https://www.bloomberg.com/news/articles/2018-07-07/saudi-aramco-s-2-trillion-zombie-ipo.

11　Anthony J. Venables, 'Using Natural Resources for Development: Why Has It Proven So Difficult?', *Journal of Economic Perspectives* 30.1: 161-84, doi:10.1257/jep.30.1.161; and Michael Ross, 'What Have We Learned about the Resource Curse?', *Annual Review of Political Science* 18 (2015): 239-59, doi:10.1146/annurev-polisci-052213-040359.

12　Alexandra Starr, 'Caracas: Living Large On Oil', *American Scholar*, 1 March 2007, https:// theamericanscholar.org/letter-from-caracas/#.XFg5Olz7SUk.

13　Bill Gates, 'Beating Nature at Its Own Game', *Gates Notes*, 14 March 2018, https://www. gatesnotes.com/Energy/Beating-Nature.

14   Spencer Dale, 'New Economics of Oil', Speech to the Society of Business Economists Annual Conference, 13 October 2015.

39. 고무경화법

1   Sharon Sliwinski, *The Kodak on the Congo* (London: Autograph ABP, 2010), available at: https://www.academia.edu/2464487/In_the_early_1900s_the_missionaries_Alice_Seeley_Harris.

2   Adam Hochschild, *King Leopold's Ghost* (New York/Boston: Mariner Books, 1999), p. 120.

3   Sliwinski, *Kodak on the Congo*.

4   Hochschild, *Leopold's Ghost*, p. 120.

5   Bradford Kinney Peirce, *Trials of an Inventor: Life and Discoveries of Charles Goodyear* (New York: Carlton & Porter, 1868).

6   Charles Sack, *Noble Obsession: Charles Goodyear, Thomas Hancock, and the Race to Unlock the Greatest Industrial Secret of the Nineteenth* Century (New York: Hyperion, 2002).

7   Sack, *Noble Obsession*.

8   Sack, *Noble Obsession*.

9   Sack, *Noble Obsession*.

10   Hochschild, *Leopold's Ghost*, p. 158.

11   Sack, *Noble Obsession*.

12   Hochschild, *Leopold's Ghost*, p. 158.

13   Hochschild, *Leopold's Ghost*, pp. 160-2.

14   World Rubber Industry, 23 June 2016, https://www.prnewswire.com/news-releases/world-rubber-industry-300289614.html.

15   U.S. Synthetic Rubber Program, American Chemical Society, https://www.acs.org/content/acs/en/education/whatischemistry/landmarks/syntheticrubber.html.

16   Sheldon Brown and John Allen, 'Bicycle Tires and Tubes', https://www.sheldonbrown.com/tires.html.

17   Michelle Labbe, 'Properties of Natural & Synthetic Rubber', Sciencing, https://sciencing.com/properties-natural-synthetic-rubber-7686133.html.

18   Charles C. Mann, 'Why We (Still) Can't Live Without Rubber', *National Geographic*, December 2015, https://www.nationalgeographic.com/magazine/2016/01/southeast-asia-rubber-boom/.

19   Mbom Sixtus, 'Indigenous communities at risk as Chinese rubber firm uses land', 10 December 2018, https://www.aljazeera.com/indepth/features/indigenous-communities-risk-chinese-rubber-firm-land-181209211730629.html.

40. 워디언 케이스

1   Robert Fortune, *Three Years Wanderings in the Northern Provinces of China* (London:

Spottiswoode and Shaw, 1847), available at: http://www.gutenberg.org/files/54720/54720-h/54720-h.htm.

2 Nathaniel Bagshaw Ward, *On the Growth of Plants in Closely Glazed Cases* (London: John van Voorst, 1842).

3 Maggie Campbell-Culver, *The Origin of Plants: The people and plants that have shaped Britain's garden history since the year 1000* (London: Transworld, 2001).

4 Ward, *Growth of Plants*.

5 Ward, *Growth of Plants*.

6 Toby Musgrave, Chris Gardner, Will Musgrave, *The Plant Hunters. Two Hundred Years of Adventure and Discovery Around the World* (London: Seven Dials, 1999).

7 Musgrave et al. *The Plant Hunters*.

8 Christopher Thacker, *The History of Gardens* (Berkeley, CA: University of California Press, 1979).

9 https://en.wikipedia.org/wiki/William_Cavendish,_6th_Duke_of_Devonshire.

10 R. R. Resor, 'Rubber in Brazil: Dominance and Collapse, 1876-945', *Business History Review* 51.03 (1977): 341-66, doi:10.2307/3113637.

11 Sarah Rose, *For All the Tea in China: Espionage, Empire and the Secret Formula for the World's Favourite Drink* (London: Random House, 2013).

12 Rose, *For All the Tea*.

13 Fortune, *Three Years Wanderings*.

14 Luke Keogh, 'The Wardian Case: How a Simple Box Moved the Plant Kingdom', *Arnoldia* 74.4 (May 2017), Arnold Arboretum of Harvard University, available at: http://arnoldia.arboretum.harvard.edu/pdf/issues/2017-74-4-Arnoldia.pdf.

15 Keogh, 'Wardian Case'.

16 Daniel R. Headrick, *The Tools of Empire: Technology and European Imperialism in the Nineteenth Century* (Oxford: Oxford University Press, 1981).

41. 셀로판

1 'You're The Top', Cole Porter, lyrics at: https://www.lyricsmode.com/lyrics/c/cole_porter/youre_the_top.html.

2 'Plastic-wrapped bananas and the "kiwi spoon": your packaging peeves', *Guardian*, 29 August 2017, https://www.theguardian.com/sustainable-business/2017/aug/29/plastic-packaging-peeves-strawsavocados-single-use-waste-supermarkets-your-photos.

3 'Are seafood lovers really eating 11,000 bits of plastic per year?', Reality Check team, BBC News, 17 December 2017, https://www.bbc.co.uk/news/science-environment-42270729.

4 Stephen Fenichell, *Plastic: The Making of a Synthetic Century* (London: HarperBusiness, 1996).

5 Heather S. Morrison, *Inventors of Food and Agriculture Technology* (New York: Cavendish

Square Publishing, 2015).

6   Ai Hisano, *Cellophane, the New Visuality, and the Creation of Self-Service Food Retailing*, Harvard Business School Working Paper (2017): 17-106.

7   David A. Hounshell, John Kenly Smith, Jr, Victor Smith, *Science and Corporate Strategy: Du Pont R and D, 1902-1980* (Cambridge: Cambridge University Press, 1988).

8   *Inventors and Inventions*, vol. 1, Marshall Cavendish, 2008.

9   Hounshell et al., *Science and Corporate Strategy*.

10 Hisano, *Cellophane*.

11 Craig Davidson and Fred Orval Briton, *How to Make Money Selling Meat* (The Progressive Grocer, 1937), cited in Hisano, *Cellophane*.

12 Hisano, Cellophane.

13 Mary Bellis, 'The Inventor of Saran Wrap', Thoughtco, 19 November 2019, https://www.thoughtco.com/history-of-pvdc-4070927.

14 Alan Greene, *Raising Baby Green: The Earth-Friendly Guide to Pregnancy, Childbirth, and Baby Care* (San Francisco: John Wiley & Sons, 23 Dec 2010), p. 151, https://books.google.co.uk/books?id=GstzPDifvsIC&pg=PA151.

15 https://en.wikipedia.org/wiki/Phase-out_of_lightweight_plastic_bags.

16 'Types of Plastic Packaging', The Waste and Resources Action Programme (WRAP), http://www.wrap.org.uk/collections-and-reprocessing/dry-materials/plastics/guidance/types-plastic-packaging.

17 Alexander H. Tullo, 'The cost of plastic packaging', *Chemical & Engineering News* 94.41 (17 October 2016): 32-7, https://cen.acs.org/articles/94/i41/cost-plastic-packaging.html.

18 See e.g. Lars G. Wallentin, 'Multi-layer materials', 6 January 2018, http://www.packagingsense.com/2018/01/06/multi-layer-materials/ and Tom Szaky, 'Is less packaging really good for the environment?', 12 March 2015, https://www.weforum.org/agenda/2015/03/is-less-packaging-really-goodfor-the-environment/.

19 *Packaging in Perspective*, Advisory Committee on Packaging, October 2008, http://webarchive.nationalarchives.gov.uk/20130403095620/http://archive.defra.gov.uk/environment/waste/producer/packaging/documents/packaginginperspective.pdf.

20 *Packaging in Perspective*.

21 Sam Knight, 'Plastic -The Elephant In The Room', *Financial Times*, 26 April 2008.

22 Knight, 'Plastic'.

23 *Packaging in Perspective*.

24 *Life Cycle Assessment of grocery carrier bags*, Environmental Project no. 1985, The Danish Environmental Protection Agency (February 2018), https://www2.mst.dk/Udgiv/publicatio ns/2018/02/978-87-93614-73-4.pdf.

25 *Life Cycle Assessment*.

26 See e.g. *The New Plastics Economy: Rethinking the future of plastics*, Ellen MacArthur

Foundation, 19 January 2016, https://www.ellenmacarthurfoundation.org/publications/
the-new-plastics-economyrethinking-the-future-of-plastics.

42. 재활용

1   Dongguan Base, Nine Dragons Paper, http://www.ndpaper.com/en/business/dongguanbase.
    php.

2   Monica Sanders, 'Zhang Yin: The World's Richest Woman', https://www.legalzoom.com/
    articles/zhang-yin-the-worlds-richest-woman.

3   Evan Osnos, 'Wastepaper Queen', *New Yorker*, 23 March 2009, https://www.newyorker.
    com/magazine/2009/03/30/wastepaper-queen.

4   Adam Minter, 'Nine Dragons and a Whole Lotta Labor', 12 March 2008, http://
    shanghaiscrap.com/2008/03/nine-dragons-and-a-whole-lottalabor/.

5   'A Chinese ban on rubbish imports is shaking up the global junk trade', *Economist*, 17
    September 2018, https://www.economist.com/special-report/2018/09/29/a-chinese-ban-
    on-rubbish-imports-is-shaking-up-the-globaljunk-trade.

6   'A Chinese ban'.

7   Bob Tita, 'Recycling, Once Embraced by Businesses and Environmentalists, Now Under
    Siege', *Wall Street Journal*, 13 May 2018, https://www.wsj.com/articles/recycling-once-
    embraced-by-businesses-and-environmentalistsnow-under-siege-1526209200.

8   Leslie Hook and John Reed, 'Why the world's recycling system stopped working', *Financial
    Times*, 25 October 2018, https://www.ft.com/content/360e2524-d71a-11e8-a854-
    33d6f82e62f8.

9   https://en.wikipedia.org/wiki/Palimpsest.

10 Martin Medina, *The World's Scavengers: Salvaging for Sustainable Consumption and
    Production* (Lanham, MD): AltaMira Press, 2007, pp. 20-21.

11 Dard Hunter, *Papermaking: The History and Technique of an Ancient Craft*, 2nd ed (New York:
    Knopf, 1957), p. 54, quoted on 'Some of the Earliest Paper Recycling Occurred in Japan',
    Jeremy Norman's online History of Information, http://www.historyofinformation.com/
    expanded.php?id=3977.

12 Medina, *The World's Scavengers*, 2007, p. 70.

13 Life, 1 August 1955, available at: https://books.google.co.uk/books?id=xlYEAAAAMBAJ&pg=PA43.

14 Olivia B. Waxman, 'The History of Recycling in America Is More Complicated Than You May
    Think', *Time*, 15 November 2016, http://time.com/4568234/history-origins-recycling/.

15 https://www.youtube.com/watch?v=j7OHG7tHrNM.

16 Ginger Strand, 'The Crying Indian', Orion Magazine, 20 November 2008, https://
    orionmagazine.org/article/the-crying-indian/.

17 Finis Dunaway, 'The "Crying Indian" ad that fooled the environmental movement', *Chicago
    Tribune*, 21 November 2017, https://www.chicagotribune.com/news/opinion/commentary/

ct-perspec-indian-cryingenvironment-ads-pollution-1123-20171113-story.html.

18   Michele Nestor, 'Facing the Reality of Recycling Economics', Waste360, 4 August 2016, https://www.waste360.com/business/facing-reality-recyclingeconomics.

19   Dunaway, '"Crying Indian" ad'.

20   Monic Sun and Remi Trudel, 'The Effect of Recycling versus Trashing on Consumption: Theory and Experimental Evidence', Boston University, 16 May 2016. Available at: https://www.researchgate.net/profile/Monic_Sun/publication/303263301_The_Effect_ of_Recycling_versus_Trashing_on_Consumption_Theory_and_Experimental_Evidence/ links/573a555d08ae9f741b2ca8e1/The-Effect-of-Recycling-versus-Trashing-on- Consumption-Theory-and-Experimental-Evidence.pdf.

21   John Tierney, 'The Reign of Recycling', New York Times, 3 October 2015, https://www. nytimes.com/2015/10/04/opinion/sunday/the-reign-of-recycling.html.

22   Tierney, 'Reign of Recycling'.

23   Tita, 'Recycling'.

24   'Emerging economies are rapidly adding to the global pile of garbage', Economist, 27 September 2018, https://www.economist.com/special-report/2018/09/29/emerging- economies-are-rapidly-addingto-the-global-pile-of-garbage.

25   Towards the Circular Economy, World Economic Forum, January 2014, http://www3. weforum.org/docs/WEF_ENV_TowardsCircularEconomy_Report_2014.pdf.

26   https://www.bbc.co.uk/programmes/m0000t55.

27   Monica Nickelsburg, 'Meet the TrashBot: CleanRobotics is using machine learning to keep recycling from going to waste', 5 February 2018, https://www.geekwire.com/2018/meet- trashbot-cleanrobotics-using-machinelearning-keep-recycling-going-waste/.

28   Hook and Reed, 'World's recycling system'.

43. 난쟁이 밀

1   Noel Vietmeyer, Our Daily Bread: The Essential Norman Borlaug (Lorton: Bracing Books, 2011).

2   Dr Paul R. Ehrlich, The Population Bomb (New York: Ballantine Books, 1968).

3   Vietmeyer, Daily Bread.

4   Charles C. Mann, The Wizard and the Prophet: Two Groundbreaking Scientists and Their Conflicting Visions of the Future of Our Planet (New York: Picador, 2018).

5   http://www.worldometers.info/world-population/world-population-by-year/.

6   'Thomas Malthus (1766-834)', BBC History, http://www.bbc.co.uk/history/historic_figures/ malthus_thomas.shtml.

7   Thomas Malthus, An Essay on the Principle of Population, as it Affects the Future Improvement of Society with Remarks on the Speculations of Mr. Godwin, M. Condorcet, and Other Writers (London, 1798).

8   World Population Prospects: The 2017 Revision, 21 June 2017, UN Department of Economic

and Social Affairs, https://www.un.org/development/desa/publications/world-population-prospects-the-2017-revision.html.

9   Mann, *The Wizard*.

10 Paul Ehrlich, 'Collapse of civilisation is a near certainty within decades', interview with Damian Carrington, *Guardian*, 22 March 2018, https://www.theguardian.com/cities/2018/mar/22/collapse-civilisation-near-certain-decades-population-bomb-paul-ehrlich.

11 Mann, *The Wizard*.

12 Daniel Norero, 'GMO crops have been increasing yield for 20 years, with more progress ahead', Cornell Alliance for Science, 23 February 2018, https://allianceforscience.cornell.edu/blog/2018/02/gmo-crops-increasingyield-20-years-progress-ahead/.

13 Eric Niiler, 'Why Gene Editing Is the Next Food Revolution', *National Geographic*, 10 August 2018, https://www.nationalgeographic.com/environment/future-of-food/food-technology-gene-editing/.

14 Mann, *The Wizard*.

44. 태양광발전

1   Ken Butti and John Perlin, *A Golden Thread: 2500 Years of Solar Architecture and Technology* (London: Marion Boyars, 1981).

2   Varun Sivaram, *Taming the Sun* (Cambridge, MA: MIT Press, 2018), p. 29.

3   Werner Weiss and Franz Mauthner, *Solar Heat Worldwide: Markets and Contribution to the Energy Supply 2010* (Gleisdorf: Institute for Sustainable Technologies, 2012), cited by Sivaram, Taming, p. 30.

4   Jon Gertner, *The Idea Factory* (London: Penguin, 2012), pp. 170-2.

5   Chris Goodall, *The Switch* (London: Profile, 2016).

6   Goodall, *The Switch*; also the International Renewable Energy Agency, http://www.irena.org/-/media/Images/IRENA/Costs/Chart/Solar-photovoltaic/fig-62.png.

7   T. P. Wright, 'Factors Affecting the Cost of Airplanes', *Journal of the Aeronautical Sciences* 3 (February 1936).

8   BCG Research summarised by Goodall in *The Switch*; also Martin Reeves, George Stalk and Filippo S. Pasini, 'BCG Classics Revisited: The Experience Curve', https://www.bcg.com/publications/2013/growthbusiness-unit-strategy-experience-curve-bcg-classics-revisited.aspx.

9   Francois Lafond, Aimee G. Bailey, Jan D. Bakker, Dylan Rebois, Rubina Zadourian, Patrick McSharry, J. Doyne Farmer, 'How well do experience curves predict technological progress?', *Technological Forecasting and Social Change*, 128 (2017), https://arxiv.org/abs/1703.05979.

10 Goodall, *The Switch*.

11 Sivaram, *Taming*, pp. 13-14.

12   Goodall, *The Switch*; Ed Crooks, 'US China solar duties fail to halt imports as EU prepares its move', *Financial Times*, 2 June 2013, https://www.ft.com/content/a97482e8-c941-11e2-bb56-00144feab7de.

13   Pilita Clark, 'The Big Green Bang', *Financial Times*, 18 May 2017, https://www.ft.com/content/44ed7e90-3960-11e7-ac89-b01cc67cfeec.

CHAPTER 8 로봇 군주들

45. 홀러리스 천공 카드 기계

1   https://en.wikipedia.org/wiki/List_of_public_corporations_by_market_capitalization (accessed 26 June 2019).

2   See e.g. 'The world's most valuable resource is no longer oil, but data', *Economist*, 6 May 2017, https://www.economist.com/leaders/2017/05/06/the-worlds-most-valuable-resource-is-no-longer-oil-but-data.

3   https://en.wikipedia.org/wiki/List_of_public_corporations_by_market_capitalization (2019년 6월 26일 접속), 2011년 1분기 수치 참조.

4   Bernard Marr, 'Here's Why Data Is Not The New Oil', Forbes, 5 March 2018, https://www.forbes.com/sites/bernardmarr/2018/03/05/heres-whydata-is-not-the-new-oil/.

5   2019년 기준으로 유튜브에 올라가는 일반적인 동영상 광고의 비용은 0.10달러에서 0.30달러다. Betsy McLeod, 'How much does it cost to advertise on YouTube in 2019?', Blue Corona, 27 February 2018, https://www.bluecorona.com/blog/how-much-does-it-cost-to-advertise-youtube.

6   Geoffrey D. Austrian, *Herman Hollerith: Forgotten Giant of Information Processing* (New York: Columbia University Press, 1982).

7   United States Census Bureau, 'Census in the Constitution', https://www.census.gov/programs-surveys/decennial-census/about/census-constitution.html.

8   James R. Beniger, *The Control Revolution: Technical and Economic Origins of the Information Society* (Cambridge, MA: Harvard University Press, 1986), p. 409.

9   Beniger, *Control Revolution*, p. 412.

10   Beniger, *Control Revolution*, p. 412.

11   Austrian, *Herman Hollerith*.

12   Robert L. Dorman, 'The Creation and Destruction of the 1890 Federal Census', *American Archivist* 71 (Fall/Winter 2008): 350-83.

13   Beniger, *Control Revolution*, p. 416.

14   Beniger, *Control Revolution*, p. 416.

15   Austrian, *Herman Hollerith*.

16   Adam Tooze, *Statistics and the German State 1900-1945: The Making of Modern Economic*

Knowledge (Cambridge: Cambridge University Press, 2008).

17 Beniger, *Control Revolution*, p. 408.

18 Edwin Black, *IBM and the Holocaust: The Strategic Alliance between Nazi Germany and America's Most Powerful Corporation* (Washington DC, Dialog Press, 2001).

19 Beniger, *Control Revolution*, pp. 420-1.

20 https://en.wikipedia.org/wiki/List_of_public_corporations_by_market_capitalization (2019년 6월 26일 접속), 2013년 1분기 수치 참조.

46. 자이로스코프

1 Sean A. Kingsley, *The Sinking of the First Rate Victory (1744): A Disaster Waiting to Happen?* (London: Wreck Watch Int., 2015), http://victory1744.org/documents/OMEPapers45_000.pdf.

2 https://www.telegraph.co.uk/history/11411508/Tory-Lord-defends-the-treasure-hunt-for-HMS-Victory.html.

3 Sylvanus Urban, *The Gentleman's Magazine and Historical Chronicle*, London, vol. XXIV, for the year MDCCLIV, https://books.google.co.uk/books?id=0js3AAAAYAAJ&pg=PA447.

4 Urban, *Gentleman's Magazine*.

5 Urban, *Gentleman's Magazine*.

6 https://blog.sciencemuseum.org.uk/john-smeaton-whirling-speculum/.

7 Urban, Gentleman's Magazine.

8 Silvio A. Bedini, *History Corner: The Artificial Horizon, in Professional Surveyor Magazine* Archives online, http://atlantic-cable.com/Article/Combe/ArtificialHorizon/article.idc.html.

9 Ljiljana Veljovic, 'History and Present of Gyroscope Models and Vector Rotators', *Scientific Technical Review* 60.3-4 (2010): 101-111, http://www.vti.mod.gov.rs/ntp/rad2010/34-10/12/12.pdf.

10 Mario N. Armenise, Caterina Ciminelli, Francesco Dell'Olio, Vittorio M. N. Passaro, *Advances in Gyroscope Technologies* (Berlin: Springer, 2010).

11 'mCube Redefines MEMS Sensor Innovation by Unveiling the World's Smallest 1x1mm Accelerometer', mCube, 27 October 2015, http://www.mcubemems.com/news-events/press-releases/mcube-mc3571-pr/.

12 'Light-powered gyroscope is world's smallest: Promises a powerful spin on navigation', Nanowerk, 2 April 2015, https://www.nanowerk.com/nanotechnology-news/newsid=39634.php.

13 'Remote Piloted Aerial Vehicles: An Anthology', http://www.ctie.monash.edu.au/hargrave/rpav_home.html#Beginnings.

14 'The history of drones and quadcopters', Quadcopter Arena, https://quadcopterarena.com/the-history-of-drones-and-quadcopters/.

15 Andrew J. Hawkins, 'Ehang's passenger-carrying drones look insanely impressive in first

test flights', The Verge, 5 February 2018, https://www.theverge.com/2018/2/5/16974310/ehang-passenger-carrying-dronefirst-test-flight.

16   Jiayang Fang, 'How e-commerce is transforming rural China', New Yorker, 16 July 2018, https://www.newyorker.com/magazine/2018/07/23/howe-commerce-is-transforming-rural-china.

17   Nicole Kobie, 'Droning on: the challenges facing drone delivery', http://www.alphr.com/the-future/1004520/droning-on-the-challenges-facing-drone-delivery.

18   Neil Hughes, 'Startup plots drone-delivered packages that could securely fly in your window', 18 October 2016, https://oneworldidentity.com/startup-plots-drone-delivered-packages-that-could-securely-fly-in-your-window/

19   'Can Amazon's Drones Brave Winter Storms?', PYMNTS, 1 January 2016, https://www.pymnts.com/in-depth/2016/can-amazons-drones-bravewinter-storms/.

47. 스프레드시트

1   Steven Levy, 'A Spreadsheet Way of Knowledge', Medium, 24 October 2014, https://medium.com/backchannel/a-spreadsheet-way-ofknowledge-8de60af7146e; Harper's, November 1984; Planet Money, 'Spreadsheets!', Episode 606, February 2015, http://www.npr.org/sections/money/2015/02/25/389027988/episode-606-spreadsheets.

2   Dan Bricklin's personal website: http://www.bricklin.com/jobs96.htm.

3   Levy, 'A Spreadsheet Way of Knowledge'.

4   Peter Davis, 'The Executive Computer: Lotus 1-2-3 faces up to the upstarts', New York Times, 13 March 1988, https://www.nytimes.com/1988/03/13/business/the-executive-computer-lotus-1-2-3-faces-up-to-theupstarts.html.

5   Daniel and Richard Susskind, The Future of the Professions (Oxford: Oxford University Press, 2015), esp. ch. 2.

6   Stephen G. Powell, Kenneth R. Baker and Barry Lawson, 'A critical review of the literature on spreadsheet errors', Decision Support Systems 46.1 (December 2008): 128-38, http://dx.doi.org/10.1016/j.dss.2008.06.001.

7   Ruth Alexander, 'Reinhart, Rogoff . . . and Herndon: The student who caught out the profs', BBC, 20 April 2013, https://www.bbc.co.uk/news/magazine-22223190.

8   Lisa Pollack, 'A Tempest in a Spreadsheet', Financial Times Alphaville, https://ftalphaville.ft.com/2013/01/17/1342082/a-tempest-in-a-spreadsheet/; Duncan Robinson, 'Finance Groups Lack Spreadsheet Controls', Financial Times, 18 March 2013, https://www.ft.com/content/60cea058-778b-11e2-9e6e-00144feabdc0#axzz2YaLVTi2m.

48. 챗봇

1   Robert Epstein, 'From Russia, with Love: How I Got Fooled (and Somewhat Humiliated) by a Computer', Scientific American Mind 18.5 (October/November 2007): 16-17.

2   A. M. Turing, 'Computing Machinery and Intelligence', *Mind* 59 (1950): 433-60.

3   Brian Christian, *The Most Human Human* (New York: Doubleday, 2011).

4   Elizabeth Lopatto, 'The AI That Wasn't', Daily Beast, 10 June 2014, https://www.thedailybeast.com/the-ai-that-wasnt-why-eugene-goostman-didntpass-the-turing-test.

5   Brian Christian, 'The Samantha Test', *New Yorker*, 30 December 2013.

6   Kenneth M. Colby, James B. Watt and John P. Gilbert, 'A Computer Method for Psychotherapy: Preliminary Communication', *Journal of Nervous and Mental Diseases* 142.2 (1966): 148.

7   Erin Brodwin, 'I spent 2 weeks texting a bot about my anxiety', *Business Insider*, 30 January 2018, https://www.businessinsider.com/therapy-chatbotdepression-app-what-its-like-woebot-2018-1; Dillon Browne, Meredith Arthur and Miriam Slozberg, 'Do Mental Health Chatbots Work?', Healthline, 6 July 2018, https://www.healthline.com/health/mental-health/chatbots-reviews.

8   Chris Baraniuk, 'How Talking Machines Are Taking Call Centre Jobs', BBC News, 24 August 2018.

9   Alastair Sharp and Allison Martell, 'Infidelity website Ashley Madison facing FTC probe, CEO apologizes', Reuters, 5 July 2016, https://www.reuters.com/article/us-ashleymadison-cyber-idUSKCN0ZL09J.

10   Christian, *Most Human Human*.

11   John Markoff, 'Automated Pro-Trump Bots Overwhelmed Pro-Clinton Messages, Researchers Say', *New York Times*, 17 November 2016, https://www.nytimes.com/2016/11/18/technology/automated-pro-trump-bots-overwhelmed-pro-clinton-messages-researchers-say.html.

12   Adam Smith, *The Wealth of Nations* (1776), available at https://www.ibiblio.org/ml/libri/s/SmithA_WealthNations_p.pdf.

13   David Autor, 'Why Are There Still So Many Jobs? The History and Future of Workplace Automation', *Journal of Economic Perspectives* 29.3 (Summer 2015): 3-30.

14   F. G. Deters and M. R. Mehl, 'Does Posting Facebook Status Updates Increase or Decrease Loneliness? An Online Social Networking Experiment', *Social Psychological and Personality Science* 4.5 (2012), 10.1177/1948550612469233, doi:10.1177/1948550612469233.

49. 큐브샛

1   Robert Smith, 'What Happened When "Planet Money" Went On A Mission To Adopt A Spacecraft', NPR, 30 January 2018, https://www.npr.org/2018/01/30/581930126/what-happened-when-planet-money-went-on-a-mission-to-adopt-a-spacecraft.

2   Clive Cookson, 'Nano-satellites dominate space and spread spies in the skies', *Financial Times*, 11 July 2016, https://www.ft.com/content/33ca3cba-3c50-11e6-8716-a4a71e8140b0.

3   Quoted in Leonard David, 'Cubesats: Tiny Spacecraft, Huge Payoffs', Space.com, 8 September 2004, https://www.space.com/308-cubesats-tiny-spacecraft-huge-payoffs.

html.

4   John Thornhill, 'A Space Revolution: do tiny satellites threaten our privacy?', *Financial Times Magazine*, 17-18 February 2018, https://www.ft.com/content/c7e00344-111a-11e8-940e-08320fc2a277; R. S. Jakhu and J. N. Pelton, 'Small Satellites and Their Regulation', SpringerBriefs in Space Development, doi: 10.1007/978-1-4614-9423-2_3, Springer New York, 2014.

5   Swapna Krishna, 'The Rise of Nanosatellites', *The Week*, 25 April 2018, http://theweek.com/articles/761349/rise-nanosatellites.

6   애덤 스토리가드[Adam Storeygard]와의 인터뷰에서 발췌, 2018. 7. 11.

7   로켓 랩스는 10만 달러에 큐브샛 1U를 발사해주겠다고 제안한 것으로 알려졌다. Jamie Smyth, 'Small satellites and big data: a commercial space race hots up', *Financial Times*, 24 January 2018, https://www.ft.com/content/32d3f95e-f6c1-11e7-8715-e94187b3017e. 발사 중개 업체인 스페이스플라이트[Spacefligh]t는 2018년 7월에 큐브샛 3U를 발사하는 비용으로 29만 5,000달러를 제시했다. http://spaceflight.com/schedule-pricing/.

8   Samantha Mathewson, 'India Launches Record-Breaking 104 Satellites on Single Rocket', Space.com, 15 February 2017, https://www.space.com/35709-india-rocket-launches-record-104-satellites.html.

9   Jon Porter, 'Amazon will launch thousands of satellites to provide internet around the world', The Verge, 4 April 2019, https://www.theverge.com/2019/4/4/18295310/amazon-project-kuiper-satellite-internet-lowearth-orbit-facebook-spacex-starlink.

10   Nanoracks company website: http://nanoracks.com/about-us/our-history/.

11   'Space 2: Wait, Why Are We Going To Space?', *Planet Money*, 1 December 2017, https://www.npr.org/templates/transcript/transcript.php?storyId=566713606.

12   Dave Donaldson and Adam Storeygard, 'The View from Above: Applications of Satellite Data in Economics', *Journal of Economic Perspectives* 30.4 (Fall 2016): 171-98, https://www.aeaweb.org/articles?id=10.1257/jep.30.4.171.

13   Interview with Josh Bumenstock, 10 July 2018.

50. 슬롯머신

1   Natasha Dow Schull, *Addiction by Design: Machine Gambling in Las Vegas* (Woodstock: Princeton University Press, 2012).

2   Clifford Geertz, *The Interpretation of Cultures: Selected Essays* (New York: Basic Books, 1973).

3   Tim Harford, *The Logic of Life* (New York: Random House, 2008).

4   Rob Davies, 'Maximum stake for fixed-odds betting terminals cut to £2', Guardian, 17 May 2018, https://www.theguardian.com/uk-news/2018/may/17/maximum-stake-for-fixed-odds-betting-terminals-cut-to-2.

5   Schüll, *Addiction by Design*.

6   Alexander Smith, 'Historical Interlude: The History of Coin-Op Part 2, From Slot Machines

to Sportslands', They Create Worlds blog, 25 March 2015, https://videogamehistorian. wordpress.com/2015/03/25/historical-interludethe-history-of-coin-op-part-2-from-slot-machines-to-sportlands/.

7   'No-armed Bandit', *99 Percent Invisible*, Episode 78, 30 April 2013, https://99percentinvisible. org/episode/episode-78-no-armed-bandit/.

8   University of Waterloo Gambling Research Lab video, 'Losses Disguised as Wins', 22 January 2013, https://uwaterloo.ca/gambling-research-lab/about/video-stories.

9   C. Graydon, M. J. Dixon, M. Stange and J. A. Fugelsang, 'Gambling despite financial loss - the role of losses disguised as wins in multi-line slots', *Addiction* 114 (2019): 119-24, https://doi. org/10.1111/add.14406.

10   March Cooper, 'Sit and Spin: How slot machines give gamblers the business', *Atlantic*, December 2005, https://www.theatlantic.com/magazine/archive/2005/12/sit-and-spin/304392/.

11   Lauren Slater, *Opening Skinner's Box* (London: Bloomsbury, 2004).

12   R. B. Breen and M. Zimmerman, 'Rapid Onset of Pathological Gambling in Machine Gamblers'. *Journal of Gambling Studies* 18.1 (Spring 2002): 31-43, doi:10.1023/A:1014580112648.

13   Nathan Lawrence, 'The Troubling Psychology of Pay-to-Loot Systems', IGN, 24 April 2017, https://uk.ign.com/articles/2017/04/24/the-troublingpsychology-of-pay-to-loot-systems.

14   Jackson Lears, *Something for Nothing* (New York: Viking, 2003).

51. 체스 알고리즘

1   'Kasparov vs Turing', University of Manchester press release, 26 June 2012, https://www. manchester.ac.uk/discover/news/kasparov-versus-turing/.

2   Frederic Friedel and Garry Kasparov, 'Reconstructing Turing's "Paper Machine"', ChessBase, 23 September 2017, https://en.chessbase.com/post/reconstructing-turing-s-paper-machine.

3   https://twobithistory.org/2018/08/18/ada-lovelace-note-g.html.

4   Donald E. Knuth, 'Ancient Babylonian Algorithms', *Communications of the ACM* 15.7 (July 1972): 671-7; Jeremy Norman, 'Ancient Babylonian Algorithms: The Earliest Programs', http://www.historyofinformation.com/detail.php?id=3920.

5   http://mathworld.wolfram.com/EuclideanAlgorithm.html.

6   Christopher Steiner, *Automate This* (New York: Portfolio Penguin, 2012); Claude E. Shannon, 'A Symbolic Analysis of Relay and Switching Circuits', *Transactions of the American Institute of Electrical Engineers* 57.12 (December 1938): 713-23.

7   Claude E. Shannon, 'Programming a Computer for Playing Chess', *Philosophical Magazine* series 7, 41.314 (March 1950).

8   Douglas Hofstadter, *Gödel, Escher, Bach: An Eternal Golden Braid* (New York: Basic Books, 1979).

9   https://video.newyorker.com/watch/chess-grandmaster-garry-kasparovreplays-his-four-most-memorable-games/ - 약 5분 후 지점.

10 James Somers, 'The Man Who Would Teach Machines to Think', *Atlantic*, November 2013, https://www.theatlantic.com/magazine/archive/2013/11/the-man-who-would-teach-machines-to-think/309529/.

11 https://vqa.cloudcv.org/.

12 AI Index Report, 2019, https://hai.stanford.edu/ai-index/2019.

13 Hannah Kuchler, 'Google AI system beats doctors in detection tests for breast cancer', *Financial Times*, 1 January 2020, https://www.ft.com/content/3b64fa26-28e9-11ea-9a4f-963f0ec7e134; Daniel Susskind, *A World Without Work* (London: Allen Lane, 2020).

14 David H. Autor, Frank Levy and Richard J. Murnane, 'The skill content of recent technological change: An empirical exploration', *Quarterly Journal of Economics* 118.4 (2003): 1279-1333; Susskind, *World Without Work*.

15 Garry Kasparov, 'Chess, a *Drosophila* of reasoning', *Science*, 7 December 2018.

16 James Somers, 'How the artificial intelligence program AlphaZero mastered its games', *New Yorker*, 28 December 2018, https://www.newyorker.com/science/elements/how-the-artificial-intelligence-program-alphazeromastered-its-games.

팀 하포드의 세상을 바꾼 51가지 물건

초판 1쇄 발행 2021년 5월 20일
초판 2쇄 발행 2021년 7월 10일

지은이 팀 하포드 | 옮긴이 김태훈
펴낸이 오세인 | 펴낸곳 세종서적(주)

주간 정소연 | 편집 장여진 이현미
표지 디자인 urbook | 본문 디자인 HEEYA | 일러스트 민효인
마케팅 임종호 | 경영지원 홍성우
인쇄 천광인쇄

출판등록 1992년 3월 4일 제4-172호
주소   서울시 광진구 천호대로132길 15, 세종 SMS 빌딩 3층
전화   마케팅 (02)778-4179, 편집 (02)775-7011 | 팩스 (02)776-4013
홈페이지 www.sejongbooks.co.kr | 블로그 sejongbook.blog.me
페이스북 www.facebook.com/sejongbooks | 원고모집 sejong.edit@gmail.com

ISBN 978-89-8407-810-9 03320

• 잘못 만들어진 책은 바꾸어드립니다. • 값은 뒤표지에 있습니다.